# Terapéutica budista para una

# VIDA DE PAREJA FELIZ

## Lama Choedak Yuthok

Ediciones Amara. Ciutadella de Menorca

Título original: *Healthy Relationships:
Buddhist insight for enduring happiness.*

Ediciones Amara. Ciutadella de Menorca.

Publicado por vez primera en 2007
por Ediciones Amara.



Traducción: © 2007 Carlos Ossés.
Diseño de la portada: © Federica Mahieu.



ISBN de la obra: 978-84-95094-25-4
Depósito Legal: B. 32.387-2007
Romargraf, S.A
L`Hospitalet de Llobregat

# SUMARIO

Cuando veo mi nombre escrito en la portada de este libro, siento un poco de vergüenza, ya que pienso que lo que realmente ha hecho que este libro sea una realidad ha sido la interdependencia de las siguientes personas. En primer lugar, agradezco todo el afecto que me han demostrado mis maravillosos padres y todos mis seres queridos por haberme llevado al otro lado del Himalaya en los momentos más difíciles de su vida. Les agradezco mucho que me dieran tantas cosas, aunque apenas tenían poco más que ofrecerme que su amor y su afecto. Cuando supe la causa de nuestra salida precipitada del Tíbet, no sólo compartí el temor y la ansiedad del viaje, sino también la dura lucha que tuvimos que librar contra nuestra propia ira durante todos los años siguientes. La ira que sentían mis padres y mis compatriotas hacia los invasores de nuestro pacífico país fue un engaño que ahora agradezco al afrontar el tema de las relaciones sanas.

Me resultó difícil perdonar al despiadado enemigo que nos robó el país en el nombre de la liberación. Me resultó todavía más difícil perdonar a los líderes del mundo civilizado por hacer oídos sordos a las súplicas vertidas por el pueblo tibetano y por muchos otros pueblos que se encontraban en una situación similar a la nuestra. Es mucho más duro imaginar a nuestro propio pueblo renunciando a su libertad y a su independencia. Pero esas circunstancias fueron la oscuridad en la que uno se quedaría atascado y podría languidecer durante años si no fuera por la valiosa sabiduría que salió de la boca de Buda y que despertó a todos los que le escucharon. Desde aquí quiero saludar a todas las generaciones de seguidores y propagadores de las verdades del Dharma.

Quiero mostrar mi agradecimiento y respeto más profundos a mi padre espiritual, Su Eminencia Chogye Trichen Rimpoché por enseñarme a dar los primeros pasos en la oscuridad que me permitieron salir a la luz, encerrándome en un retiro de tres años y medio para practicar el precioso *Lamdre Lobshe* y sus profundas meditaciones. El profundo entendimiento de las Cuatro Nobles Verdades supuso para mí una enorme revelación en esos momentos de pacífica soledad que pasé en el jardín Lumbini. Me ha ayudado a extender las alas de mi libertad en el espacio infinito de las oportunidades y contemplar el fenómeno de la transformación de la oscuridad en luz.

El tiempo que pasé viviendo en Occidente se ha visto bendecido con una serie de devotos seguidores del precioso Dharma. Quiero dar las gracias a todos mis estudiantes y a los comités de todos los centros, así como a aquéllos que me han acogido bondadosamente en mis interminables viajes nómadas alrededor del país. Me gustaría agradecer especialmente al Centro Budista Jamchen, de Melbourne, y a sus miembros del comité pasados y presentes, ya que las enseñanzas que aparecen en este libro fueron impartidas allí a lo largo de tres visitas distintas.

Me gustaría dar las gracias a Magnolia Flora, no sólo por haberme aconsejado que transcribiera las enseñanzas, sino también por haber sido la punta de lanza del proyecto y por haberme embarcado en la dura tarea de ponerlo todo en un libro. Una de las personas que dedicó más tiempo que yo a la elaboración de este libro es el Venerable Rinchen Choesang, que concibió el libro y eligió los contenidos de entre muchas de las enseñanzas registradas. Dedicó muchas semanas de su tiempo a elaborar un manuscrito sobre el que poder interactuar. También me gustaría dar las gracias a Sue Harvey por editar el texto y a la editorial Lothian Books por aceptar mi trabajo como parte de su creciente volumen de publicaciones.

# PRÓLOGO

Cuando la gente me habla de sus problemas personales, estoy convencido de que están más heridos y dolidos por su propia ira y por su mentalidad negativa hacia el suceso que me están relatando que por lo que consideran que es la causa de sus problemas. A pesar de ello, procuro guardar silencio hasta que he oído toda su historia antes de intentar darles algún consejo.

Muchas veces percibo un profundo poso de tristeza e insatisfacción y advierto que anhelan que alguien piense que son víctimas de una serie de circunstancias desafortunadas y de la influencia de una serie de personas irracionales. Muchas veces tratan de encontrar a alguien que pueda comprender, alimentar y aceptar sus puntos de vista y sus circunstancias. Es posible que muchos de los amigos y de los seres queridos con los que hablan sientan una inclinación natural hacia ellos y se muestren siempre de acuerdo con su versión de los hechos.

Por desgracia, la lealtad y la amistad que buscan esas personas parecen mermar su propia sensatez y afectar a sus amigos, que se ven envueltos emocionalmente en una muestra de compasión que a menudo carece de toda sabiduría. Acaban compartiendo la ira y el resentimiento, agravando así la dificultad del problema.

A continuación, se experimenta un sufrimiento en serie que es consecuencia de la incesante narración y comprensión de las historias de la "pobre víctima". No puedo evitar sentir el dolor de los narradores, así como el sufrimiento callado del supuesto ejecutor. Trato de ayudar a que la gente comprenda que ellos no son las únicas personas que están sufriendo como consecuencia de las circunstancias que están relatando.

Cuantas más personas se ven envueltas en la historia, más personas se sienten atormentadas y experimentan un sentimiento de ira colectiva hacia ella. El ciclo vicioso de ira provocado por la ignorancia se desarrolla de forma tan vertiginosa que muchos no son capaces de reconocer qué es lo que ha impulsado su movimiento. Al final, se quedan atascados en sus propias apreciaciones, historias y opiniones, y pueden aferrarse a un sentimiento de negatividad durante un largo periodo de tiempo.

Parece que los seres humanos nos cegamos por nuestras propias percepciones y creencias equivocadas. Éstas parecen arrastrar consigo una profunda carga de resentimiento y una retahíla de quejas hacia todo lo que ha sucedido o ha dejado de suceder en nuestras vidas. No somos conscientes de que nuestros sentimientos emanan de nuestras propias percepciones y creencias ni de que los demás no nos han herido de manera deliberada. Como no somos capaces de ver cuál es el origen los sentimientos que tenemos hacia nuestras propias percepciones y creencias, nos resulta imposible pensar que nuestro sufrimiento podría haber sido provocado por nuestra propia ignorancia y egoísmo. Es mucho más fácil creer que todo lo que nos ocurre es culpa de los demás, seguir enfadados y resentidos. Las personas resentidas no son conscientes de que sus sentimientos no son más que una consecuencia de todo lo que les ha llevado a creer y a experimentar de esa manera. Su sufrimiento no se alivia, aunque hayan conseguido que algunos amigos íntimos estén de acuerdo con sus delirios.

Este libro es una especie de continuación de las múltiples conversaciones que he mantenido con las personas que se sienten dolidas y que buscan activamente la manera de curar sus heridas emocionales que ellos mismos se han inflingido. También he tenido innumerables oportunidades de hablar de este tema con enormes congregaciones en muchas ciudades. He estudiado un poco las enseñanzas del Iluminado, pero las he sometido a una considerable prueba practicándolas con esfuerzo gozoso. Todo lo que he escrito en este libro se basa en mi entendimiento de las enseñanzas y en cómo he tratado de aplicarlas en situaciones similares. Puedo decir que la utilización de estas herramientas me ha reportado un enorme beneficio en mi vida cotidiana.

El tema de la Vida de Pareja Feliz se ha debatido originalmente como la sanación de nuestra propia relación con nuestros demonios interiores y con nuestra ira. Esto se debe a que la ira y el resentimiento están directamente relacionados con la ignorancia y el egoísmo. Hasta que no nos damos cuenta de ello, nos sumergimos en una incesante búsqueda "fuera de nosotros" de la causa de nuestras miserias. Lo mejor que podemos encontrar en esa búsqueda es la verdad y la fuerza de carácter necesarios para poder aceptar la realidad –y eso puede resultar algo más doloroso que seguir perdidos.

Si seguimos habitando en la oscuridad y avanzando hacia ella, lo único que podemos conseguir es permanecer dormidos. Nuestros amigos más fieles podrían seguir el ejemplo, si eso nos reconforta. Pero si elegimos darnos cuenta de que todo el dolor lo produce la ignorancia, estaremos dando el primer paso para pasar de la oscuridad a la luz y empezaremos a curarnos tanto a nosotros mismos como a los demás. A medida que obtenemos un beneficio considerable gracias a la aceptación de la responsabilidad de nuestro propio sufrimiento y de nuestros actos, podremos pasar de la luz a la luz –hasta el punto de que saber perdonar y sanar a los demás se convierte en un acto que nos llena de júbilo y dejamos de pensar con resentimiento que estamos haciendo un favor a alguien.

La mayor parte del tiempo, los seres humanos permanecemos atascados en la oscuridad y no somos capaces de encontrar la manera de liberarnos de ella. La lectura de este libro podría ser el primer paso para buscar una serie de antídotos creativos y de propuestas que sirvan para ayudar a superar las dificultades de la vida. Se puede considerar este libro como un bastón que nos ayude a seguir caminando hasta que seamos capaces de hacerlo sin él. Es mejor levantarnos apoyándonos en el suelo donde nos hemos caído que echar la culpa al suelo de todas nuestras desgracias.

Espero que la lectura de este libro nos permita a todos (tanto a lectores como a amigos) salir del espacio reducido de la oscuridad y encontrar refugio en los brazos infinitos de la luz y de libertad.

Lama Choedak Yuthok
Sakya Losal Choe Dzong, Canberra
23 de mayo, Luna Llena Vesak 2005
2549 aniversario de la Iluminación de Sakyamuni Buda

# INTRODUCCIÓN

Buda Sakyamuni nació bajo el nombre del príncipe Sidharta Gautama, en Lumbini, India (una región que actualmente forma parte del sur de Nepal) aproximadamente hace 2.600 años.

A los veintinueve años, Buda decidió dejar su cómoda vida palaciega y, para ello, tuvo que abandonar a su familia. En lo más profundo de su corazón, Buda sabía que, a pesar de la felicidad instantánea que le proporcionaban esas relaciones, no le ofrecían protección de los sufrimientos del nacimiento, de la vejez, de la enfermedad y de la muerte. Buda deseaba encontrar la verdad que conduce a la eliminación del sufrimiento. Creía firmemente que si llevaba la vida de un mendigo en su búsqueda de esta verdad, sería beneficioso para todos los seres vivos.

Después de abandonar el palacio real, Buda estudió y practicó bajo la tutela de una serie de maestros espirituales indios, de los cuales obtuvo algunos beneficios. Sin embargo, pronto advirtió que el único camino para encontrar el objetivo de la Iluminación —la completa libertad del ciclo del sufrimiento humano- era a través de la autorrealización. Con enorme determinación, se sentó a meditar durante seis años, soportando las privaciones del hambre y de la sed y exponiéndose a los rigores climatológicos, para poder encontrar la verdadera naturaleza de su propia mente.

Las revelaciones que le condujeron a su Iluminación fueron que:

- Nuestro mundo y todo lo que hay en él, incluyendo los seres humanos, son impermanentes por naturaleza;

- Todas las cosas impermanentes, dado que están sujetas a cambios, tienen la naturaleza del sufrimiento y, como tales, son insatisfactorias;
- Nuestra ignorancia acerca de la verdadera naturaleza de las cosas nos lleva a aferrarnos a las cosas impermanentes como si fueran algo permanente e inmutable; como si el dolor fuera placer; como si el no ser fuera el ser; y como si lo ilusorio fuera realidad;
- Los sufrimientos que soportamos tienen unas causas que se pueden eliminar a través de nuestro propio esfuerzo.

Por consiguiente, la primera enseñanza que dio a sus discípulos después de alcanzar la Iluminación se denomina las Cuatro Nobles Verdades, en las cuales Buda enseñó que:

- Nuestra existencia –nuestra vida y experiencias- tiene la naturaleza del sufrimiento;
- Este sufrimiento tiene unas causas: nuestras propias emociones aflictivas y la ignorancia de la verdadera naturaleza de las cosas;
- Existe un estado que nos permite liberarnos del sufrimiento: la Iluminación;
- Existe un camino que conduce a este estado: la eliminación de nuestras emociones aflictivas y la ignorancia de la verdadera naturaleza de las cosas.

Buda nos enseñó que los cuatro principios fundamentales de las Cuatro Nobles Verdades eran universales a todos los problemas humanos.

La Primera Noble Verdad se llama la verdad del sufrimiento. Cuando afrontamos el sufrimiento a lo largo de nuestra vida, lo primero que hacemos comúnmente es negarlo, rechazarlo y, lo peor de todo, tratar de evitarlo. Buda dijo que ésa era la razón evidente de que suframos en la vida, ya que no somos capaces de ver la verdad del sufrimiento, su significado y su propósito.

Aunque no deseamos sufrir, estamos expuestos continuamente al sufrimiento. Esto no se debe al sufrimiento en sí, sino a que no somos capaces de aplicar los antídotos adecuados. Buda explicó que no somos capaces de aplicar los antídotos a nuestro sufrimiento porque no conocemos las causas que lo han producido. Normalmente creemos que las causas de nuestros problemas se deben a algo o a alguien que se encuentra fuera de nosotros, pero el sufrimiento es un fenómeno mental y sólo se puede cambiar o eliminar a través de la percepción correcta y de la transformación de nuestra actitud mental.

Por ejemplo, si tenemos un amigo especial al que amamos pero este amigo quiere mucho a otra persona que nos disgusta, podemos enfadarnos con él. Entonces, pensaremos que este disgusto se debe a la conducta de nuestro amigo, porque ha mostrado afecto hacia una persona que no es de nuestro agrado. Pero si lo examinamos concienzudamente, la causa de nuestro disgusto se debe en gran medida a nuestro propio desagrado, resentimiento y aversión hacia la persona que hemos elegido que nos disguste y no a la relación que mantiene nuestro amigo con ella. Si la amistad consiste en ser admirado y deseado, entonces debemos ser capaces de regocijarnos de la amistad de los demás. Nos hemos disgustado por culpa de los sentimientos de inseguridad y celos provocados por nuestra propia ira; unos sentimientos de los que no nos hemos ocupado adecuadamente en el pasado.

Tal vez podemos comprender mejor esto si lo miramos desde el punto de vista de la resolución de un problema inmediato. Por ejemplo, si alguien recibe el impacto de una flecha en el ojo, ¿qué debería hacer? Lo más probable es que no trate de quitarse inmediatamente la flecha que está clavada en el ojo y, en cambio, es posible que pierda el tiempo tratando de atrapar y de condenar a la persona que disparó la flecha. Está más interesado en averiguar qué sucedió antes de que la flecha se clavara en el ojo que tratar de sacar la flecha, que es la causa de su malestar.

Si tenemos una flecha clavada en el ojo, es evidente que primero debemos extraer la flecha, pero muchas veces no lo hacemos así. En cambio, tratamos de encontrar la causa que ha producido el problema. Esta forma de afrontar el sufrimiento es extraordinariamente difícil de superar. Negamos y desaprobamos el daño que hemos experimentado pero, al mismo tiempo, tratamos de producir un dolor parecido, cuando no superior, a otra persona, tanto si se ha demostrado que es culpable como si no. Por ejemplo, culpar al pasado y al modo en el que nos trataron nuestros padres durante la infancia tampoco nos permite afrontar las dificultades que experimentamos actualmente: lo único que hace es que nos sintamos más resentidos por el pasado.

Podemos partir de la base de comprender que los acontecimientos que nos han sucedido en el pasado no nos están sucediendo ahora, a menos que nosotros mismos decidamos volver a reproducirlos en nuestra mente. De este modo, empezamos a darnos cuenta de cómo nuestros problemas mentales se crean a partir de unas causas triviales. Para reducir o eliminar los sufrimientos producidos por los venenos que habitan en nuestra mente, no debemos considerar que esas emociones venenosas sean negativas o eternamente malignas.

Hay muchas personas que no saben nada acerca de "los tres venenos" —el apego, la aversión y la ignorancia— y se convierten en víctimas de sí mismas. Sin embargo, también hay muchas otras personas que saben muy bien cuál es el peligro que encierran "los tres venenos", pero los reprimen sin ser capaces de erradicarlos. Para remediar esto, es esencial familiarizarse y conocer la Segunda Noble Verdad. Cuando somos conscientes de que todos los seres humanos somos víctimas de las emociones venenosas que habitan en nuestra mente, no nos enfadamos con los demás, sino que sentimos empatía por ellos. Nuestra empatía nos permite situarnos en el mismo nivel que los demás, haciendo que estemos más cerca de ellos. Si conseguimos esto, dejaremos de lamentarnos constantemente de nuestra propia miseria, ya que eso sólo la acentúa y la prolonga, sino que dirigiremos nuestra atención hacia las necesidades de los demás.

Desde el mismo momento en el que expresamos nuestros sentimientos y nos preocupamos por los demás, descubrimos que seguramente ellos han pasado por el mismo estado de ánimo, o incluso peor, que el que hemos vivido nosotros. Esto es una cura instantánea de todo el dolor que hemos experimentado como consecuencia de nuestra interpretación errónea de la conducta de los demás. A su vez, esto transforma nuestra ira en compasión y nos sentimos fortalecidos por ello. Su Santidad el Dalai Lama ha afirmado que la ira no nos ayuda a resolver un problema que tengamos entre manos, sino que sólo nos roba el sueño y el apetito y hace que seamos incapaces de apreciar las cosas buenas que tiene la vida.

A través de la exploración de la naturaleza de su propia mente, Buda había revelado la verdadera fuente de nuestro sufrimiento: las percepciones incorrectas que tenemos de nosotros mismos y de todo lo que nos rodea. Advirtió que son nuestros pensamientos, sentimientos y actos equivocados los que nos llevan a tener que soportar el sufrimiento en sus distintas formas —dolor físico y mental, inquietud e insatisfacción- y no los actos que llevan a cabo los demás. Su gran acierto fue comprender que por culpa de la ley universal de causa y efecto —los actos y sus consecuencias, o el karma- nosotros mismos somos los que creamos las causas de nuestra desdicha a través de actos que están movidos por nuestras "emociones aflictivas".

Tradicionalmente, el budismo identifica el término emociones aflictivas con "los tres venenos". Estos venenos son el apego (el apego a las cosas que son agradables en apariencia), la aversión (la aversión a las cosas que son desagradables en apariencia) y la ignorancia (de la verdadera naturaleza de las cosas: su impermanencia, su naturaleza insatisfactoria, etc.).

Las demás emociones aflictivas se identifican comúnmente como el orgullo (o la arrogancia) y la envidia (o los celos), que son la consecuencia de "las tres mentes venenosas". Nuestros actos no virtuosos, impulsados por esas emociones negativas, son los que nos llevan a experimentar el sufrimiento en sus distintas formas.

Sin embargo, Buda también nos enseñó que todos somos propensos a ser bondadosos, compasivos y sabios —una bondad básica que él denomina "la naturaleza de Buda". El nombre "Buda" significa en sánscrito "el despertado", así que nuestra "naturaleza de Buda" se puede asociar a una semilla que nos permite despertar a la verdadera realidad de nuestra existencia, y que simplemente espera a que germine cuando nos encontremos con las condiciones adecuadas. Buda nos enseñó que nuestra naturaleza de Buda está oscurecida por nuestras emociones aflictivas, que son meramente adventicias; es decir, aparecen y cesan sin perdurar, o afectar a la pureza básica de nuestra mente.

En la tradición budista Mahayana se ofrecen una serie de ejemplos que sirven para ilustrar el significado de la naturaleza de Buda. El primero es la analogía del loto. Esta hermosa flor a menudo se utiliza como símbolo de la pureza y de la bondad. Muchas veces sentimos un deseo intenso de obtener esas cualidades y nos concentramos enormemente en el resultado de nuestro propio crecimiento como una flor hermosa. De este modo, el loto simboliza nuestra propia codicia o ansia de triunfar.

Cuando nos encontramos en pleno proceso de desarrollo personal, nos vemos interrumpidos por todas las dificultades que debemos soportar, como si fuéramos una semilla enterrada bajo la tierra, que desea impacientemente florecer en forma de loto. No somos capaces de reconocer que éste es solamente el proceso de desarrollo y debemos pasar por él para poder alcanzar el resultado que deseamos. Tampoco somos capaces de reconocer que la flor, una vez que ha brotado, se marchitará; y, por esa razón, nos sentimos decepcionados cuando esto ocurre.

Una semilla de loto originalmente está cubierta de fango y debe abrirse camino a través de él para convertirse en una flor. El fango que cubre al loto antes de que florezca completamente no afecta a la belleza de la flor. Asimismo, que la flor se marchite no afecta a su belleza de antaño. De la misma manera, nuestra codicia o ansia no interrumpe la bondad natural que habita en nuestro interior.

El loto no piensa que quiere ser un loto, no se siente molesto ni impaciente en el momento de su desarrollo, ni tampoco se siente decepcionado cuando se marchita después de haber florecido. Al igual que el loto, nosotros también debemos superar nuestros apegos. Al hacerlo, tenemos que desarrollar un sentido de renuncia, despojándonos de nuestra impaciencia y de nuestras expectativas para apreciar lo que tenemos. Si somos capaces de conseguirlo, podremos apreciar el proceso que debemos llevar a cabo para cambiar, para pasar de las dificultades del desarrollo a la inevitabilidad de la separación, sabiendo que no hemos perdido nada por experimentar todo este proceso.

El segundo ejemplo de la naturaleza de Buda es el de las abejas, que simbolizan nuestra ira y agitación. Las abejas elaboran y acumulan miel para ellas mismas, no para el consumo de los seres humanos, así que se agitan y nos aguijonean cuando les quitamos la miel. De igual modo, cuando los demás tratan de quitarnos cosas que valoramos, nos agitamos, nos enfadamos y los "aguijoneamos" con nuestra ira. De igual manera que una abeja considera que tiene derecho a aguijonear a todos aquéllos que le roban la miel, nosotros también sentimos un enfado justificado hacia aquéllos que nos han quitado las cosas que hemos acumulado a través de nuestros apegos. Cuanto más apego sintamos hacia las cosas que hemos acumulado a lo largo de nuestra vida –riqueza, posesiones, relaciones, ideas y conceptos- más disposición tendremos a sentir ira.

Además, cuando tratamos de conseguir algo, nos sentimos agitados y enfadados por el menor error que cometamos. Esto también es como si hubiéramos molestado a una colmena de abejas y sentimos el aguijón de nuestra propia ira. Lo que no podemos ver es que aquello que nos pica (la abeja) es lo mismo que produce la miel. La miel simboliza nuestra paciencia: de igual modo que el aguijón de la abeja no afecta a la miel que produce, nuestra ira no afecta a la paciencia que forma parte de la pureza natural de nuestra mente. Para soportar la huella de nuestros propios errores o de los errores cometidos por los demás, debemos alimentar la miel de nuestra paciencia.

El tercer ejemplo que ilustra la naturaleza de Buda es el de la cáscara de arroz. La cáscara simboliza nuestra ignorancia, o nuestra falta de conocimiento. Se considera que nuestra verdadera naturaleza se cubre bajo la cáscara del sabotaje y de las críticas que nos hacemos a nosotros mismos. Como no podemos ver cuál es nuestra verdadera naturaleza (el arroz que se encuentra dentro de la cáscara), solemos tirar el arroz junto con la cáscara. Lo que vemos (la cáscara) y lo que verdaderamente existe (el grano de arroz que se encuentra dentro de la cáscara) son dos cosas distintas. Nuestra falta de conocimiento de este hecho nos convierte en víctimas de nuestra propia "visión incorrecta". Cuando advertimos que la cáscara (nuestra ignorancia) y el grano (nuestra bondad básica) son algo separado, nos damos cuenta de que la cáscara esta allí porque el arroz se encuentra dentro de ella. Este grano que se encuentra dentro de la cáscara es la pureza básica de nuestra mente. El hecho de estar encerrado dentro de una cáscara no merma lo más mínimo la calidad del grano de arroz. De igual modo, la "cáscara" temporal de la ignorancia que cubre nuestra mente no afecta a su naturaleza básica.

Hace más de 2.600 años, Buda alcanzó la sabiduría necesaria para comprender la impermanencia; el karma, la ley de la causa y el efecto; y la verdadera naturaleza del mundo, de nosotros mismos y de nuestra mente. Esta sabiduría es totalmente relevante para las relaciones que mantenemos con los demás en el mundo moderno. El conflicto es algo común en todos los rincones de la comunidad mundial. Nuestros hogares, nuestros puestos de trabajo y nuestras comunidades locales a menudo son un semillero de la discordia. Como consecuencia de nuestra incapacidad para tratar con nuestra amenazadora ira y con nuestro resentimiento y para perdonar el daño que los demás nos han inflingido, muchas veces somos incapaces de mantener unas relaciones personales sanas. La sabiduría de Buda puede ayudarnos a desarrollar una serie de estrategias que nos permitan tratar con nuestras emociones aflictivas. Si evitamos causar daño en el futuro a través de la bondad y si curamos los daños ocasionados en el pasado a través del perdón y el arrepentimiento, podemos fortalecer y mejorar todas nuestras relaciones presentes, pasadas y futuras.

Buda reconoció que la mejor práctica para cualquier practicante genuinamente espiritual es la compasión. La compasión es algo que se enseña en todas las religiones pero, en el caso del budismo, la compasión sin sabiduría es como un pájaro con una sola ala. Aunque todos creemos en la compasión y en las virtudes que encierra, no debemos imponer nada a los demás en su nombre. Si alguien no desea nuestra compasión, debemos tener la sabiduría necesaria para aceptar su rechazo y, al mismo tiempo, para no desanimarnos por la experiencia.

Es importante mantener un sentido del equilibrio y de moderación en todo lo que hacemos en la vida, tanto a través de nuestras creencias religiosas, como a través de nuestro sentido de la compasión o de cualquier otra cosa. Como todos sabemos, si caemos en los extremos, la religión puede producir más sufrimiento que beneficio al mundo. Hay una serie de cosas de las que no deberíamos estar tan seguros, así que deberíamos demostrar la sabiduría necesaria para dejar que la ley de causa y efecto siga su propio curso y aprender a aceptar algunas cosas, ya que todo acabará por cambiar a su debido momento y nada en el mundo es permanente.

Independientemente de lo dolorosa que puede haber sido una situación, algún día ésta pasará. No podemos aferrarnos al pasado, tanto si es bueno como si es malo, ya que puede oscurecer las buenas cosas que actualmente nos rodean. La capacidad para mantener la mente libre y abierta es el arte de la felicidad, de la alegría y del amor. Esto se llama la verdad del camino, la Tercera Noble Verdad. Esto también es el camino conocido como el Camino Medio, que comprende el Noble óctuplo sendero:

1. **El recto entendimiento**: todas las cosas se encuentran en un estado de insatisfacción, tanto si somos jóvenes o viejos, si tenemos una pareja o no, si tenemos un empleo o no, y así sucesivamente. Incluso si obtenemos algo que deseamos, no permanecerá siempre igual, ya que todas las cosas son impermanentes. Si deseáramos que las cosas fueran permanentes, estaríamos creando un problema mayor. Si estamos disfrutando en este momento, se debe a que es un momento nuevo y que pronto acabará. Reflexionar en la ley de la impermanencia puede ayudarnos a revivir cuando estemos asediados por ciertos problemas que hay en la vida y puede ayudarnos a encontrar un punto de vista correcto.

2. **El recto pensamiento**: la actitud correcta de que las cosas no son tan reales, satisfactorias y perdurables como aparentan o como desearíamos que fueran nos permiten despojarnos de todas las cosas a las que nos hemos aferrado y, de ese modo, podemos convertirnos en personas más flexibles y menos rígidas y experimentar menos estrés. Esto nos ayuda a ordenar nuestras ideas y a despojarnos de esos pensamientos que nos resultan dolorosos por culpa de nuestro aferramiento. Algunos pensamientos como la bondad, la impermanencia y la compasión hacia los demás seres vivos pueden convertirse en una forma positiva de dirigir nuestra energía. Muchos sufrimientos emanan de nuestro egoísmo y de nuestra incapacidad para pensar en cosas positivas. Es importante elegir los pensamientos correctos, ya que lo que percibimos es un reflejo de lo que se encuentra en nuestra mente.

3. **Recta acción**: a través de la recta acción tenemos la capacidad de refrenar nuestros sentidos (particularmente

cuando las circunstancias son extremas) y de dejar de infligir un sufrimiento innecesario por culpa de la indulgencia y de la negligencia. Al conservar toda nuestra energía física, podemos emplearla para beneficiar adecuadamente a los demás, sin necesidad de perjudicar su vida, su salud, su propiedad ni sus relaciones. Una persona que practica la recta acción, que es capaz de entregarse tanto a los demás, disfruta de una buena salud y está llena de energía.

4. **Recto lenguaje**: ejercer la contención en nuestra energía física nos permitirá conservarla en gran medida. Gran parte del sufrimiento que existe en nuestras vidas se engendra a través de nuestro lenguaje. Por tanto, si somos capaces de comprender el significado del recto lenguaje podremos vigilar lo que decimos. Si llevamos a cabo un breve retiro para meditar podremos ver cuánta paz se encuentra en el silencio. El recto lenguaje significa que deberíamos ejercer cierto poder sobre nuestra energía para que de nuestra boca no pueda salir ninguna palabra hiriente. Deberíamos decir aquello que sea bueno para los demás y sólo aquello que sea cierto y útil. Cuando hacemos esto, percibimos que tanto la alabanza como la culpa son el eco de la naturaleza vacía del lenguaje y que no nos afecta el abuso verbal de los demás sino que, por el contrario, aquellos que abusan de nosotros se convertirán en objetos de compasión.

5. **Rectos medios de vida**: este mundo se creó para todas las criaturas, no sólo para los seres humanos y para los poderosos. Debemos comportarnos decentemente con los demás seres vivos. No se considera virtuoso aprovecharse de aquéllos que son más débiles que nosotros. A través de unos rectos medios de vida cultivamos la capacidad de tratar a los demás con respeto, en igual medida que nosotros deseamos ser felices. Podemos pensar en los animales y en su bienestar, así como en el de todos los seres humanos. Deberíamos concentrarnos en lo que podemos hacer sin necesidad de provocar un daño directo a los demás y compartir las cosas que tenemos con las personas que más lo necesitan. Debemos dar a los necesitados en lugar de acumular riqueza y

posesiones, ya que el apego hacia esas cosas puede convertirse en una prisión para nosotros y conducirnos a crear muchos enemigos.

6. **Recta atención**: sabemos que deberíamos ser justos con los demás pero, sin la atención, a menudo nos volvemos olvidadizos. Podemos enfadarnos con nosotros mismos simplemente porque no nos hemos acordado de coger la llave que estaba sobre la mesa antes de cerrar la puerta. Podemos estar muy malhumorados y tener un mal día en el trabajo, creando una atmósfera negativa para nuestros compañeros, que culpan de ese mal ambiente a nuestro temperamento. La práctica de la atención requiere que la práctica de la meditación diaria esté plenamente integrada en nuestra vida cotidiana. Uno de los textos de Buda dice: "La persona que tiene atención es feliz y la que no tiene atención es infeliz".

7. **Recto esfuerzo**: debemos ser diligentes para cambiar nuestros patrones de conducta habituales. De igual modo que las personas a las que les preocupa su peso se levantan temprano para hacer ejercicio, si nos interesa nuestra salud mental debemos emplear el esfuerzo adecuado para romper con los patrones negativos habituales de nuestra actitud hacia la vida y hacia nuestros problemas. Debemos crear un entorno en nuestro hogar que nos ayude a cambiar esos hábitos: en el dormitorio, en la cocina, allá donde estemos. Si desarrollamos una fuerte voluntad y tenemos el valor necesario para beneficiar a los demás, nosotros también obtendremos un gran beneficio, tanto si nos consideramos personas religiosas como si no.

8. **Recta concentración**: con la recta concentración podemos ordenar las prioridades que tenemos en nuestra vida y no malgastar el tiempo en asuntos triviales. Tenemos un sentido de la concentración y de la disciplina en la vida que insufla una motivación muy necesaria que nos lleva a utilizar nuestra vida para ayudar a los demás, en lugar de preocuparnos de nuestro propio bienestar. Para ello es necesario que adoptemos una práctica de la meditación, que deberíamos

aprender de un maestro cualificado. Al igual que una cámara fotográfica, nuestra mente tiene que estar cuidadosamente enfocada por medio de una meditación atenta y concentrada para adquirir una clara imagen de la realidad tal y como es.

Las personas que adoptan el Noble Óctuplo Sendero experimentarán la Cuarta Noble Verdad, la verdad de la cesación del sufrimiento. Tanto si creemos en dios como si somos ateos, tanto si creemos en la reencarnación como si creemos en un cielo y en un infierno eterno, sólo experimentaremos aquello que el karma nos ha llevado a experimentar.

Si adoptamos el Noble Óctuplo Sendero seremos personas más bondadosas y sinceras, que es el propósito de cualquier religión. ¿A quién le importa realmente lo que creemos? Lo verdaderamente importante es cómo conducimos nuestra vida: ésa es la esencia de la práctica religiosa y el Noble Óctuplo Sendero es una de las múltiples formas de ejercerla.

Por último, no deberíamos sentirnos demasiado felices cuando todo lo que hay en nuestra vida parece ir bien, ya que hay muchas personas que no son tan afortunadas y están sufriendo. No deberíamos olvidar a los pobres, a los enfermos, a los solitarios, a los niños abandonados y a los ancianos. Deberíamos compartir nuestra felicidad pensando en el bienestar de todos ellos. Podemos pensar en esas personas que están atrapadas en zonas de guerra, en zonas donde se padece sequía y hambre y hacer algo útil con nuestra compasión, en lugar de recrearnos en nuestra buena fortuna.

No deberíamos sentirnos demasiado abatidos cuando las cosas no nos marchan bien, sino que deberíamos tratar de valorar y de mostrarnos agradecidos por las cosas que tenemos, ya que eso reducirá nuestro sufrimiento. Para poder experimentar la cesación del sufrimiento, que es la Cuarta Noble Verdad, debemos aprender a ser duraderos como la tierra, fluidos como el agua, creativos y ligeros como el aire o libres y vastos como el cielo. Si no somos capaces de encontrar ninguna cualidad humana que imitar, podemos aprender esas cualidades de la Madre Naturaleza y de los cinco elementos.

La primera parte de este libro analiza las enseñanzas del Iluminado sobre nuestras relaciones con el fin de examinar las dificultades que afrontamos para mantenerlas sanas y vibrantes. Exploramos las causas que han producido esas dificultades, los pasos que podemos dar en nuestra vida diaria para eliminarlas y el objetivo que podemos alcanzar si lo conseguimos: una unión espiritual con los que nos rodean que transciende a nuestra tendencia a anteponer nuestro propio bienestar al de los demás. En la segunda parte, explora más a fondo la capacidad para subsanar nuestros errores pasados y perdonar a los demás con el fin de avanzar sin resentimiento y sin ni una mentalidad negativa. En la tercera parte aprenderemos a transformar nuestra vida y nuestras relaciones en un camino espiritual, sintiéndonos más satisfechos con nosotros mismos y más compasivos con los demás, ayudándolos sin reservas, resentimiento ni fatiga. Cada parte contiene una serie de meditaciones, de prácticas espirituales y de oraciones para ayudarnos a seguir tranquilos, interactuando con los demás con ecuanimidad y desarrollando una serie de cualidades positivas mientras nos despojamos de nuestra habitual mentalidad negativa.

Después de su Iluminación, Buda advirtió del peligro de la "fe ciega". Lanzó esta advertencia incluso a sus discípulos más fieles, pidiéndoles que no crean todo lo que él había dicho simplemente porque él lo había enseñado. Puso énfasis en la importancia que tenía que cada persona pusiera a prueba y examinara la autenticidad de sus enseñanzas a través de su propia experiencia personal, y no a través de la simple creencia. Por tanto, debemos aceptar ahora lo que podamos. Lo que se no pueda aceptar ahora, no lo debemos rechazar inmediatamente, ya que más tarde podría resultarnos útil.

Debe existir aprecio, compasión y tolerancia entre todos los seres humanos. Rezo para que todos los males de la humanidad no mancillen la verdad eternamente radiante de los Seres Iluminados, de igual modo que la flor de loto jamás se mancha por la tierra en la que crece.

# PRIMERA PARTE
## Comprender la naturaleza de las relaciones

Tanto si somos conscientes de ello como sin no, las valoraciones que hacemos de nuestras relaciones determinan en gran medida nuestra capacidad para ser felices. Nuestra felicidad es un reflejo del grado de satisfacción que sentimos hacia lo que tenemos y de nuestra capacidad para expresar nuestro amor a través de entregarnos y de servir a los demás. Nuestra felicidad no depende de nuestra capacidad para acumular riqueza, posesiones materiales, relaciones o ideologías, aunque nuestra sociedad moderna a menudo evalúa nuestra capacidad para ser felices siguiendo esos parámetros. Por tanto, ¿cómo son nuestras relaciones?

No cabe duda de que no deberíamos asumir que todas nuestras relaciones van a estar libres de problemas. Tal y como Buda advirtió cuando contempló la naturaleza de nuestra existencia, al igual que todo lo demás que hay en la vida, nuestras relaciones son impermanentes. Independientemente de lo buenas que sean al principio, nunca podemos saber cuánto van a durar o cómo van a evolucionar con el tiempo.

A lo largo de las diferentes etapas de nuestra vida, disfrutaremos de numerosas relaciones de diverso tipo: es probable que tengamos parientes, amantes, amigos íntimos, conocidos, personas con las que tendremos problemas y aquéllos a los que podríamos llamar "enemigos". También nos relacionaremos con desconocidos, con personas que nos pueden resultar indiferentes y que más tarde se pueden convertir en nuestros amigos o en nuestros seres queridos.

Normalmente, nuestras relaciones se basan inicialmente en la amistad, en los intereses compartidos y en un sentido de buena voluntad hacia los demás. Ellas nos ayudan a satisfacer nuestra necesidad de tener contacto y calor humano, y un sentido de pertenencia y de amor propio.

Nuestras razones para entablar una relación varían. Podemos tener razones materiales, razones económicas, razones sentimentales o, quizás, razones espirituales, y todas ellas se pueden relacionar entre sí. Pero nuestras relaciones cambian como las estaciones: algunas veces nos mostramos muy afables o afectuosos; otras veces sentimos resentimiento e incluso aversión hacia aquellas personas con las que nos relacionamos. Cuando, a través de nuestro apego a los objetos de nuestra amistad o de nuestro amor, tratamos de controlarlos o de poseerlos, se pueden convertir fácilmente en objetos de nuestro resentimiento y podemos sentir aversión hacia ellos, sin desear que estén más en nuestra vida.

De este modo, nuestras relaciones no se diferencian demasiado de cualquier otra cosa que esté sujeta a cambio. Cuando Buda nos enseñó en la Primera Noble Verdad que las cosas impermanentes tienen la naturaleza del sufrimiento —especialmente cuando estamos apegados a ellas- nos estaba diciendo que incluso esas cosas que nos producen una felicidad temporal —la riqueza, las posesiones materiales, nuestras relaciones con los demás y nuestras ideas o conceptos- son por naturaleza insatisfactorias, están sujetas a cambio. Buda se dio cuenta del sufrimiento que existe detrás de las sonrisas que asoman en los rostros de esas personas que se entregan a los placeres "terrenales". Gracias a su sabiduría, fue capaz de ver cómo estaban atrapadas en su apego por una felicidad que creían que podrían encontrar en las cosas externas.

La enorme sabiduría de Buda le permitió comprender cómo nuestro apego hacia las "cosas" puede convertirse fácilmente en ansia —la ambición de tener más y más "cosas" para satisfacer nuestro deseo de sentir placer y confort. Observó la conexión que existe entre nuestra ansia de placer o de confort y nuestra aversión hacia las cosas que consideramos desagradables o incómodas. Además, Buda advirtió que la fuente de nuestros sentimientos de apego hacia las cosas que nos resultan placenteras y la aversión que sentimos hacia las cosas dolorosas se debe a nuestra ignorancia —o falta de sabiduría— de la verdadera naturaleza de las "cosas" o de los fenómenos, incluyendo a *nosotros mismos*.

Buda nos enseñó que a través de la falta de entendimiento de la naturaleza impermanente y, por tanto, insatisfactoria de los fenómenos, les asociamos las características de permanencia y de valor que realmente no tienen. De igual modo, a través de la falta de reconocimiento de nuestra propia naturaleza impermanente y, por tanto, insatisfactoria, nos asociamos las características de permanencia y valor de las que carecemos. Buda nos enseñó que nuestro apego hacia las cosas que valoramos y la indiferencia o aversión que sentimos hacia las cosas que no valoramos sólo puede conducir a la infelicidad, ya que todo a lo que nos apegamos nos proporcionará sufrimiento cuando ya no lo tengamos, y todo hacia lo que sintamos aversión nos producirá sufrimiento cuando esté cerca de nosotros. De igual modo, él nos enseñó que nuestro deseo de satisfacer nuestras propias necesidades en detrimento de las necesidades de los demás nos lleva a no ser conscientes de sus necesidades y crea una distancia entre nosotros.

Buda nos enseñó que, como consecuencia de nuestra falta de sabiduría acerca de la verdadera naturaleza de nosotros mismos y de las cosas que hay en nuestra vida, todas las cosas que nos producen felicidad pueden ser igualmente el origen de nuestra insatisfacción o infelicidad, y viceversa. Las posesiones que más amamos se convierten en inmundicia cuando se rompen o cuando dejan de cumplir su función, o pueden dejar de resultarnos atractivas, llevándonos en su lugar a desear otras posesiones. Nuestros seres amados pueden convertirse en objeto de nuestra indiferencia, o quizás en nuestros enemigos, y aquéllos que una vez nos resultaron indiferentes se pueden convertir en nuestros seres queridos; y así sucesivamente.

Nuestra mente tiene el extraordinario potencial de poseer sabiduría. La sabiduría no es una cuestión de ir a cierto lugar, leer o escuchar unas enseñanzas específicas o de reunirse con unos profesores en particular. Podemos desarrollar sabiduría mientras paseamos, o mientras estamos sentados meditando. Una de las principales características de la sabiduría es su capacidad para comprender que podemos hacer *esto* con *aquello*, o que *esta* acción conduce a *esta otra* consecuencia (el karma, la ley de causa y efecto). Necesitamos alcanzar esta sabiduría para ser capaces de comprender cuál es la verdadera naturaleza y el propósito de nuestras relaciones.

Buda también hizo hincapié en la importancia que tienen nuestras relaciones de verdadero amor y generosidad, que nos permiten invertir nuestra tendencia a buscar algo en los demás para satisfacer nuestras propias necesidades. A través del amor podemos ser más conscientes de las necesidades de los demás, reconociendo que, al igual que nosotros, ellos también desean alcanzar una felicidad duradera. A través de la generosidad podemos esforzarnos por satisfacer sus necesidades y asegurar así su felicidad, que a su vez nos aportará a nosotros felicidad y satisfacción.

El deseo de mejorar una relación no sólo es importante para aquellas personas que viven juntas. Las personas solteras también tienen que relacionarse con los demás y pueden extraer una serie de cualidades espirituales duraderas de esas relaciones. A menudo conocemos a personas a través de nuestros intereses comunes compartidos –practicando deportes, acudiendo a eventos culturales o quizás aprendiendo a meditar juntos. (Todo aquello que nos une también puede incluir la atracción física). Muchas veces existe un "periodo de luna de miel" en el inicio de la relación. En ese momento compartimos mucho apoyo y bondad entre nosotros. Todo está sucediendo tal y como lo deseamos, somos capaces de satisfacer las necesidades del otro y la relación parece ir cada vez mejor. Como no pasamos por ninguna dificultad, no tenemos necesidad de sanar esa relación, porque siempre está en proceso de mejoría. El problema es que en ese momento esperamos que siga mejorando. No nos damos cuenta de que la situación que ahora disfrutamos depende de muchos ingredientes que las dos personas están encantadas de aportar a la relación, pero nuestra disposición a hacerlo puede cambiar con el tiempo. No obstante, esas relaciones pueden desarrollar un fuerte lazo espiritual y sobreponerse a todas las dificultades.

El verdadero propósito de nuestras relaciones es interactuar con otras personas que, como nosotros, son impredecibles. No es sólo una cuestión de encontrar a alguien que sea exactamente igual que nosotros. Si no somos capaces de apreciar e interactuar con nuestras diferencias, inclinaciones y peculiaridades individuales, estamos sembrando la semilla de la insatisfacción y la desdicha en nuestras relaciones. Si, por el contrario, somos capaces de superar nuestra incapacidad para hacer las cosas de otra manera y reconocer que los pensamientos, esperanzas, tendencias y temores de nuestros seres queridos cambian con el tiempo tal y como lo hacemos nosotros, podremos sembrar las semillas del contento y la felicidad a largo plazo.

Buda nos enseñó que nuestras circunstancias dependen de una serie causas y de condiciones. Él nos enseñó que, aunque a menudo nos consideramos las víctimas de nuestras circunstancias, las condiciones en las que nos encontramos son, de hecho, la consecuencia de nuestros propios actos, o karma. Buda se había dado cuenta a través de muchos años de estudio, de contemplación y de meditación que los actos que hacen daño a los demás siempre conducen al sufrimiento, mientras que los actos que benefician a los demás siempre conducen a la felicidad. En nuestro moderno impulso por conseguir resultados inmediatos puede que no seamos capaces de aceptar este hecho fácilmente, ya que no siempre podemos ver cuáles son las consecuencias de nuestros propios actos o de los actos de los demás. Para los budistas, el concepto "karma" significa que las consecuencias de nuestros actos sin duda darán un fruto que madurará e influirá en nosotros. Sin embargo, puede que esto no ocurra en un futuro inmediato, o incluso que ni siquiera ocurra en nuestra vida presente. Al mismo tiempo, si hacemos daño a los demás en nuestras relaciones actuales, el sufrimiento que esto nos producirá puede manifestarse en nuestras relaciones futuras. Los budistas son perfectamente conscientes de la necesidad de evitar el daño y de sacar beneficios en esta vida para asegurarse de las buenas condiciones en las vidas futuras. Todos tenemos que afrontar nuestras relaciones de la misma manera.

Nuestra insatisfacción o falta de contento con la naturaleza de nuestras relaciones se debe en gran medida a nuestra tendencia a desconfiar de nosotros mismos. Muchas veces somos enormemente críticos con nosotros mismos y tendemos a personalizar las dificultades por las que pasamos en nuestras relaciones, hasta que nos damos cuenta de que no somos capaces de superar dichas dificultades. Para superar estos sentimientos de incapacidad, tenemos que dejar de enfocarnos en nuestro propio bienestar y enfocarnos en el bienestar de los demás. Esto nos permite desarrollar la sabiduría necesaria para reconocer el predominio del sufrimiento en todos los niveles de nuestra sociedad y así saber que no somos los únicos que tenemos que superar problemas en nuestras relaciones. Por tanto, ¿qué ingredientes necesitamos para mantener o para mejorar nuestras relaciones? ¿Cómo podemos extraer la bondad que se encuentra dentro de los demás con el fin de obtener todas las cosas que necesitamos de ellos? Es importante reconocer que no hay nada malo en que necesitemos a los demás en nuestras vidas. Sin embargo, es un error no asumir la responsabilidad de nuestras propias experiencias cuando nos relacionamos con ellos.

Es importante comprender que para entablar amistad con los demás, primero debemos entablar amistad con nosotros mismos. Tenemos que abandonar la desconfianza que sentimos hacia nosotros y tener fe en nuestra capacidad para transformar nuestras circunstancias, tanto si son fáciles como si son difíciles, en una oportunidad de aprender y desarrollarnos. Para ello, debemos evitar nuestra tendencia a retratarnos a nosotros mismos como víctimas de las circunstancias y a aferrarnos a los aspectos negativos de nuestras relaciones. En cambio, tenemos que asumir la responsabilidad personal de nuestros sentimientos y vislumbrar la posibilidad de desarrollo que podemos experimentar si afrontamos nuestras dificultades en las relaciones de una manera hábil e innovadora.

La transformación es un hecho inevitable en nuestras relaciones. Sólo es cuestión de saber si queremos transformarlas a nuestra manera como consecuencia de nuestro deseo de que las cosas sigan igual, o entregándonos y ayudando a los demás de manera desinteresada, sintiéndonos encantados de recibir todo los que nos llega de nuestros seres queridos.

Debemos ser bondadosos en nuestro intento de superar nuestras dificultades en las relaciones, como si estuviéramos planchando una delicada prenda de seda. Si somos demasiado agresivos, arrugaremos o incluso quemaremos el tejido de nuestras relaciones. Por tanto, debemos ser conscientes en todo momento de las ramificaciones que tienen nuestros actos y de nuestras reacciones cuando estamos con los demás.

Si somos capaces de desarrollar un sentido de conciencia de nosotros mismos, tendremos más capacidad de encontrar la respuesta adecuada que nos permita superar las dificultades que se plantean en nuestras relaciones. Esta conciencia de nosotros mismos hace que seamos personas más afectivas y compasivas hacia los demás y nos llena de un nuevo propósito espiritual. Comenzamos a darnos cuenta de que nuestras relaciones no sólo son una fuente de una felicidad a corto plazo, sino también de una realización y de un propósito a largo plazo en nuestras vidas.

## ¿NOS SENTIMOS INSATISFECHOS?

La primera de las Cuatro Nobles Verdades de Buda nos dice que nuestras vidas tienen la naturaleza del sufrimiento. Podemos pensar que esto es una exageración por lo que se refiere a nuestras relaciones, creyendo que existe la posibilidad de que haya mucha felicidad cuando compartimos nuestra vida con otra persona. Esto, por supuesto, es cierto, pero depende de los esfuerzos que hagan ambas partes en una relación para producir las causas que producen la felicidad. Si tratamos de determinar cómo podemos curar las relaciones, también debemos ser conscientes de que pueden ser una fuente de dolor e insatisfacción. A menudo personalizamos nuestra insatisfacción y sufrimiento, sin ser capaces de reconocer que hay otras personas que también sufren igual que nosotros, y algunas veces sufren más.

*Ofrecer resistencia*

De igual manera que necesitamos saber qué enfermedad padecemos antes de poder buscar la medicina adecuada para curarla, también debemos reconocer nuestro sufrimiento antes de poder encontrar sus causas e identificar los pasos que debemos dar para eliminarlo. Uno de los aspectos de nuestras relaciones que nos produce sufrimiento es la resistencia. A menudo ofrecemos resistencia cuando afrontamos lo inesperado en nuestras relaciones y no nos resulta cómodo asumir el cambio. Si no nos enfrentamos a esta resistencia, podemos comenzar a reprimir nuestros sentimientos. No hacemos ningún intento por examinar nuestros sentimientos y nos limitamos a considerarlos como algo legítimo y justificado. Muchas veces esto nos lleva a sentir resentimiento hacia aquellas personas por las que sentimos afecto y este resentimiento se manifiesta en la manera poco bondadosa de la que hablamos de ellos. Nuestras críticas pueden acabar por socavar la buena voluntad que nos había llevado a mantener en un primer momento la relación.

Habitualmente experimentamos el mayor grado de resistencia hacia las personas que están más cerca de nosotros. Cuando comenzamos una relación, nos sentimos atraídos por los atributos de la otra persona y nuestro corazón ansía tener una relación con ella. Cuando cambia el maquillaje físico y emocional de nuestros seres amados, junto con su identidad espiritual, es posible que ya no se sientan interesados por muchas de las cosas que antes hacían o querían. Sin embargo, seguimos deseando las cosas que solían darnos. Y ellos pueden sentir lo mismo hacia nosotros. Cuando los demás no son capaces de satisfacer nuestras necesidades, esto puede convertirse en otra causa de nuestra resistencia hacia ellos.

En ambas circunstancias, la obstinación por desear que las cosas permanezcan igual puede indicar que empieza a haber problemas en nuestra relación. Si no somos capaces de reconocer nuestra resistencia en ese momento y somos incapaces de aportar a nuestra relación tanto como conseguimos de ella, esto puede conducir a una separación tormentosa. Sin embargo, aunque nos separemos físicamente de la persona, en realidad no nos hemos separado de las dificultades que llevaron a la ruptura de la relación. Las dificultades permanecen con nosotros y repetimos perpetuamente esa misma resistencia con las personas que participarán de nuestras relaciones futuras, lo cual es un indicador de que el problema radica dentro de nosotros mismos en lugar de habitar en el objeto de nuestro afecto o de nuestra amistad. En un estado de resistencia, podemos estar poco dispuestos a despojarnos de las heridas pasadas y, a su vez, carecer de generosidad. Nuestra indisposición a dar hace que seamos incapaces de recibir nada, ya que nuestra mano no está libre para recibir. Cuando damos —o nos despojamos de algo- al menos nuestra mano quedará vacía para poder recibir algo a cambio. De lo contrario, si seguimos aferrándonos a todo lo que pertenece al pasado, cuando alguien trata de darnos algo, nos limitamos a apartarlo. En realidad lo que estamos haciendo es apartar su amor y, por tanto, levantar un muro entre nosotros, hasta el punto de ser inconscientes de lo que otra persona está tratando de darnos. Creemos que, en realidad, la otra persona quiere algo de nosotros, cuando lo cierto es que está tratando de entregarnos algo.

Nuestra resistencia e indisposición a dar muchas veces se debe a nuestro excesivo orgullo. Cuando tenemos orgullo, nos concentramos excesivamente en nosotros mismos y en fomentar nuestras propias cualidades, lo cual nos dificulta en gran medida ver las cualidades de los demás. De hecho, el orgullo, que puede bordear la arrogancia, hace que sea más fácil ver y magnificar los fallos de los demás y nos produce una sensación de superioridad hacia ellos. Asumir el papel de tener una "moral elevada" sólo genera mayor resistencia y hace que seamos incapaces de reconocer la bondad de los demás.

La propia naturaleza de dar consiste en que, cada vez que damos, hacemos cambiar a la persona que recibe. Si damos algo con buena voluntad, ese acto reportará beneficios a la otra persona. Si no somos capaces de dar a aquellas personas por las que sentimos afecto, recibiremos muy poco de ellas a cambio y no podremos ni siquiera apreciar qué es lo que nos han dado, porque nuestro corazón ya no genera buena voluntad. Cuando domina la hostilidad en nuestro corazón, sólo estamos concentrados en lo que no hemos recibido de los demás. Aunque, en realidad, sólo vemos una parte de lo que ocurre, creemos que nuestra percepción es correcta. Cuando no somos capaces de examinar la validez de nuestras propias percepciones, nos mostramos tensos. Aparece la culpabilidad y el resentimiento y nos dirigimos a un estado de ánimo lastimoso. Pero si reconocemos que nuestras percepciones no están cambiando y que eso es lo que nos está haciendo daño tanto a nosotros como a las personas a las que amamos, podemos comenzar a comprender que en realidad no hemos progresado.

*Los sentimientos reprimidos*

Algunas veces podemos enfrentarnos a nuestros sentimientos en este nivel de resistencia sin necesidad de dañar a largo plazo a nuestras relaciones. Otras veces tratamos de reprimir nuestros sentimientos de resistencia. Por tanto, el segundo nivel de dificultad que encontramos en las relaciones es esta represión, que nos conduce a una falta de sinceridad y a una incapacidad para expresar nuestros verdaderos sentimientos.

Nuestra represión será más fuerte si no hacemos el menor intento por comprender los sentimientos de los demás.

Si no somos capaces de expresar nuestras preocupaciones cuando son relativamente pequeñas, las contenemos como si fueran a evaporarse por sí solas. Si las reprimimos un día tras otro, podemos ahogar la energía que hay en nuestro interior. Si nuestros sentimientos reprimidos se han contenido durante un largo periodo de tiempo, comenzamos a considerar el objeto de nuestro afecto o de nuestra amistad –de quién esperamos conseguir felicidad y a quién podemos aportar felicidad- como un objeto de aversión. Nos sentimos enfadados con ellos y les echamos la culpa de todo lo que pasa. La ira y la culpabilidad son, sin lugar a dudas, signos de que existe una represión. Al reprimir nuestros sentimientos, dejamos pasar la oportunidad de examinar la naturaleza de esos sentimientos. A través de este proceso de represión, habitualmente legitimamos todos nuestros sentimientos y nunca cuestionamos su validez. Podemos pensar: "Como me siento así, sé que me están tratando mal, que no me aman, que no les importo". Estamos seguros de que nuestro sufrimiento se debe a la falta de amor o de atención por parte de la otra persona.

Cuando "demonizamos" a nuestros seres queridos, éstos se convierten en el objeto de nuestra aversión, que es lo contrario del amor. Cuando nuestros intentos erróneos de expresar nuestro amor se transforman en aversión, consumimos nuestra energía emocional, ya que nunca hemos aprendido a amar de manera constructiva, examinando adecuadamente nuestros sentimientos. En nuestro intento por seguir recibiendo el amor que pensamos que merecemos, agotamos el poco amor que tenemos para dar.

Incluso aunque deseemos expresar nuestros sentimientos reprimidos, deberíamos recordar siempre que lo que da sentido a la relación es nuestro amor por tener un interés mutuo, por hacer cosas juntos. Si pensamos únicamente en las necesidades de nuestra pareja o de nuestro amigo cuando estamos haciendo cosas juntos, empezarán a pensar automáticamente en nuestras necesidades –quizás incluso más de lo que lo hacemos nosotros. Pero muchas veces no estamos dispuestos a tener en cuenta las necesidades de los demás, así que toda nuestra atención se dirige hacia nuestro propio bienestar. Una vez más, caemos en la trampa de concentrarnos en lo negativo, en lo que no estamos recibiendo, en lugar de tener en cuenta qué es lo que tenemos que dar a los demás para ablandar o para ganarnos su corazón o para ayudarlos a cambiar.

Nuestra resistencia nos lleva a reprimir nuestros sentimientos, que a su vez aumenta nuestra resistencia. Con el tiempo, esto se convierte en un resentimiento hacia la persona amada y podemos comenzar a arrepentirnos de haber iniciado la relación. Nuestro resentimiento puede ser tan grande que ya no queremos seguir adelante con la relación; incluso podríamos pedir a nuestra persona amada que se marche para satisfacer a *nuestro* resentimiento.

Muchas veces, el paso siguiente al resentimiento es poner "etiquetas" a las personas a las que amamos, o dedicarles calificativos desagradables. Esto puede resultar muy dañino y crear graves problemas en nuestras relaciones. Incluso dedicar mentalmente una etiqueta negativa da lugar a un karma de pensamiento negativo. Si el pensamiento se convierte en una etiqueta verbalizada, cualquier persona que la escuche se sentirá molesta por ella, especialmente si es la persona a la que hemos etiquetado, lo cual generará un karma verbal negativo. Dicha persona puede sentirse enormemente conmocionada por el hecho de que pensemos así de ella. De igual modo, muchas veces nos sentimos dolidos por las etiquetas desagradables que nos dedican a nosotros, incluso si lo hacen aparentemente en broma. Lo que en principio parecen ser etiquetas afectivas, como "cariño" o "cielo", también pueden dejar un poso amargo en nuestra boca, especialmente si sólo se utilizan cuando nuestra relación marcha bien.

Las etiquetas son un buen indicador de cómo nos relacionamos con las personas que nos importan y de cómo son nuestras relaciones. El modo en el que hablamos de los demás no demuestra cómo son en realidad, sino que nos dice muchas cosas de cuál es la percepción que tenemos de ellos, de cómo pensamos que son. Nuestras suposiciones y nuestra irritabilidad es lo que en realidad nos lleva a utilizar las etiquetas inadecuadas y son la causa del daño subsiguiente que provocamos al utilizarlas. Nuestra tendencia a etiquetar a los demás muchas veces es fruto de nuestra propia falta de autoestima: cuanto menor sea nuestra autoestima, más probabilidades habrá de que pensemos negativamente de los demás y dirijamos nuestra negatividad hacia ellos. Cuando ponemos etiquetas, a menudo lo hacemos de manera obsesiva, como si no hubiera la menor esperanza de que se produjera un cambio. Por ejemplo, afirmar que "él siempre está enfadado" no deja lugar a que el receptor de la etiqueta sea percibido como una persona paciente, aunque es probable que practique la paciencia en la misma medida que muestra su ira.

## LAS CAUSAS DE LA INSATISFACCIÓN

La segunda de las Cuatro Nobles Verdades nos dice que el sufrimiento que existe en nuestra vida tiene una serie de causas, que son nuestras propias emociones aflictivas o equivocadas. Todas estas emociones aflictivas desempeñan un papel importante en las dificultades con las que nos encontramos en nuestras relaciones. Nuestra codicia nos lleva a aferrarnos al "status quo" y hace que nos resulte difícil dar sin pensar en recibir una recompensa. Nuestro odio, que emana de nuestra aversión hacia las cosas que nos producen dolor, hace que nos resistamos a cambiar y a hacer las cosas de manera diferente. Nuestra ignorancia nos ciega ante la verdadera naturaleza de los demás, llevándonos a exagerar sus cualidades cuando nos sentimos fuertemente atraídos por ellos y a acentuar sus fallos cuando mostramos aversión hacia su persona. Nuestro orgullo hace que nos resulte difícil perdonar a los demás o aceptar su bondad. Nuestros celos son los que colorean la percepción que tenemos de nuestros amigos y de nuestros seres queridos y conducen a la sospecha y a la falta de confianza.

Una vez que hemos identificado la naturaleza de algunas de las dificultades que encontramos en nuestras relaciones, ya podemos pasar a considerar cuáles son las causas. Nuestras expectativas irreales hacia los demás son la causa principal de las dificultades por las que estamos pasando. Tenemos falsas expectativas que a menudo se basan en las cualidades ideales que creemos que podrían tener los demás. Cuando los demás son incapaces de alcanzar esas expectativas, podemos comenzar a levantar un muro entre nosotros. Nuestras expectativas hacia los demás son incapaces de reconocer cuáles son nuestras diferencias y nos resistimos a cambiar nuestra forma habitual de actuar, a menudo temiendo que se produzca lo inesperado en nuestras relaciones.

Nuestra tendencia a repetir nuestros viejos patrones de conducta y a seguir cometiendo los mismos errores una y otra vez aumenta nuestra resistencia a cambiar. Esta resistencia en nuestras relaciones se incrementa todavía más por culpa de nuestra tendencia a aferrarnos a las cosas que creemos que los demás deberían darnos en nuestras relaciones, lo cual reduce nuestra propia capacidad para dar. En el budismo, nuestras expectativas irreales hacia lo que deberíamos recibir en nuestra vida tradicionalmente se llama "apego", "aferramiento" o "ansia". Habitualmente anhelamos tener cosas que nos producen placer, confort y contento; y, al contrario, desarrollamos aversión por aquellas cosas que nos producen todo lo contrario: dolor, molestia e insatisfacción. Nuestro aferramiento o nuestro apego puede aumentar hasta el punto de que posiblemente nadie pueda satisfacer nuestros deseos. De igual modo, nuestra creciente aversión a la conducta o a los hábitos de nuestros seres queridos puede llevarnos a sentir una ira o un resentimiento que tienen mayor peso que el afecto y la buena voluntad que al principio sentíamos hacia ellos.

A menudo caemos en la trampa de reproducir el estado de ánimo de la otra persona: cuando uno de nosotros se siente feliz, la otra persona se muestra feliz; cuando uno está enfadado, el otro se enfada; cuando uno está triste, el otro está triste, y así sucesivamente. Muchas veces, esto puede entorpecer la comunicación y, como consecuencia de ello, a menudo hacemos suposiciones sobre qué es lo que está sintiendo la otra persona. Estas suposiciones se pueden basar en nuestro temor a que nuestros seres queridos nos ignoren, lo cual incrementa la resistencia que mostramos hacia ellos.

Si examinamos cuáles son las causas que producen las dificultades en nuestras relaciones, seremos capaces de avanzar identificando cuáles son las herramientas que nos permiten superarlas.

*Nuestras expectativas irreales*

Si nos paramos a pensar en las expectativas que tenemos hacia los demás en nuestras relaciones, descubriremos que muchas veces tenemos una opinión fija de lo bien que los demás deberían tratarnos o de cuánta atención deberían prestarnos. Si *verdaderamente* nos aman o les importamos, deben hacer esto o aquello —es posible que hayamos llegado a elaborar una lista con nuestras expectativas.

Cuando empezamos una relación, muchas veces tenemos una expectativa irreal de que hemos conocido a una persona con la que podemos ser compatibles. Al principio, podemos tener unos cuantos intereses en común, pero no nos damos cuenta de que en dos o diez años puede que uno de los dos ya no se sienta interesado por esas mismas cosas. Carecemos de imaginación sobre el futuro y olvidamos que todas las cosas son impermanentes. Simplemente mantenemos nuestras expectativa irreales sobre cómo deberían ser las cosas. Estas expectativas irreales crean tanta resistencia que no sabemos cómo afrontar los cambios que tienen lugar en nuestras relaciones.

Algunas veces basamos muchas de las creencias que tenemos acerca de nuestros seres queridos y de nuestras relaciones en las suposiciones, manteniendo muy poca comunicación. Muchas veces, esto se debe a nuestras expectativas irreales hacia los demás y, en particular, a nuestro modo de percibir sus actos, o sus inacciones, e intenciones. Como ejemplo, podemos pensar que estamos intentando comunicarnos porque hemos enviado una carta a alguien. No podemos asegurar que, como la hemos enviado, la ha leído, o incluso que la ha recibido. Cuando más tarde hablamos con esa persona, asumimos que sabe perfectamente lo que hemos escrito y que simplemente no ha querido responder. Es probable que su reacción sea de sorpresa, ya que no tiene ni idea de qué estamos hablando.

Si no somos capaces de transmitir eficazmente nuestras preocupaciones a los demás, estamos asumiendo que, como les hemos enviado algo, ellos lo han recibido. Las suposiciones son una causa común de represión en nuestras relaciones y no pasará mucho tiempo antes de que las suposiciones obstruyan la comunicación. Cuando actuamos siguiendo nuestras suposiciones, los demás no pueden saber qué estamos pensando o sintiendo y, por tanto, son incapaces de responder de una forma adecuada. Una relación que se ha mantenido estable durante muchos años se puede destruir en unos instantes por culpa de un intercambio basado en las malas interpretaciones y en las suposiciones.

Nuestras suposiciones proceden, en gran medida, del miedo. Pensamos que si hemos enviado una carta a alguien y no nos ha respondido, eso significa que nos ignoran. Quizás tenemos miedo de que en realidad no les importemos y de que, por esa razón, nos están ignorando. Los miedos que nos conducen a realizar suposiciones sobre los demás y sobre sus actos pueden hacer que nos volvamos muy irritables y esta irritación pronto se convierte en resentimiento.

Es importante que aprendamos a vacilar, a conceder a los demás el beneficio de la duda, pensando que les hemos enviado algo, pero que no lo han recibido. Entonces, cuando les hablemos del asunto, lo haremos de una manera completamente distinta. Primero preguntaremos si lo han recibido, en lugar de actuar basándonos en nuestra suposición de que lo han ignorado. Ésta es una base más estable sobre la que mantener una comunicación adecuada.

## La resistencia a cambiar

La incapacidad para tomar en consideración la "cultura" de los demás es muchas veces una causa principal de resistencia. Al igual que nosotros, los demás también tienen un telón de fondo singular de familia y valores personales, de maneras y hábitos. Ellos pueden tener una educación diferente a la nuestra por lo que se refiere a su idioma, religión, tradiciones, costumbres y expectativas. Cuando nos vemos atrapados en nuestros propios patrones habituales de conducta, debido a la forma en la que nos han educado o a nuestras inclinaciones particulares, podríamos no darnos cuenta de que hay otras formas de hacer las cosas. Si no estamos dispuestos a aprender ni a apreciar la forma que tienen los demás de hacer las cosas, creyendo que siempre sabemos cuál es la mejor manera, su conducta parecerá inadecuada. Cuando nos sentimos así, podemos llegar al punto de aceptar hacer otra cosa por el amor que sentimos hoy hacia la otra persona pero, una vez que lo hemos hecho, ya no queremos volver a repetirlo más.

Cuando nos resistimos de esta manera a aceptar las diferencias de la otra persona, estamos apartando su amor, sin dejar que la riqueza de sus experiencias e inclinaciones nos alcance. Normalmente, hacemos eso como si estuviéramos rechazando algo malo: "Otras personas hacen las cosas así y tú puedes hacerlas igual si quieres, pero *nosotros* no lo hacemos así". Cuando mostramos ese tipo de resistencia, nuestros seres queridos muchas veces tendrán la sensación de que estamos despreciando lo que tienen que decir, o el modo en el que han hecho las cosas, como si no fueran capaces de hacer nada bien.

Por otra parte, muchas veces imitamos el estado de ánimo de las personas que nos importan: nos sentimos felices cuando ellos se sienten felices y enfadados cuando están enfadados. Cuando se dirigen a nosotros, o cuando nos regañan, y no nos escuchan, podemos también hacer lo mismo. Con este tipo de interacción, es muy poco probable que se produzca una verdadera comunicación. Esto hace que aumente nuestra resistencia hacia nuestros seres queridos, haciendo que nos resulte más difícil tener en cuenta sus necesidades. No hay ninguna intención de escuchar, por no decir de comprender, el uno al otro. En esos momentos, no recordamos cuál era la intención que teníamos de actuar juntos para superar las adversidades. No recordamos si estamos felices o tristes, de buen o de mal humor.

Esta duplicación de los estados de ánimo no es el propósito final de nuestras relaciones. De hecho, algunas veces tenemos que aprender a hacer exactamente lo contrario de lo que hace la otra persona. Por ejemplo, cuando la otra persona está callada por la pena, podríamos decirle unas palabras bondadosas de aliento. Cuando una persona querida se encuentra en el tipo de estado de ánimo que le lleva a gritarnos, sólo es necesario demostrar un poco de cordura para reconocer cuál es lo contrario de gritar: ¡no tendríamos más que mantenernos callados!

Cuando somos incapaces de aprender a apreciar y a alimentar nuestras diferencias, rápidamente se convierten en una fuente de malentendidos y suponen una amenaza para nuestra estabilidad y seguridad. Como consecuencia de nuestra resistencia y de nuestra incapacidad para cambiar o para hacer sacrificios, no somos capaces de ver que podemos sacar más de *esto* si sacrificamos *aquello*. En cambio, no queremos despojarnos de nada, deseando en todo momento algo para nosotros, pero sin querer renunciar a nada. Esta actitud de una de las partes ante la relación en seguida da lugar a una resistencia mutua.

Por otra parte, si somos capaces de aceptar las cosas inesperadas tal y como llegan a nuestras relaciones, variando la actitud que demostramos hacia los cambios y hacia las diferencias, nuestra mente se siente más contenta y feliz. Así, nuestra mente ya no se ve atrapada entre la preocupación por mantener lo que ha sucedido en el pasado y el temor a enfrentarse a lo que pueda ocurrir en el futuro.

Cuando nos sentimos atraídos por alguien que tiene una educación distinta a la nuestra, puede que no tengamos idea de lo que va a aportar a nuestra relación. Incluso aquellas personas que proceden de un entorno parecido al nuestro, tienen emociones humanas —necesidades, temores, ansiedades y esperanzas- que fluctúan, al igual que el clima. Por tanto, al principio de una relación, no sabemos cómo va a ser la otra persona dentro de dos o de diez años, por mucho que pensemos que la conocemos muy bien.

En realidad, no sabemos hacia dónde van a ir o qué es lo que van a hacer. No se puede predecir la dirección hacia la que se encamina la otra persona. Si nos paramos a pensar, apenas podemos siguiera predecir con un mínimo de certeza hacia dónde nos llevarán nuestras necesidades e intereses. Esperar que alguien sea capaz de cumplir nuestras expectativas es mucho pedir, ya que por mucho amor que sientan hacia nosotros nunca podría conseguirlo. ¿Cómo podría cuando a menudo ni siquiera sabemos que es lo que queremos nosotros mismos?

Cuando no estamos dispuestos a soportar las dificultades en nuestras relaciones, nos sentimos solos, y eso puede resultar insoportable. Podemos sentir que nuestra soledad es, en cierto modo, culpa de la otra persona, ya que no desea prestarnos la atención suficiente. De hecho, podríamos necesitar esa misma soledad para darnos cuenta de cómo podemos ser completos por nosotros mismos, en lugar de depender siempre de otra persona. La necesidad constante de que los demás satisfagan nuestras necesidades, en lugar de asumir la responsabilidad de nosotros mismos, se convierte en una enorme dificultad en nuestras relaciones.

Muchas veces es nuestra resistencia y represión internas la que crea nuestra mentalidad reaccionaria, la que nos lleva a repetir nuestros errores una y otra vez. Repetir continuamente nuestros errores es como estar atrapados en una prisión emocional, sin saber cómo hacer las cosas de otra manera, encontrándonos en un punto muerto. Al igual que sucede con una prisión física, hemos llegado allí a través de nuestros propios errores, y no por culpa de los errores ajenos. Pero normalmente echamos la culpa a los demás de nuestro propio estado emocional de aprisionamiento, que ha sido consecuencia de nuestra negación a cambiar nuestras costumbres.

Cuando no somos capaces de reconocer esos patrones habituales en nuestras relaciones, estamos rechazando el amor que buscamos en las personas que tenemos cerca. El apoyo que queremos de la otra persona no está próximo y no hemos desarrollado un medio de encontrar un apoyo interior que nos permita comenzar el proceso de cambio.

Nuestra falta de apoyo interior muchas veces emana de la desconfianza que tenemos en nosotros mismos, que a su vez es fruto de nuestras expectativas irreales. Nuestras expectativas irreales limitan nuestra visión y eso nos lleva a concentrarnos fácilmente en lo negativo, siendo incapaces de ver ninguna alternativa cuando nos encontramos con dificultades en las relaciones. Cuando la duda y la inseguridad dominan nuestra mente, tenemos muy poco sentido de la esperanza para la mejoría y nos vemos atrapados en la estrechez de la preocupación personal. La duda nos ayuda a expandir las lentes de nuestras proyecciones negativas de tal modo que ni siquiera necesitamos una pantalla para proyectarlas: ya lo hará cualquier persona que esté próxima a nosotros. Cuando proyectamos nuestra negatividad en los demás, todo nuestro mundo se tiñe de las energías oscuras que habitan en nuestro interior, hasta el punto de que lo que sentimos es precisamente lo que vemos.

Para superar este sentido de la inseguridad en nosotros mismos, necesitamos tener fe tanto en nosotros como en los demás. La fe tiene una visión a largo plazo que no está atascada en los viejos modos de pensar y de actuar sino que, por el contrario, nos permite ver el amplio abanico de posibilidades y de opciones que tenemos para cambiar.

## *El deseo de alcanzar la satisfacción*

Nuestra mente, deseosa de satisfacer nuestras propias necesidades y deseos, anhela la satisfacción material, emocional y espiritual, a menudo con la intención de llenar el vacío dejado por la falta de nuestros propios recursos internos del amor, de la compasión y del contento. El ansia es una sensación intensa de que en nuestro interior nos falta algo, que sólo se puede encontrar en nuestra interacción con el mundo que nos rodea. Puede llevarnos a tener expectativas irreales sobre la capacidad de nuestros seres queridos para proporcionarnos los recursos de los que carecemos. Puede cegarnos a sus necesidades. El ansia es muy egocéntrico; el ansia excesiva reduce nuestra capacidad para dar: materialmente, emocionalmente y espiritualmente.

Muchas veces nos sentimos miserables cuando estamos solos y en esos momentos anhelamos el calor del afecto humano. Pensamos que es mejor tener una relación que estar solos. Tratamos de encontrar la felicidad junto a alguien, con la esperanza de que sea maravilloso estar con ellos, en lugar de advertir la importancia que tiene todo lo que podemos aportar a la relación.

Nuestras posibles parejas pueden pensar igual que nosotros: "No soy feliz estando solo; tal vez debería salir a conocer a alguien". Es improbable que se hayan quedado sentados, a la espera de encontrar a alguien que al igual que nosotros no es feliz, pensando: "Tengo un excedente de felicidad, así que puedo dar todo lo que tengo. Estoy preparado para conocer a alguien así que, ¿dónde está?" Es más probable que estén sintiendo el mismo vacío que nosotros, como si también se estuvieran perdiendo algo en la vida. Si éste es el caso, ambas personas se sienten vacías y, por tanto, tienen mucho que dar. Sin embargo, los dos están tratando de llenar su vacío a la espera de recibir algo de la otra persona. Buscando los puntos en común o de atracción, ambos tratan de encontrar una manera de acercarse lo máximo posible al objeto de su interés. Su expectativa es que, como no son felices y se sienten solos, la otra persona debería ser capaz de satisfacer sus necesidades, o de llenar el "vacío" que hay en su vida. Pero este método está condenado al fracaso.

Cuando la semilla de un árbol es venenosa, no sólo el árbol será venenoso, sino que sus ramas y sus hojas también lo serán. Cuando el ansia domina nuestras razones para iniciar una relación, será igualmente la causa del sufrimiento dentro de la relación. Si el enfoque que damos a nuestras relaciones sigue dirigiéndose hacia lo que podemos obtener de los demás, tenemos una prioridad equivocada. Si las dos personas que mantienen una relación mantienen esta actitud, eso lleva a la discordia, ya que la relación simplemente consiste en dos egos superlativos que se unen, sin ninguna disposición a dar amor a la otra persona.

Incluso, aunque exista mucha buena voluntad por parte de los dos, al final pesan más las expectativas irreales de uno o de otro sobre cuánto deberían recibir si han dado algo. Esto no es razonable, teniendo en cuenta que nunca han hablado de cuánto deberían darse el uno al otro.

Cuando nuestra prioridad es simplemente recibir y tener más y más entonces, aunque la otra persona dé hasta el límite de su capacidad, no nos sentiremos satisfechos. Simplemente estaremos revolcándonos en un pozo de ansia sin fondo. Independientemente de cuánto nos den las personas amadas, no sentiremos el menor aprecio o gratitud. Esperaremos que la otra persona haga todo lo que queremos, tanto si le gusta como si no, como si estuviera obligada a satisfacer nuestras necesidades. Así no existe la menor igualdad en una relación y sólo hay una completa subordinación por nuestra parte de sus necesidades.

Cuando no hay remedio al problema del ansia, éste puede llegar a dominarnos completamente. No sólo hacemos que la vida de la otra persona sea miserable, sino que también haremos que nuestra vida lo sea. Casi sentimos que estar con alguien fuera una completa pérdida de tiempo. El ansia no nos permite tener tolerancia y paciencia, mientras que el amor bondadoso, el deseo de que los demás sean felices y de sentar las bases para que sean felices, nos permite desarrollar una serie de cualidades de paciencia y tolerancia que mejorarán nuestras relaciones.

Reflexionar en la Segunda Noble Verdad nos ayuda a identificar la causa de las dificultades en nuestras relaciones. Aunque cada una de las cinco emociones aflictivas –avaricia, aversión, ignorancia, celos y orgullo- desempeña un papel en estas dificultades, nuestro apego (el origen de la avaricia) es la causa principal. Nuestras expectativas irreales sobre cómo los demás deberían tratarnos hace difícil que nos entreguemos completamente a ellos. Es como si siempre estuviéramos reservando algo. A través de nuestra incapacidad para reconocer nuestra aversión a hacer las cosas de manera diferente, caemos fácilmente en la trampa de resistirnos a cambiar en nuestras relaciones con los demás y ésa es una invitación a que impere la intolerancia y las malas interpretaciones. Además, nuestra ansia no correspondida puede llevarnos a establecer una relación más por nuestra propia satisfacción que por un deseo de entregarnos incondicionalmente a los demás. Por esa razón, la longevidad de nuestras relaciones está en peligro. Todos ellos son ingredientes necesarios para que exista una falta de armonía y una insatisfacción en nuestras relaciones. Por tanto, ¿cómo es posible ir más allá de un entendimiento de las causas de la insatisfacción y alimentar nuestras relaciones con más inteligencia? Esto sólo es posible cuando somos capaces de reconocer que existe un modo de acabar con las causas que producen nuestra insatisfacción y de alcanzar un estado superior de unión espiritual con los demás.

## LA SATISFACCIÓN EN LA UNIÓN ESPIRITUAL

La tercera de las Cuatro Nobles Verdades explica que existe un estado más allá de la insatisfacción que a menudo forma parte de nuestras relaciones. La base emocional sobre la que se asienta la mayor parte de nuestras relaciones íntimas es una base sobre la cual podemos construir una estructura espiritual. Es posible alcanzar una unión espiritual que vaya más allá de conseguir el mayor beneficio, siempre y cuando seamos capaces de eliminar las causas que han producido nuestro dolor e insatisfacción a través del desarrollo de un amor que trascienda nuestro deseo ordinario.

Nuestras razones para entablar relaciones pueden variar. Podemos tener razones materiales, razones emocionales, razones económicas o quizás razones espirituales, que se pueden interrelacionar. Sin embargo, nuestras relaciones íntimas se construyen predominantemente sobre bases emocionales. Si no estamos aportando amor al otro miembro de la relación es improbable que nos beneficiemos de ninguna manera, incluso de una forma más mundana como, por ejemplo, económicamente. Sin lugar a dudas, no conseguiremos ningún beneficio duradero si el factor motivador para entablar una relación consiste simplemente en obtener bienes materiales de la otra persona. Con todo ello, lo más probable es que experimentemos insatisfacción, ya que ésa es una motivación completamente errónea.

Muy pocas personas tratan de alcanzar una unión espiritual desde el principio de una relación. En algunos casos, una relación cultivada con el tiempo puede desarrollar un fuerte vínculo espiritual, alcanzando un amor mutuo que no está corrompido por ningún deseo ordinario. Este amor se mantiene gracias al respeto mutuo, la generosidad, la paciencia, la atención y el "servicio". Cuando dos personas sienten este tipo de amor mutuo, son capaces de transformar todos los elementos de su relación —material, económico y emocional- en el combustible que enciende la lámpara de la unión espiritual.

Cuando alcanzamos esta unión espiritual en nuestras relaciones, habremos llegado a reconocer hasta qué punto necesitamos la compañía de la otra persona para nuestro desarrollo personal, para nuestro sustento y para nuestro sentido de un propósito en la vida. El propósito de la relación no es sólo nuestro beneficio personal, ni el beneficio de nuestra pareja, sino el beneficio común.

El aspecto físico, que al principio fue el foco principal de nuestras relaciones, puede que ya no sea algo tan importante cuando hemos alcanzado una unión espiritual. Si la base de la relación ha desarrollado las cualidades de la unión espiritual, la relación no se puede deteriorar. La relación *en sí* se ha hecho muy rica y reconfortante, como si se hubiera convertido en el pleno propósito de nuestra vida. Con sólo pensar en nuestra relación nos sentimos felices –reconocemos cuánto hemos aprendido de las tribulaciones por las que hemos pasado y cuánto nos ha ayudado a que la relación y la pareja se hayan desarrollado.

¿Qué sentido podemos encontrar en nuestra relación cuando estamos separados? Si existe una verdadera unión espiritual, nuestra relación permanece igual de fuerte y nosotros seguimos obteniendo felicidad de nuestra pareja. Nuestra persona amada puede incluso haber fallecido, pero aunque ya no está físicamente junto a nosotros, todavía sentimos un profundo amor espiritual que hemos aprendido a cultivar con sólo haberla conocido. Como consecuencia de ello, nunca nos sentimos mermados. Sabemos que no hemos perdido nuestro amor cuando alguien cercano a nosotros está lejos o ha fallecido. Hemos alimentado al amor por el hecho de haber mantenido una relación con esa persona y será un amor duradero, con independencia de cuáles fueran las circunstancias.

De igual modo, en un sentido espiritual, cuando sentimos devoción por unas enseñanzas o por unos maestros en particular, no extraemos nuestra fuerza espiritual ni nuestra motivación de las enseñanzas externas ni de los maestros, sino que es nuestra experiencia interior por haber mantenido una relación con ellos lo que produce unas emociones espirituales ricas y virtuosas. Ésa es una "Iluminación" que se origina en nuestro interior, una Iluminación que no depende de un objeto externo como un maestro. Hemos incubado un nuevo fenómeno de autosuficiencia, aportando una alegría interna que ningún otro objeto externo puede impartir en nosotros. Nuestro esfuerzo por *mantener* nuestras relaciones también puede aportarnos gran regocijo. No tenemos necesidad de considerar la relación en sí como la fuente de esta alegría.

## EL CAMINO HACIA LA UNIÓN ESPIRITUAL

La Cuarta Noble Verdad nos marca el camino para curar el daño y la insatisfacción que existe en nuestras relaciones. Cuando identificamos la insatisfacción que sentimos en nuestras relaciones (como nuestra resistencia a cambiar y a hacer las cosas de manera diferente) y las causas que han producido esta insatisfacción (como nuestras expectativas irreales) habremos reconocido nuestros "síntomas" y la "enfermedad" que tenemos que curar. Al reconocer la posibilidad de una unión espiritual, que está libre de las dificultades de la relación que estamos intentando mejorar, hemos identificado cuál es nuestro objetivo final.

Al haber identificado las causas que han producido nuestra insatisfacción, en cierto sentido hemos pasado de la luz a la oscuridad, descubriendo quizás algunos aspectos de nosotros mismos que desconocíamos. Deberíamos alegrarnos de que la conciencia de haber pasado de la luz a la oscuridad haga que nuestro paso de esa oscuridad a la luz sea más edificante —el proceso es el desarrollo del conocimiento. Por tanto, ¿cuáles son los pasos que deberíamos dar para curar el dolor que hemos producido a los demás en nuestras relaciones? ¿Qué medicina debemos tomar para curar nuestro mal?

Nuestra incapacidad para ver la naturaleza impermanente de nuestras relaciones hace que nos resistamos a hacer las cosas de manera diferente y a cambiar. Para superar esto, necesitamos estar dispuestos a realizar sacrificios en beneficio de los demás, esforzándonos concienzudamente por reconocer sus necesidades.

Reconocer qué papel hemos desempeñado en la aparición de las dificultades por las que atraviesa nuestra relación hace que nuestro corazón se abra para expresar nuestro arrepentimiento por el daño que hemos causado a nuestros seres queridos. Una vez que hemos reconocido los errores que hemos cometido en el pasado, estamos decididos a no volver a repetirlos en el futuro, y empezamos a darnos cuenta de la relación de causa y efecto que existe entre nuestros errores y nuestra insatisfacción. Esto abre nuestra mente y nuestro corazón para permitirnos escuchar las palabras duras que nos dediquen los demás sin responder de una manera negativa. Ya no nos sentimos como si necesitáramos corregirlos, como si nunca pudieran decir algo adecuado; y ya no nos sentimos heridos por las críticas que nos dedican.

Cuando reconocemos la tendencia al apego que padecemos y la mezquindad mental que esto produce, lo superamos a través del amor que sentimos cuando damos sin desear una recompensa. Nos volvemos valientes: aceptamos la forma que tienen los demás de hacer las cosas y nos despojamos de nuestro modo habitual de actuar. Aprendemos a dar prioridad al bienestar de los demás, reconociendo que nuestro instinto nos lleva a ocuparnos de los demás.

Una vez que hemos asumido la responsabilidad de la curación de nuestras relaciones, somos capaces de comprender mejor el sufrimiento y la insatisfacción que sienten los demás. Cuando somos capaces de sentir su angustia, estamos adquiriendo compasión, lo cual nos permite darles más amor en los momentos en que más lo necesitan.

Una vez que hemos abierto nuestro corazón, debemos también demostrar la sabiduría suficiente para reconocer cuál de nuestros actos causan daño y cuál beneficia a los demás. Para ayudarnos a conseguirlo, es importante que concentremos la mente en los aspectos positivos de nuestras relaciones, ya que el enfoque que antes teníamos de nuestras dificultades no nos ha permitido ver cuál es la situación en conjunto. Como la situación en conjunto es más atractiva, vemos nuestros errores pasados en su justa perspectiva y así nos parecen más manejables. Podemos regocijarnos de las actividades positivas que hemos llevado a cabo con nuestros seres queridos.

Cuando nuestro "lenguaje mental" cambia de esta manera, comenzamos a ver a nuestros seres queridos bajo una luz diferente. Empezamos a reconocer que las percepciones que tenemos de los demás en realidad reflejan nuestro propio estado de ánimo. Nos damos cuenta de que el modo en el que vemos a los demás está determinado en gran medida por el hecho de que nuestra mente está motivada por el ansia, que siempre quiere recibir, o por el amor, que siempre está feliz de dar.

Una vez que hemos comenzado a asumir la responsabilidad de nuestros propios pensamientos y percepciones, comenzamos vislumbrar cuáles son los aspectos positivos de los demás, incluso cuando se están comportando inadecuadamente. Desarrollamos un sentido de repulsa por nuestros propios actos no virtuosos y desarrollamos la capacidad de imaginar que se puede producir un cambio positivo. Ya no vivimos en el pasado, sino que nos concentramos en todo lo que podemos aportar a las relaciones para curarlas en este preciso momento. Nos volvemos menos críticos y dogmáticos, menos atrapados en la dicotomía de lo "correcto y lo equivocado". En cambio, advertimos claramente todo el potencial para beneficiar o para perjudicar que hay en nuestros pensamientos, palabras o actos. Esto acrecienta nuestra conciencia de la necesidad de ser bondadosos cuando nos enfrentamos a las dificultades por las que pasan nuestras relaciones, aumentando nuestra capacidad de ser más pacientes cuando los demás están enfadados con nosotros. Comenzamos a darnos cuenta de lo importante que es nuestra respuesta a la negatividad de los demás para la salud de nuestras relaciones. Nuestra capacidad para refrenarnos con el fin de no reaccionar negativamente ante una provocación nos deja más espacio para el perdón —no sólo hacia los demás, sino también hacia nosotros mismos.

Todos nuestros esfuerzos en el uso de esas herramientas para curar nuestras relaciones tienen un efecto de desbordamiento. Como todos nos relacionamos con tantas personas en nuestras comunidades, los beneficios los reciben nuestros parientes, amigos o conocidos. A través de esta "reacción en cadena" no sólo mejoramos nuestras relaciones, sino también nuestras comunidades.

*Aceptar los cambios*

A menudo carecemos de la imaginación necesaria para vislumbrar el futuro y olvidamos que todo es impermanente. Nos limitamos a mantener nuestras expectativas irreales de cómo las cosas deberían ser. Estas expectativas irreales crean tal resistencia que no sabemos cómo afrontar los cambios que tienen lugar en nuestras relaciones. Nuestras expectativas casi nos hacen sentir como si hubiéramos malgastado nuestro tiempo manteniendo una relación. Cuando nuestra mente es lo bastante aguda como para advertir la naturaleza impermanente de las cosas, esperamos deseosos a que se produzca el cambio. También podemos reconocer que las dificultades por las que estamos pasando ahora pueden cambiar y es posible que ya lo estén haciendo en este preciso momento. Nuestra insatisfacción también es impermanente —tal y como nos enseñó Buda, todo sufrimiento es transitorio. Advertir la naturaleza transitoria de todo sufrimiento es un importante paso para reconocer que nuestras dificultades en la relación cambiarán con el tiempo. De lo contrario, tendemos a perpetuar eternamente nuestras dificultades y esto ciega nuestras opciones para cambiar.

Debemos elaborar una serie de estrategias que sirvan para interactuar con nuestras dificultades percibidas, de igual manera que una semilla interactúa con el suelo y con otras condiciones que están a su alrededor para que le ayuden a crecer. En lugar de ofrecer resistencia, una semilla hace amigos lentamente con las condiciones que le rodean, de tal modo que éstas la alimentarán y humedecerán su cáscara, que al principio era dura. De igual modo, para hacer que nuestras relaciones se desarrollen, tenemos que salir del duro revestimiento del "yo" y del ego. Cuando mantenemos una relación con otra persona, tenemos que aprender a escuchar y a reconocer que sus necesidades son tantas o más que las nuestras. Este tipo de respeto por las necesidades de los demás es esencial para que se pueda darse ese desarrollo.

Cuando mantenemos una relación nos adentramos en un territorio extraño —el territorio de los demás. En consecuencia, nuestra imaginación debe ser grande si queremos que nuestra relación crezca como un organismo vivo y dinámico —que, con toda seguridad, es la razón por la cual en un primer momento hemos plantado la semilla de la relación. Querer que las cosas sigan igual es la esencia de todos los problemas que encontramos en nuestras relaciones. A través del reconocimiento de la impermanencia de los deseos, necesidades y ansias propias y ajenas, debemos estar dispuestos a aprender cosas nuevas y a enfrentarnos a lo inesperado. Para superar las dificultades y hacer que funcionen nuestras relaciones debemos estar dispuestos a hacer algunos sacrificios. Es posible que tengamos que hacer un sacrificio considerable, pero tampoco debemos perder de vista nuestra propia individualidad. Debemos aprender a ajustarnos a las circunstancias en las que nos encontramos, sin comparar constantemente lo que tenemos con lo que esperamos conseguir.

Esto nos permitirá experimentar una enorme sensación de alivio —como si recibiéramos una bocanada de aire fresco, una sensación de verdadera libertad. Cuando estamos dispuestos a cambiar nuestras conductas habituales por el amor hacia los demás, comenzaremos a renunciar a nuestras expectativas irreales. Ahora podremos recibir mucho más, porque somos capaces de dar todo lo que esté en nuestras manos. De este modo, nuestro karma positivo —nuestra virtud- se verá recompensada.

El verdadero significado de nuestras relaciones está en interactuar con otras personas que puedan ser impredecibles.

Las relaciones no consisten en tratar de encontrar a alguien que sea exactamente igual que nosotros, sino en tratar de encontrar a alguien que pueda ser tan impredecible como nosotros, que sea capaz de ver todo lo que podemos hacer para sorprendernos mutuamente –si no hoy, entonces tal vez mañana. Si mostramos esta actitud hacia nuestras relaciones, trataremos de no repetir los mismos errores; y si los repetimos, seremos capaces de llegar a un acuerdo sobre cómo adquirir la sabiduría necesaria para superarlos. Este tipo de unanimidad de propósitos y de compañerismo es muy importante para asegurarnos de que nuestras relaciones tienen éxito.

Una semilla germinada siempre desarrolla primero sus raíces y no está dispuesta a salir del suelo precipitadamente. De ese modo, primero crea una base firme para su crecimiento continuo. De igual modo, nosotros también debemos crear una fuerte base en nuestras relaciones, reconociendo qué es lo que debemos sacrificar para ganar el corazón de nuestra pareja. Sin esto, careceremos de una base sobre la que desarrollar una relación próspera y a largo plazo.

Por tanto, cuando nos encontramos en pleno proceso de despojarnos de las expectativas profundamente arraigadas, tenemos que desarrollar unas raíces fuertes, tanto desde el punto de vista emocional como desde el punto de vista espiritual. Necesitamos comprender cuáles son las necesidades de las personas con las que nos relacionamos, para así poder evitar las tensiones que surgen entre nosotros y que aumentarán en el futuro si no reconocemos y respetamos nuestras diferencias. Una vez que somos capaces de comprender esas diferencias, nuestra disposición a despojarnos de nuestros propios deseos se puede convertir en una magnífica expresión de nuestro amor. Podemos conseguir esto si mantenemos una relación con la intención de dar en la misma medida en la que recibimos, en lugar de mantenerla para conseguir algo de nuestra pareja. Una vez que hemos entablado una relación movidos por una razón positiva, tendremos la humildad necesaria para recibir lo que nos dan y nos sentiremos felices de dar algo a cambio. Tristemente, muchas veces se produce lo contrario: por lo general, nos resulta fácil recibir, pero muy difícil dar, y eso no permite que haya equidad en lo que damos y en lo que recibimos. Debemos darnos cuenta de que necesitamos dar para que los demás también nos den la oportunidad de recibir algo.

Con independencia de lo que nuestros seres queridos aporten a nuestras vidas a lo largo del tiempo, podemos tomar cada una de las situaciones que se nos presentan como una lección. Cuando aprendamos a apreciar las diferentes maneras de hacer las cosas, nos daremos cuenta de que enfrentarse a las nuevas situaciones y disfrutarlas juntos puede ser toda una experiencia reveladora.

No se trata de que tengamos que hacer todo tal y como lo hace la otra persona, sino de que al menos debemos tratar de comprender que los demás también tienen su propia manera de hacer las cosas. Tal vez, en nombre del amor, trataremos de hacer las cosas a su manera para hacer feliz a los demás. Si nos sentimos motivados puramente por el amor, no nos costará mucho hacerlo. Pero si, por otro lado, nos motiva otra cosa que no sea el amor, seguiremos queriendo que la otra persona haga las cosas a nuestra manera. En ese tipo de relaciones, las expectativas malentendidas y poco realistas aumentan y conducen a la decepción. Cuanto mayor sean nuestras expectativas, mayor será nuestra decepción y, por tanto, la insatisfacción que sentimos.

Cuando, movidos por el amor, estamos dispuestos a aceptar que hay distintas maneras de actuar, de pensar y de planificar las cosas, podemos ganar fácilmente el corazón de los demás. Podrán amarnos todavía más por los esfuerzos que hacemos en su nombre. A no ser que tengamos este tipo de motivación —un amor no corrompido por el egoísmo— no podremos aportar a los demás un beneficio duradero. Sólo seremos capaces de atraer su amor duradero cuando nuestros actos estén motivados por este tipo de amor despojado de todo egoísmo

Necesitamos desarrollar un estado mental que se sienta feliz de despojarse de los deseos y las conductas habituales.

Cuando nuestra mente alcanza esta flexibilidad, nos parece que tenemos muy poco que perder si nos despojamos de nuestro estrecho aferramiento al pasado. La simplicidad que esto conlleva hace que la mente sea más flexible y se adapte mejor a las dificultades que nos depara el futuro, en lugar de seguir mostrándose firme y resistente.

### Reconducir la mente hacia lo positivo

¿Cómo podemos llevar a cabo este proceso de cambio por el bien de la relación? El primer paso consiste en reconocer que, con frecuencia, nos concentramos excesivamente en las dificultades y en la discordia que hay en nuestra relación. En lugar de esto, necesitamos traer a la mente todas las cosas positivas que hemos obtenido de ella. Podemos refundir nuestra mente con todas las cosas que hemos hecho juntos y que nos han aportado felicidad a los dos. Si somos capaces de recordar estas cosas, nos daremos cuenta de que ha habido muchas cosas con las que hemos disfrutado en nuestra relación.

Con el tiempo, muchas veces somos capaces de transformar nuestra mente con las cosas de las que nos hemos alimentado, beneficiado y de las que hemos aprendido en nuestra relación. Para ello, es necesario que demostremos un intenso sentido de la curación, una conciencia de que no podemos tratar por más tiempo a nuestra relación de una manera tan poco bondadosa. Nos damos cuenta de cuánto beneficio hemos obtenido de nuestra relación: cómo hemos envejecido juntos y aprendido tantas cosas el uno del otro y también de nosotros mismos; cómo hemos hecho juntos tantas amistades duraderas. Cuando nos fijamos en todos esos aspectos positivos que hay en nuestra relación, somos capaces de ver cuál es la situación en general y no sólo una parte de ella. Como la situación en general es más amplia y atractiva, nuestros problemas comienzan a parecernos muy pequeños e insignificantes. Nos damos cuenta de que habría sido una tontería pensar en ellos constantemente.

Nos comportamos más sabiamente cuando somos capaces de mentalizarnos para ver desde una perspectiva más amplia cuál es el verdadero significado de nuestra relación y cómo nos hemos beneficiado de ella.

Las dificultades que hemos tenido que atravesar se deben en gran medida a nuestros propios intereses egoístas. Si hemos soportado grandes dificultades es porque hemos tenido un ansia intenso y egoísta y debemos asumir la responsabilidad de ello. Cuando comenzamos a experimentar el proceso de cambio, adquirimos una fuerte determinación para cambiar todavía más. Tendremos una opinión positiva de la relación y hablaremos con cariño de las personas que nos importan. Cuando comenzamos a pensar de este modo, no tenemos necesidad de acudir a ningún otro lugar, ni de hacer actividades distintas, para curarnos a nosotros mismos. Comenzamos a reflexionar sobre los aspectos positivos que hay en nuestras relaciones, con sólo dirigir nuestra mente hacia todo lo positivo.

Es como rebobinar una cinta de vídeo de toda nuestra relación, sin saltarnos aquellas partes que eran positivas mientras reproducimos en nuestra mente todas las dificultades por las que hemos pasado. Podríamos reproducir el día en el que nos sentimos atraídos por primera vez por nuestro ser querido, dónde nos conocimos y lo emocionados que nos sentíamos cuando estábamos en su presencia; o el día en el que lo presentamos orgullosos a nuestros padres y cenamos todos juntos. Si pensamos en todas esas cosas, en seguida nos daremos cuenta de que nuestra relación no siempre ha ido mal y veremos que hemos puesto mucha buena voluntad en ella. También nos daremos cuenta de que en el futuro se puede obtener un considerable beneficio si tenemos esta manera de pensar. Nuestras dificultades parecerán ser una minoría, como si no tuvieran importancia. Si no tienen importancia, no estarán constantemente presentes en nuestra cabeza. Si somos capaces de seguir pensando de este modo, mejorará la calidad de nuestros pensamientos.

Tenemos la capacidad para cambiar nuestra manera de percibir a los demás si podemos cambiar la manera en la que pensamos de ellos. Con la misma frecuencia con la que pueden variar nuestros pensamientos, también puede cambiar nuestra forma de percibir cualquier objeto, tanto si es una cosa material, como si es una idea o nuestros amigos o nuestros seres queridos. Cada vez que entramos en contacto con los demás, tenemos la oportunidad de considerarlos como un objeto digno de nuestro afecto. Si nuestra forma de pensar acerca de ellos ha cambiado en este sentido, también cambiará nuestra relación con ellos.

Muchas veces, en nuestras relaciones, no reconocemos que los demás son un excelente espejo de nosotros mismos: el modo en el que percibimos su manera de actuar es un buen reflejo de nuestro propio estado de ánimo. En lugar de vernos a nosotros mismos reflejados en sus actos, pensamos que los vemos tal y como son. En realidad, el modo en el que los vemos por lo general es un reflejo de la manera en la que pensamos de ellos en ese momento. Si la otra persona nos está gritando, en realidad significa que nosotros también estamos a punto de gritar.

Para superar nuestra tendencia a ver a los demás basándonos en nuestras propias percepciones, necesitamos tener la sabiduría necesaria para reconocer que nuestros pensamientos pueden dar color a nuestra forma de verlos. Cuando estamos desarrollando una conciencia plena, somos capaces de ver nuestros pensamientos tal y como son: pensamientos. Comenzamos a darnos cuenta de que sólo son ideas y que no tenemos que obrar de acuerdo a ellas. Podemos pararnos a pensar un momento antes de retratar a los demás con nuestra propia mentalidad negativa.

El modo en el que percibimos a nuestros seres queridos y a nuestros amigos depende, en última instancia, de si nuestra mente está motivada fundamentalmente por el ansia o por el amor. Si está motivada por el ansia, tenderemos a ver a los demás desde el punto de vista de lo que no nos están dando. Nos concentraremos en sus conductas negativas y nuestra mente se sentirá agitada por ellas. Sin embargo, si nuestra mente está motivada por el amor y somos capaces de recordar los beneficios que nos ha proporcionado y sus atributos positivos, no habrá nada que pueda agitarnos.

Con independencia de lo buenas que sean nuestras relaciones, algunas veces somos propensos a enfrentarnos a la negatividad de nuestros seres queridos, a su mal humor y las expectativas irracionales que tienen hacia nosotros. Nuestra sabiduría debe ver más allá de esas conductas negativas temporales y adventicias y situarlos en el contexto de su habitual afecto, cariño y preocupación por nosotros.

Si nuestros pensamientos acerca de nuestros seres queridos han mejorado y nos concentramos menos en sus fallos y en las críticas que nos dedican, nuestra manera de expresarnos también puede cambiar con el fin que nuestra relación mejore. El uso de un lenguaje afectuoso puede solucionar muchos problemas y cicatrizar las heridas que se pueden haber abierto en el pasado. Cuando decimos cosas agradables podemos ganarnos a los demás, porque se darán cuenta de que pensamos en ellos con cariño y afecto.

Cuando hablamos afectuosamente a los demás de una forma sincera, eso les permite olvidar las etiquetas negativas que les hemos podido haber dedicado en el pasado. Comienzan a entender que, en realidad, no pensábamos todas las cosas malas que hemos dicho de ellos. De lo contrario, seguirán recordando las palabras desagradables que les hemos dedicado o que les hemos etiquetado de manera negativa. Eso puede ser tan molesto que pueden llegar a sentirse incómodos con nuestra presencia.

Si somos capaces de traer a la mente todos los aspectos positivos de nuestras relaciones cuando hablamos de las personas que más nos importan, hablaremos de ellos con afecto, porque el simple hecho de pensar en ellos hará que nos sintamos felices. Por otro lado, si nuestra mente no piensa con demasiado afecto de ellos, no tendremos demasiadas cosas que decir. Por esa razón, las etiquetas que utilizamos son un indicador preciso de cómo son nuestras relaciones.

Para mejorar nuestras relaciones cuando pasan por un momento delicado, debemos aprender a pensar con afecto y a utilizar el lenguaje propio de ese tipo de pensamientos. A menos que cambie nuestra manera de hablar de los demás, no habrá ninguna oportunidad de que la mejoría tenga lugar. A menos que cambie nuestra manera de expresarnos, los demás no podrán darse cuenta de que estamos cambiando. No podrán percibir un cambio si todavía hablamos de ellos como lo hemos hecho siempre.

Si no hemos sido capaces de cambiar verdaderamente, ¿qué esperanza hay de que podamos empezar a ver a los demás de una manera distinta? Es necesario que en nuestro interior tenga lugar un proceso de cambio, para que así ya nunca más los percibamos como lo hemos hecho en el pasado.

Nuestra disposición a asumir la responsabilidad para la curación de nuestras relaciones debe ser fuerte. Debemos estar decididos a cambiar nuestros pensamientos, palabras y actos para poder reparar los daños que hemos ocasionado a los demás. Nuestra determinación se puede reforzar mostrando repulsa hacia los actos no virtuosos que hemos cometido y que han ocasionado ese daño. Nuestra determinación a cambiar y nuestra repulsa hacia los actos no virtuosos que hemos cometido en el pasado se convierten en la promesa de no volver a cometer esos actos en el futuro. Así, no sólo evitaremos cometer esos actos, sino que ahora haremos cosas que resultarán beneficiosas para los demás, incluso a nuestra propia costa.

Fue nuestra inconsciencia lo que causó el sufrimiento de los demás en el pasado, y será nuestra sabiduría o nuestra plena conciencia lo que hará que no volvamos a hacer daño a los demás. La plena conciencia que necesitamos tiene la particularidad de interceptar nuestros pensamientos negativos desde el mismo momento en el que aparecen. Normalmente estamos demasiado ocupados como para ver que se están produciendo nuestros pensamientos, por no hablar de interceptarlos antes de traducirlos en actos. La meditación y otras técnicas para despertar la plena conciencia que se describen a lo largo de este libro pueden ayudarnos a adiestrar nuestra mente para que aprenda a "hacer una pausa por una buena causa", y así disponer del tiempo necesario para pensar en el valor de nuestros pensamientos y en el impacto potencial que tienen en los demás si actuamos dejándonos llevar por ellos.

*La meditación para el desarrollo de la permanencia apacible*

Todos tenemos un instinto natural para estar relajados y para tener calma. Nunca hay un momento en el que no deseemos estar relajados. La tranquilidad forma parte de nuestra naturaleza; se encuentra en el corazón y en la mente de todos nosotros. Sin embargo, la tranquilidad no se debería confundir con la pasividad. Sólo podemos cultivar la tranquilidad a través del entendimiento de las causas que produjeron la agitación y realizando un acto deliberado de transformar nuestra agitación en un estado de ánimo más sereno. El desarrollo de la permanencia apacible es la manera más segura de existir. Es, de hecho, una paz activa.

Para aprender las técnicas de meditación que desarrollan la tranquilidad, debemos comprender que la mayor parte del tiempo *estamos* tranquilos, pero debemos aprender a entrar en ese estado sin volvernos distraídos. Observar que la mente está en calma y no dejar que ningún estimulo externo la distraiga nos permitirá sumergirnos en un estado de relajación. Las técnicas de meditación que conducen a la permanencia apacible ayudan a que nuestra mente esté relajada, concentrada y en paz. Esto nos permite distinguir cuáles son las causas de nuestra infelicidad y a recuperarnos del estrés, de la ansiedad y de la tensión. Aprender a desarrollar esta tranquilidad como una forma de existencia nos ayuda a eliminar los hábitos menos virtuosos, mejora nuestra confianza y añade un toque de dignidad y de santidad a nuestra vida.

## *La preparación para la meditación*

Crear las condiciones adecuadas para practicar la meditación es una tarea importante si queremos maximizar nuestra capacidad para meditar de manera eficaz. De igual manera que necesitamos crear las condiciones adecuadas para llevar a cabo la mayoría de las actividades que realizamos a lo largo de nuestra vida, para practicar la meditación también necesitamos cumplir con ciertos requisitos o condiciones. La siguiente lista incluye los cinco requisitos principales para establecer una sólida práctica de meditación que nos permita realizar la meditación para el desarrollo de la permanencia apacible.

- **Encontrar un lugar pacífico y conveniente para meditar.** Si vivimos solos, no nos resultará difícil. Si vivimos con más gente, y especialmente si vivimos con nuestra familia, puede que sea necesario llegar a algún tipo de acuerdo para reservar un lugar donde podamos sentarnos sin sufrir ninguna intrusión ni interrupción. Los meditadores más consumados podrían encontrar un "retiro" en mitad de la naturaleza, lejos de las múltiples distracciones de la vida diaria, en el que poder meditar.
- **Preparar un área o un espacio para meditar** que refleje nuestro deseo de desarrollar la tranquilidad. En este espacio podríamos colocar algunas flores, una vela encendida o una imagen que tenga importancia espiritual para nosotros. Podríamos quemar incienso o aceites aromáticos para que nos ayuden a crear un ambiente relajado. Si somos practicantes espirituales devotos, podríamos optar por practicar la meditación en presencia de un sencillo santuario, con imágenes o símbolos espirituales inspiradores para que nos ayuden a despertar un estado de ánimo positivo. Y, por supuesto, necesitamos una alfombrilla, un cojín o un asiento sobre el que meditar, que puede ser una silla sin brazos para aquellas personas que tengan limitaciones físicas o a las que les resulte difícil sentarse con las piernas cruzadas.

- **Encontrar un momento del día específico para meditar**. Éste es uno de los requisitos más importantes para la práctica de la meditación. Al principio, sólo podemos dedicar entre quince y veinte minutos sentados meditando, pero este tiempo aumentará poco a poco a medida que nos vayamos familiarizando con la práctica y con los beneficios que reporta. La regularidad de nuestra práctica es lo más importante; si somos capaces de comprometernos a meditar a diario, obtendremos un beneficio notablemente mayor que si sólo meditamos de manera esporádica. También es importante asignar un momento del día para meditar. Muchos practicantes piensan que meditar a primera hora de la mañana, cuando la mente no está demasiado inundada de pensamientos que distraen la atención, es el mejor momento del día para realizar su práctica.

- **Encontrar una motivación positiva para meditar**. El simple hecho de reflexionar sobre los beneficios que reporta el cultivo de la relajación y de la atención, tales como niveles de estrés reducidos, mayor tolerancia a las dificultades y una mejora en las relaciones con los demás, puede ayudarnos a establecer un estado de ánimo adecuado que nos permita llevar a cabo nuestra práctica de meditación. Sin embargo, la mejor motivación que podemos encontrar es el deseo de servir de ayuda a los demás y, a través de nuestra práctica de la meditación, de mejorar nuestra capacidad para transmitirles felicidad y liberarles del sufrimiento.

- **Reforzar nuestra motivación positiva recitando palabras o versos inspiradores**. Las personas que tienen una inclinación espiritual pueden recitar oraciones o versos inspirados espiritualmente. Las *Reflexiones sobre la meditación para el desarrollo de la permanencia apacible* que aparece en la página 233 es un ejemplo de versos edificantes que pueden ayudarnos a mantener una motivación adecuada para realizar nuestra práctica.

## La postura adecuada para realizar la meditación

Existen siete elementos principales en nuestra postura durante la meditación que mejorarán nuestra capacidad para meditar, los cuales son los siguientes:

- **Sentarse con las piernas cruzadas**. Esto ayuda a darnos un sentido de estabilidad o de conexión con la Tierra y actúa como una base para el resto de nuestra postura. Podemos pensar en ello como un símbolo de la promesa que nos hemos hecho a nosotros mismos de sentarnos en reposo durante el tiempo que dure nuestra meditación. Este aspecto de nuestra postura nos ayuda a armonizar el elemento tierra de nuestro cuerpo, la parte sólida de nosotros: los huesos, la carne, los músculos, etc.

- **Colocar las manos sobre el regazo**. Colocamos la mano derecha ligeramente sobre la parte superior de la palma izquierda, con los pulgares tocándose suavemente. Esto es un símbolo de la armonía de los opuestos, o de evitar los extremos. Ya no deseamos sucumbir a la inquietud o al letargo ni a los extremos de las emociones, como la euforia o la depresión.

  Cuando los pulgares forman un triángulo y apuntan ligeramente hacia arriba cuando se tocan, pueden asociarse a la llama de una vela. De igual manera que la llama de una vela quema los objetos que se encuentran en su camino, así también nosotros deseamos eliminar los obstáculos que se presentan en nuestro desarrollo de la tranquilidad. Este segundo elemento de nuestra postura armoniza el elemento fuego que se encuentra dentro de nuestro cuerpo: el calor que mantiene nuestra fuerza vital y pone en marcha el desarrollo personal.

- **Mantener la espalda recta**. Este tercer punto de nuestra postura durante la meditación es esencial y está apoyado por los otros seis puntos de la postura. Para poder estar en calma y ser conscientes cuando nos sentamos para practicar la meditación, nuestra espalda debe estar recta. Si nos sentamos con el cuerpo demasiado rígido, es probable que nos sintamos inquietos; pero si dejamos que nuestra espalda se curve y nuestra postura se hunda, pronto sucumbiremos al sopor. Mantener la espalda recta permite que todas las energías que se encuentran en la parte superior del cuerpo —el sistema nervioso, el sistema linfático, las venas y las arterias, así como todos los canales de energía sutil que sirven de soporte a nuestra consciencia- fluyan sin ninguna interrupción. De ese modo, se mejora nuestra vigilancia y tenemos menos probabilidades de sentirnos somnolientos o letárgicos cuando meditamos. Nuestra espalda recta también ayuda a armonizar el elemento agua que se encuentra dentro de nuestro cuerpo; la sangre, la linfa y otras secreciones corporales.

- **Flexionar el cuello ligeramente hacia delante.** Flexionar ligeramente el cuello hacia delante nos ayuda a mantener la espalda recta y evita que nos sentemos con el cuerpo demasiado tenso o rígido.

- **Mantener los hombros y los brazos equilibrados y relajados.** Nuestros hombros y nuestro torso no deberían estar encorvados ni inclinados hacia atrás. Este aspecto de nuestra postura asegura el mantenimiento del equilibrio adecuado entre la posición de la cabeza y la columna vertebral. Deberíamos tratar de dejar un espacio entre los brazos y el cuerpo para permitir que el aire circule, evitando que se produzca un sobrecalentamiento.

- **Mantener los ojos parcialmente abiertos y la mirada serena hacia abajo.** La mirada debería descansar relajadamente en un punto que se encuentre en el suelo y aproximadamente a un metro por delante de nosotros. Nuestros ojos no deberían estar abiertos de par en par, ya que eso podría hacer que nuestra vista se distrajera, ni tampoco deberían estar cerrados, ya que eso podría hacer que nos sintiéramos adormilados. No deberíamos concentrar la mirada ni demasiado profundamente ni tampoco demasiado ligeramente. La mirada debería reflejar nuestro deseo de desarrollar calma y serenidad.

- **Relajar el rostro y la mandíbula**. La boca y la mandíbula deben estar relajadas en una posición natural. Los dientes deben estar o bien tocándose ligeramente o bien ligeramente separados. De igual modo, los labios deben estar ligeramente apretados o dejar un pequeño espacio entre ellos. La punta de la lengua debe apoyarse en el paladar superior, por detrás de los dientes incisivos.

Los últimos cuatro aspectos de la postura para practicar la meditación –cuello, hombros, brazos, ojos, boca y mandíbula- nos ayudan a armonizar el elemento aire de nuestro cuerpo; la respiración y las demás energías sutiles que ayudan a que se produzca movimiento tanto en el cuerpo como en la mente.

Al reflexionar sobre estos siete elementos de nuestra postura cada vez que meditamos, estamos creando las condiciones necesarias para el desarrollo de la estabilidad corporal. A esto lo llamamos la "conciencia plena de la postura". A medida que seguimos meditando, nuestra conciencia plena de la postura correcta para practicar la meditación nos ayudará a cultivar la estabilidad mental que tratamos de alcanzar a través de la meditación.

Si necesitamos sentarnos en una silla, el elemento más importante de la postura es mantener la espalda recta. Lo ideal sería no apoyarnos en el respaldo de la silla, ya que eso dificultaría mantener la conciencia de la postura de nuestra espalda. Igualmente, si tendemos a hundirnos en la silla, es fácil que acabemos sintiéndonos adormilados. Los pies deberían estar apoyados con naturalidad en el suelo, con las piernas estiradas o cruzadas, dependiendo de qué postura nos resulte más cómoda o natural. Todos los demás aspectos de nuestra postura deberían ser los mismos que hemos descrito arriba, aunque la mirada se debería dirigir a un punto del suelo que se encuentre a metro y medio o dos metros por delante de nuestros ojos.

La conciencia plena de la postura es importante no sólo al principio de nuestra meditación. Es esencial comprobar nuestra postura a lo largo de toda la sesión de meditación, especialmente para asegurarnos de que la espalda sigue estando recta. El paso siguiente es concentrar la mente exclusivamente en la respiración.

*La atención a la respiración*

Una vez que hemos adoptado la postura corporal que hemos descrito arriba, ya podemos dirigir la atención a la respiración. Para empezar, simplemente debemos ser conscientes de nuestra respiración. Primero sentimos cómo la respiración penetra en nuestro cuerpo: la inspiración. Podemos sentir la sensación que nos produce la respiración cuando penetra en el cuerpo desde la punta de la nariz, o podemos notar una sensación de movimiento de la respiración en la parte superior de la garganta o en el movimiento del diafragma.

A continuación, somos conscientes de la fase de retención de la respiración: la pausa o el espacio que existe entre la inspiración y la espiración. Al principio, es posible que nos resulte difícil distinguir entre esta fase y el final de la inspiración y el principio de la espiración, pero a medida que nuestra meditación progrese y nos relajemos en nuestra respiración, la pausa que existe entre la inspiración y la espiración se alargará.

La tercera parte del ciclo de nuestra respiración, la espiración, se produce cuando nuestro cuerpo reconoce la necesidad de expulsar el exceso de aire. Una vez más, podemos sentir el movimiento de salida del aire de nuestro cuerpo en el diafragma, en la parte superior de la garganta o en la punta de la nariz.

*Práctica*

Para empezar, concéntrate durante unos minutos, limitándote a ser consciente de las tres partes de las que consta el ciclo de la respiración. A continuación, cuando puedas hacerlo sin distraerte, pasa a "distinguir" las tres partes de la respiración.

En cada inspiración, imagina que estás inspirando energías positivas, además de oxígeno portador de vida. Puedes visualizar cómo esta energía penetra en el cuerpo en forma de una luz blanca. Las energías positivas que inspiras podrían ser una serie de cualidades que deseas obtener o mejorar, como la generosidad, la paciencia o la tranquilidad.

En la parte de la retención de la respiración, imagina que las energías positivas que has inspirado se transportan alrededor de tu cuerpo, rejuveneciendo cada una de las células que se encuentran en tus órganos internos, tu carne, tus huesos y así sucesivamente. Imagina que esta energía también elimina los productos corporales agotados o los bloqueos de energía que existan en tu cuerpo. Visualiza esta energía rejuvenecedora como una luz roja cálida, que fluye a través de todos tus canales de energía, tanto los ordinarios como los sutiles.

Mientras espiras, imagina que estás liberando toda la energía negativa que hay en tu cuerpo: cualquier enfermedad, molestia y pensamiento o emoción negativa. Deja que esas energías negativas salgan del cuerpo junto con el exceso de gases. Y, mientras lo hace, visualiza cómo esta energía negativa abandona tu cuerpo en forma de una luz azul oscura. Una vez que haya salido de tu cuerpo, la energía negativa se disipa, perdiendo toda su fuerza.

Continúa manteniendo tu atención en las tres fases de la respiración durante todo el tiempo que pueda. Es importante que trates de reconocer la calidad de cada una de las fases de la respiración a medida que te vas concentrando. Si cualquier objeto externo sensorial te distrae, como imágenes, sonidos u olores, trata de concentrarte lentamente de nuevo en la respiración. De igual modo, si tu concentración se ve interrumpida por pensamientos, no tienes más que volver a prestar atención a la respiración. En esta práctica, es importante no expulsar los pensamientos ni rechazarlos. También deberías procurar no dejarte llevar por los pensamientos que te puedan distraer, o enzarzarse en una "conversación" consigo mismo, sino que debes limitarte a tomar nota de los pensamientos que te vengan a la mente y volver a prestar atención a la respiración.

Para finalizar tu sesión de meditación, limítate a invertir el orden con el que hayas comenzado. Partiendo de las rondas de respiración descritas, empieza de nuevo a ser consciente de los tres ciclos de respiración. Pasados unos minutos de conciencia de esos tres ciclos, revisa los elementos de tu postura en orden inverso: la boca y la mandíbula relajadas; la mirada serena; los brazos y los hombros equilibrados y relajados; el cuello ligeramente inclinado hacia delante; la espalda recta; las manos unidas sobre el regazo; y la sólida base formada por las piernas cruzadas y los glúteos. Siente la tierra que se encuentra bajo los pies y la presencia de cualquier otro objeto que haya en el espacio donde has realizado la meditación. A medida que regresas de la meditación, trata de conservar tu estado de ánimo más relajado.

Si comenzaste la sesión de meditación realizando la preparación adecuada, encontrando la motivación idónea para realizar la práctica, y ha seguido todas estas instrucciones, es posible que te sientas más ligero, más relajado y más centrado. Después de haber realizado el ejercicio de meditación, dedica su práctica a los beneficios que te reportará tanto a tu persona como a todos aquéllos con los que te relacionas. Podrías dedicar tu práctica a todos los seres, de tal modo que puedan alcanzar el mismo estado de relajación y serenidad que pretendes cultivar.

Las personas que son neófitas en la práctica de la meditación muchas veces se sienten desanimadas por su incapacidad para mantener la concentración en un solo objeto, como la respiración. Muchas veces también se sienten conmocionadas por los numerosos pensamientos que les vienen a la cabeza cuando su mente comienza a relajarse. El propósito de la meditación es permitirnos conocer cuál es la naturaleza de nuestra mente. Aunque nuestra mente está de manera natural en calma, nuestro estilo de vida nos produce muchas distracciones que inundan la mente, aunque la mayoría de las veces no seamos conscientes de ellas. A medida que nuestra mente se relaja y tratamos de concentrarnos en un único objeto, nuestros pensamientos emergen constantemente tal y como lo han hecho siempre, pero ya no podemos pasar a la siguiente distracción, ya que ahora estamos desarrollando un propósito más singular.

Nunca podemos alcanzar un estado de relajación si rechazamos los pensamientos y las emociones que emergen de manera natural mientras meditamos. Es importante mantener la fe en que nuestra mente comenzará a relajarse y a encontrar su centro de relajación natural, en lugar de dejar que nos desanime el estado de inquietud que alcanzamos cuando empezamos a meditar por primera vez.

Esta técnica de meditación sienta las bases sobre las que construir una serie de técnicas más avanzadas. Resulta difícil progresar mucho más allá en esta práctica sin la ayuda de un maestro experimentado. Sin embargo, la práctica regular de esta técnica básica puede proporcionar por sí sola una serie de beneficios a largo plazo si permitimos que la mente alcance su propia naturaleza real: un estado de relajación y serenidad que puede ayudarnos a soportar todas las adversidades.

*Aprender de los errores pasados*

Al contemplar las desventajas que tiene nuestra resistencia y nuestra represión, podemos cultivar sus opuestos para poder superarlas. Debemos desarrollar un profundo remordimiento o arrepentimiento por los errores que hemos cometido en nuestras relaciones. Si no somos capaces de reconocer cuáles son nuestras limitaciones, y cuál es el papel que debemos desempeñar para superar las dificultades a las que se enfrentan nuestras relaciones, seguiremos culpando a los demás y sintiendo resentimiento hacia ellos. Debemos aprender a dar un giro sincero a nuestra costumbre de culpar a los demás de todas esas dificultades y llegar a la conclusión de que en el futuro intentaremos no volver a realizar las acciones no virtuosas que contribuyeron a su aparición.

Para conseguir esto, debemos escapar de la prisión que supone la resistencia y la represión interior, creada por nuestra mente reaccionaria, que nos ha llevado a volver a caer en nuestros propios errores una y otra vez. Nuestra resistencia muchas veces es tan extraordinaria que dirigimos a diestro y siniestro nuestro resentimiento, ira, culpa y otros sentimientos negativos, haciendo que nuestra relación sea muy difícil de manejar. No nos damos cuenta de hasta qué punto hemos estado repitiendo los errores que hemos cometido en el pasado.

A través del arrepentimiento y del remordimiento, podemos curar la represión de nuestras emociones a la que nos ha llevado nuestra resistencia. Nos sentimos abatidos cuando nos damos cuenta de que hemos sentido resentimiento hacia los demás sin ninguna necesidad. Nuestra tristeza es un buen síntoma de que está teniendo lugar el arrepentimiento. Nos anima a sentir repulsa por los actos no virtuosos que hemos cometido en el pasado, especialmente cuando somos capaces de reconocer de qué modo esos actos han contribuido a la aparición de los problemas por los que pasa nuestra relación. Este tipo de arrepentimiento es muy intenso. Nunca es demasiado tarde para sentirlo, con independencia de todo el tiempo que llevamos produciendo ese daño. Por supuesto, cuanto antes nos arrepintamos, más probabilidades habrá de curar y de solucionar las dificultades por las que pasa nuestra relación.

Mejorar nuestras relaciones de esa manera nos permite analizar todo el pasado bajo un prisma positivo. Los testimonios que nos han prestado las personas que han estado sometidas a importantes juicios y tribulaciones, son un relato de los logros y los beneficios que han obtenido cuando han superado esas dificultades a través de la paciencia y la determinación. El enfoque que debemos dar a nuestra relación no debería ser diferente, ya que tenemos mucho que ganar si aprendemos de nuestros errores pasados.

No debemos ser demasiado críticos con los errores que hayamos cometido a lo largo de nuestras relaciones, ya que tendríamos que haber sido superhombres para no haberlos cometido. A veces somos unos jueces demasiado severos con nosotros mismos y tenemos una opinión muy negativa de nuestros fallos, cuando muchos de ellos puede que no hayan sido más que momentáneos errores de apreciación.

Cuando nos hemos arrepentido, estamos decididos a no volver a cometer los mismos errores. Pasamos a pensar que "si actúo o reacciono de esta manera, no haré más que empeorar las cosas". Si nuestra pareja está actuando de manera negativa, nos aseguramos de no reaccionar a su negatividad. Sin duda, no añadiremos más negatividad a la situación sólo porque nuestra pareja se esté comportando así, ya que sabemos que reaccionar de este modo es perjudicial tanto para nosotros como para ella. Cuando actuamos en beneficio de nosotros mismos y de nuestros seres queridos nos invade un sorprendente sentido de bienestar interior.

Si nuestros seres queridos cometen un error realizando actos no virtuosos, lo único que conseguimos si nos sumamos a la negatividad que han creado es hacer que se sientan todavía peor. En lugar de reaccionar de una manera negativa a su negatividad, tenemos que saber cómo podemos extraer el aguijón del problema. Para ello, es necesario reconocer los diferentes tipos de presiones y de tensiones a los que están sometidos y que los han llevado a comportarse de esa manera, como si estuvieran dominados por un engaño. ¿En quién si no van a airear toda su frustración si no es en nosotros? ¿Para qué sirve la relación si no pueden relatarnos todas las dificultades por las que pasan día a día? ¡Nosotros al menos tenemos nuestros oídos para prestárselos!

Algunas veces, no tenemos más que escuchar las reivindicaciones que hacen los demás, aunque prefiramos no hacerlo. Muchas veces no nos importa escuchar pero, en su lugar, tratamos de corregirles, como si cualquier cosa que dijeran fuera un error. Si nos cuentan sus problemas no es porque les desagrademos, sino porque nos aman tanto que quieren compartirlos con nosotros. No contarían sus problemas a cualquiera, y si nos los cuentan a nosotros es porque nos aman.

Aunque nuestros seres queridos sean muy críticos con nosotros, deberíamos agradecer el beneficio que nos produce el hecho de que nos digan lo que estamos haciendo mal. Ellos pueden indicarnos lo que, en su opinión, debería mejorar o cambiar porque nos aman, no porque les desagrademos. Un desconocido normalmente no perdería el tiempo en decirnos todas esas cosas.

Si sentimos que nos están criticando injustamente, eso puede hacer que hagamos oídos sordos a lo que nuestros seres queridos nos están contando. No tenemos la imaginación necesaria para pensar más allá de sus críticas y somos incapaces de apreciar todas las cosas positivas que dicen de nosotros. Muchas organizaciones de nuestro mundo moderno prosperan gracias a la motivación que les producen las críticas, ya que eso les da la oportunidad de aprender de sus propios errores y de mejorar los servicios que proporcionan. Si levantamos un muro entre nosotros y nuestros seres queridos cada vez que nos critican, nos estaremos perdiendo todas esas oportunidades en nuestras relaciones.

Por tanto, si nuestra pareja está haciendo una serie de comentarios sobre nuestros actos, deberíamos darnos cuenta de que lo están haciendo por una razón: porque nos aman, no sólo porque quieran meterse con nosotros. Necesitamos hacer uso de nuestra imaginación para no volver a evitar las críticas en el futuro. Cuando trasladamos este tipo de sabiduría a nuestras relaciones, podemos aceptar con mayor facilidad la decepción que sienten los demás por nuestra conducta. Eso no minará nuestra felicidad, tal y como podría haber hecho en el pasado.

En nuestras relaciones nos gusta pensar que deberíamos ser compatibles, que nos deberían gustar y que deberíamos hacer las mismas cosas. ¿Por qué queremos que dos personas sean idénticas, que siempre sientan las mismas cosas por todo?

Merece la pena reflexionar sobre el hecho de que, en nuestras relaciones, no actuamos igual que lo hacemos con nosotros mismos, que nuestros actos están controlados parcialmente por la otra persona. Muchas veces nos referimos a la persona con la que mantenemos una relación como "mi media naranja". ¿Estamos seguros de que es nuestra media naranja? ¿O en realidad es nuestro opuesto en muchos sentidos? De igual manera que en política se dice que una buena oposición puede mantener la "honestidad" de un gobierno, una buena pareja puede hacer que sigamos siendo honestos. Si no nos relacionamos con nuestros seres queridos tal y como son, sino que seguimos teniendo expectativas irreales hacia ellos, simplemente estaremos reproduciendo nuestras propias neurosis, miedos, ansiedades y engaños.

*La superación del ansia través del amor*

La resistencia que observamos en nuestras relaciones habitualmente se debe al ansia. Incluso cuando tenemos pensamientos afectuosos, nuestro amor muchas veces se ve ligeramente contaminado por nuestras ansias. De vez en cuando, nos damos cuenta de que pretendemos mostrar benevolencia en una situación que se da en nuestra relación. Si preparamos nuestra mente a través de la práctica de la meditación, o si nos fijamos en las enseñanzas sobre la bondad, con el tiempo desarrollamos mucha capacidad para amar más y más. De lo contrario, mostramos una tendencia natural a desear cosas irreales de aquellas personas con las que estamos.

La transformación en cualquier relación es un fenómeno inevitable. Pero podemos experimentar una transformación como respuesta al ansia de que las cosas se queden tal y como están, o entregándonos desinteresadamente y mostrándonos satisfechos con recibir cualquier cosa que esté por llegar. Cuando nos entregamos genuinamente al amor, nunca dejamos de recibir cosas buenas.

A través del reconocimiento del sufrimiento de los demás, incluso antes de que nos lo expresen, somos capaces de sentirlo como si fuera el nuestro. Si somos capaces de reconocer y de sentir el sufrimiento de los demás y dejarles que nos lo hagan saber, seremos capaces de ayudarles a aliviarlo. Si no podemos reconocerlo y hablar con ellos al respecto, nunca sabremos cuáles son sus necesidades. Lo que nos permite abrir nuestro corazón a su sufrimiento es anteponer su bienestar a todo lo demás.

Si nuestra motivación para mantener una relación es el amor, siempre desearemos fomentar el bienestar de los demás tanto o más que el nuestro. De este modo, podemos plantar una semilla que creará una serie de propiedades curativas para la relación. Si tenemos una actitud de amor hacia los demás, en seguida nos damos cuenta de todos los beneficios que conlleva practicar la benevolencia y deseamos que los demás sean felices.

Por tanto, ¿qué es lo que dicta si nuestra mente está dominada por el amor o por su opuesto, el ansia? El amor no es un sentimiento que emane en todo momento de manera natural, así que es posible que no seamos capaces de mantenerlo continuamente. Esta falta de constancia en el amor es consecuencia de una mente ansiosa, que sólo busca nuestro bienestar. Cuando somos capaces de dar amor únicamente por el bienestar de los demás, y cuando todo nuestro foco de atención se dirige hacia sus necesidades, se puede alcanzar un estado de mucha alegría. Cuando gozamos en nuestro interior de la alegría que produce dar, las dificultades se vuelven tan fáciles de superar que resulta casi placentero enfrentarse a ellas. Nuestro foco de atención ha cambiado y se dirige hacia todo lo que podemos dar, en lugar de dirigirse hacia lo que deberíamos recibir, que era el origen de todas nuestras dificultades.

*Tener valor para cambiar*

Debemos tener el coraje necesario para realizar cambios, para acabar con nuestro viejo modo de relacionarnos, tratando de comprender la naturaleza de los demás y de apreciar que su manera de hacer las cosas es distinta a la nuestra. De lo contrario, simplemente mantenemos nuestras expectativas irreales hacia los demás, mientras esperamos que, de algún modo, vislumbren cuáles son todas nuestras necesidades, temores y ansiedades. Una vez que reconocemos cómo nuestras expectativas irreales aceleran el desarrollo de nuestra resistencia, comenzamos a darnos cuenta de que cuando reprimimos nuestros sentimientos nos estamos resistiendo todavía más a que aparezcan.

Debemos aprender a superar nuestra resistencia desde el principio, de tal modo que no se llegue a arraigar. Para ello, debemos darnos cuenta de que nuestras relaciones normalmente se entablan con el deseo de expresar nuestra buena voluntad. Si somos capaces de comprender que lo que *nosotros* estamos haciendo está acabando con la felicidad o con el amor en nuestras relaciones (pensar, "¿Qué estoy haciendo mal?"), habremos encontrado un buen ingrediente para ayudar a generar buena voluntad.

Por lo general, solemos concentrarnos en lo que la otra persona hace mal, pensando que si no hiciera eso, todo sería perfecto. Es sorprendentemente farisaico pensar que si la otra persona no hiciera ciertas cosas, nuestra vida sería maravillosa. Siempre hemos hecho todo lo que consideramos que es bueno para ellos, ¿no es así? En realidad, si nunca les hemos preguntado cómo perciben nuestra conducta ni hemos escuchado las críticas que nos dirigen, no tenemos ninguna manera de saberlo.

La percepción que tenemos de los demás muchas veces está teñida de nuestra propia voluntad o de nuestras intenciones. Si actuamos desde la base del rencor, tendemos a ver a los demás de una manera negativa, con independencia de qué es lo que ha motivado sus actos. Si, por otra parte, actuamos desde la base de la buena voluntad, tenemos más probabilidades de percibir sus buenas intenciones.

La buena voluntad consiste en valorar la amistad y aportar beneficios a los demás. Es un ingrediente esencial en nuestras relaciones a todos los niveles y es especialmente importante en esos momentos en los que los demás se están comportando con nosotros de manera irracional o nos están criticando con dureza. Cuando afrontamos esas situaciones con buena voluntad, es improbable que reaccionemos de manera negativa y que avivemos el fuego de la falta de armonía.

Una vez que hemos tomado la decisión de cambiar, tenemos que ser bondadosos con nuestras relaciones para ser bondadosos con nosotros mismos. Mientras no estemos dispuestos a asumir al menos el cincuenta por ciento de la responsabilidad para curar nuestras relaciones, será improbable que nuestros seres queridos asuman el resto de la responsabilidad. Muchas veces vemos las cosas desde una perspectiva que nos lleva a pensar: "Tú solucionas el noventa por ciento y yo solucionaré el otro diez por ciento". Semejante actitud crea una distancia y una aversión galopante: es improbable que pensemos bondadosamente el uno del otro, o que deseemos estar cerca el uno del otro, por no hablar de que no es probable que uno hable bien del otro en nombre de la armonía.

Cuando sentimos que somos víctimas de las suposiciones que hacemos acerca del significado de los actos que llevan a cabo nuestros seres queridos, o de cómo se sienten acerca de nosotros, deberíamos recurrir a la "duda positiva". A diferencia de la duda que se basa en el temor y en la inseguridad, que nos hace poner en tela de juicio a los demás y quizás dejar de confiar en ellos, la "duda positiva" consiste en dudar de la base de las propias suposiciones que tenemos hacia ellos. Necesitamos detenernos un instante y darnos el tiempo suficiente para descubrir la realidad. Es un buen momento para expresar nuestros propios sentimientos de una manera abierta y sincera y para comunicarnos con nuestros seres queridos con el fin de averiguar cuál es la "verdadera historia".

## NUESTRO INSTINTO ES AYUDAR A LOS DEMÁS

Nuestro instinto básico como seres humanos es hacer el bien para los demás, aunque nuestros actos muchas veces contradigan este principio. Si preguntamos a los demás qué es lo que realmente quieren hacer con sus vidas normalmente nos dirán que desean ayudar o cuidar a los demás, tanto si son familiares como si son amigos, o miembros de nuestra propia comunidad o de otra comunidad lejana. Es improbable que nos digan que sólo desean cuidarse de sí mismos. Cuando nos paramos a pensar en cuáles son nuestros sentimientos más profundos, no somos distintos a los demás.

Necesitamos tener en cuenta lo afortunados que somos al poder compartir nuestro mundo con los demás, con una actitud de entrega para su propio beneficio. Si afrontamos nuestras relaciones con este tipo de buena voluntad, aquellas personas con las que nos relacionamos pueden sorprendernos.

En primer lugar, y más importante, gracias al afecto que sentimos hacia la otra persona, debemos hacer todo lo que esté en nuestras manos para plantar en ellos la semilla de la felicidad. Si son felices, hay más probabilidades de que nosotros también lo seamos. Si la otra persona realmente es el objeto de nuestro amor, es probable que cuando sean infelices nosotros también nos sintamos así.

Cuando nos sentimos responsables de la curación del daño ocasionado y aportamos felicidad a nuestras relaciones y a nuestro mundo, podemos comprender el comportamiento no virtuoso que los demás demuestran hacia nosotros. Reconocemos que sus actos están movidos por el amor y el afecto que sienten hacia nosotros, pero también que carecen momentáneamente de la sabiduría suficiente para tratarnos con bondad y respeto. Nos sentimos tristes porque sus acciones no virtuosas les llevan a sentirse todavía más infelices, y nos damos cuenta de que necesitamos darles todavía más amor y afecto.

Una madre afectuosa hará cualquier cosa por la felicidad de su hijo, a pesar de las penalidades que tiene que soportar. Del mismo modo, deberíamos aplicarnos nosotros mismos en considerar la felicidad de nuestros seres queridos durante esos momentos en los que se están portando mal con nosotros.

Nuestra tristeza en esos momentos no les servirá de ayuda para superar su momentánea falta de sabiduría. Se necesita sentir compasión, ya que ésta es capaz de ver cuáles son las causas de su sufrimiento y desea encontrar una manera de ayudarles a aliviarlo. Tenemos que ser perfectamente conscientes de todos esos actos que podemos emprender y que les pueden beneficiar, y de aquéllos que solamente aumentarán su negatividad. Nuestra compasión incrementa tanto la tolerancia a nuestro propio sufrimiento como nuestra tolerancia y paciencia a la conducta de los demás.

*Una oración para el cambio*

Necesitamos temperar nuestra nueva predisposición a evitar el dolor y a aportar beneficio a los demás sabiendo que no siempre seremos capaces de agradar a los demás, o de hacer que sean felices, a pesar de nuestras buenas intenciones y de todo nuestro esfuerzo. En estas circunstancias, podemos reconocer que hemos hecho todo lo que hemos podido y rezar para que todos nuestros esfuerzos finalmente desemboquen en la superación de las dificultades que estamos atravesando.

La desconfianza que sentimos hacia nosotros mismos, que alimenta nuestra resistencia a aceptar y a cambiar, se puede superar a través de la fe en todo nuestro potencial.

La duda puede dejarnos con una sensación de desesperanza y con una incapacidad para ver la "luz al final del túnel", mientras que la fe nos llena de esperanza y abre nuestra mente para buscar las opciones que nos permitan superar todas nuestras dificultades. La duda es como una nube que proyecta una sombra sobre nuestras circunstancias, mientras que la fe y la esperanza son como los rayos de sol que disipan una oscuridad de la que, si no fuera por él, podríamos ser víctimas. La fe puede ayudarnos a perdonar todos los errores cometidos y a recuperar la sabiduría que se perdió por culpa de la duda.

Además, imaginar que las cosas *van a* cambiar para bien nos ayudará a conseguir este objetivo. Debemos vivir en el presente, y no habitar en el pasado, ya que nuestro futuro en esta vida puede no ser muy largo. Por tanto, debemos interactuar con cada situación como si fuera nuestra última oportunidad de aplicar la sabiduría que acabamos de adquirir.

Sería conveniente poder simplificar nuestra forma de afrontar el presente. Si somos más felices y nos sentimos más satisfechos con las cosas tal y como son, nos sentiremos menos constreñidos por la preocupación de los errores pasados y por el temor ante lo que vaya a ocurrir en el futuro. En nuestras relaciones, esa simplicidad hace que nos resulte mucho más fácil ver con claridad lo que somos y poder apreciarlo. Todo aquello que aportamos al mundo y a nuestras relaciones es donde radica nuestro verdadero propósito en la vida. En el pasado, nos hemos concentrado en todo lo que podríamos recibir. Al abrir nuestro corazón para entregarnos con bondad a los demás, somos capaces de comprender cómo podemos contribuir a nuestras comunidades y de sentirnos satisfechos de nuestros esfuerzos.

*Oración*

Que todos mis recuerdos de la bondad y de las buenas intenciones que han manifestado mis seres queridos, amigos y conocidos me den el ánimo necesario para curar el daño que he producido en mis relaciones con ellos. Que sea capaz de darme cuenta de lo afortunado que soy al tener un estado de ánimo que se muestra receptivo a tener pensamientos que se inclinen a evitar el daño y a aportar beneficios a los demás. Cuando me encuentre y me relacione con los demás en el futuro, que siempre sea capaz de verlos con pensamientos bondadosos y de comunicarme con ellos utilizando un lenguaje que concuerde con esos pensamientos. Que sea digno de la buena voluntad de los demás y sea capaz de devolver esa buena voluntad que ellos han mostrado hacia mí.

# SEGUNDA PARTE
## Aprender a perdonar y a curar

Hemos visto que muchas de las dificultades por las que atraviesan nuestras relaciones se deben a nuestro resentimiento y al intento de reprimir ese sentimiento hacia los demás. Muchas veces nuestro resentimiento se debe a nuestra incapacidad para perdonar a los demás o, por culpa de nuestro orgullo equivocado, a nuestra incapacidad para arrepentirnos de los actos no virtuosos que hemos cometido y para perdonarnos a nosotros mismos por el daño que hemos ocasionado.

Antes de hablar del tema del perdón, deberíamos analizar cuál es nuestra motivación para querer perdonar. Nuestra capacidad para extraer los beneficios que conlleva aprender del perdón depende de la claridad con la que cultivemos un estado de ánimo adecuado. ¿Nuestra mente se muestra lo bastante receptiva como para equiparnos con las herramientas que nos impidan ser víctimas del terror que produce la ira, la venganza y el castigo? ¿Estamos preparados para cultivar el perdón? ¿Somos capaces de abrir nuestra mente para comprender que tanto nosotros como los demás estamos expuestos por igual al sufrimiento como consecuencia de nuestras emociones aflictivas: hipocresía, ira, una mentalidad intransigente e ingratitud?

Todos sufrimos como consecuencia de esas emociones negativas, así que es importante aprender la manera de no recurrir a ellas. Deberíamos tratar de alejarnos de esas influencias negativas, transformándolas a través de la poderosa práctica del perdón. El perdón sólo puede producirse cuando nos damos cuenta de que *ahora* es el momento de cambiar. El tiempo cambia todas las cosas, pero algunas veces podemos quedarnos atascados en la negatividad del pasado por culpa de nuestra resistencia, o podemos negarnos a cambiar.

El deseo de leer este libro refleja una determinación a cambiar por parte del lector. Nuestra determinación a cambiar podría consistir en bajar la mano de la ira que hemos blandido desde hace mucho tiempo; o podría consistir en bajar la mano del resentimiento y de la culpa, o en despojarnos de nuestras expectativas irreales que tenemos hacia los demás. Podemos despojarnos de nuestra extrema preocupación por nuestro propio confort y felicidad, abandonando el interés personal. Sólo cuando nos despojamos de algo nuestras manos se quedan libres para atrapar algo nuevo, lo cual será un presagio del comienzo de un cambio.

Para cultivar el estado de ánimo adecuado, los budistas comienzan recitando oraciones antes de cualquier enseñanza. En primer lugar, buscamos las bendiciones de la Triple Gema, que también se conoce como las Tres Joyas. Estas joyas son el Buda, el Dharma y la Sangha.

Rezar a la Triple Gema es una bendición para nuestros corazones y potencia nuestra mente para perdonarnos a nosotros mismos y a las demás personas que están atrapadas en la prisión de la ira o de cualquier otro estado de ánimo negativo. Imploramos las bendiciones de la Triple Gema recitando tres veces la siguiente "Oración del refugio".

> Tomo refugio en el Buda, el Dharma y la Sangha,
> Hasta que alcance la Iluminación.
> Que por los méritos virtuosos que acumule con la práctica de la generosidad y de otras perfecciones, pueda lograr la Budeidad para beneficio de todos los seres.

El Buda es el maestro supremo que, a través del abandono de las emociones negativas y de los intereses personales, fue capaz de alcanzar la Iluminación suprema. El Dharma son las enseñanzas de Buda, que conducen al final de todo sufrimiento. Y la Sangha es la comunidad de practicantes espirituales eminentes que, a través de la práctica de las enseñanzas del Buda, han liberado su mente de la prisión de las emociones aflictivas y son capaces de beneficiar realmente a los demás. Estos tres objetos de refugio —el Buda, el Dharma y la Sangha– son las gemas más preciosas en las cuales podemos encontrar las bendiciones.

Recitamos la Oración del refugio para invocar las bendiciones de la Triple Gema en todas las acciones de nuestro cuerpo, de nuestras palabras y de nuestros pensamientos y emociones. El despertar de esas bendiciones del Buda y sus enseñanzas en nuestra corriente mental pueden permitirnos desarrollar estados mentales positivos como el perdón. Por esta razón, tomamos "refugio" con felicidad y fervor en la Triple Gema.

Después de tomar refugio, deberíamos generar buena voluntad, no sólo hacia nosotros mismos, sino también hacia todos aquéllos que, al igual que nosotros, se sienten afligidos por los síntomas y las consecuencias de una mentalidad intransigente. Para ello, recitamos tres veces la oración de "Los Cuatro Inconmensurables":

Que todos los seres tengan la felicidad y sus causas.
Que todos los seres estén libres del sufrimiento y de sus causas.
Que ningún ser sea separado del gozo que no tiene aflicción.
Que todos los seres vivan en ecuanimidad, libres de apego y aversión hacia sus semejantes.

También sería conveniente recitar oraciones que estén relacionadas con el tema que estemos tratando. Para abrir nuestra mente todavía más con el fin de desarrollar el perdón, podríamos recitar la siguiente oración:

*El perdón: una oración para el cambio*

Hoy voy a despojarme de todas las experiencias amargas que he vivido en el pasado y voy a liberar a todas aquellas personas que están relacionadas con dichas experiencias. El daño, el dolor y el sufrimiento que he experimentado tanto yo como los demás se deben a la influencia de una serie de circunstancias desafortunadas a cuya aparición hemos contribuido por culpa de nuestra ignorancia, de nuestra falta de respeto, de nuestra falta de atención y de nuestras excesivas emociones aflictivas. Ahora que sé que todo el mundo actúa bajo la influencia del engaño, me doy cuenta de que nadie ha ocasionado intencionadamente todo el dolor que experimentado. Durante muchos años he exacerbado mi sufrimiento, aferrándome a mis percepciones erróneas como si fueran ciertas. Hoy me despojaré de todos los malentendidos y confusiones. Aprenderé de todos mis errores pasados para tener conciencia, de tal manera que no vuelva a repetir jamás esos errores ni a causar un sufrimiento innecesario. Nadie puede deshacer el pasado, pero voy a extraer todo lo positivo que haya en esos errores. El pasado ya no tiene poder ni control sobre mí.

En el pasado he sufrido porque he proyectado mi propia negatividad hacia los demás. Ésa ha sido la causa de todo el dolor que ha existido en mis relaciones con ellos. No voy a permitir que esto continúe por más tiempo, ya que ahora he reclamado mi propio sentido de conciencia. Mi perdón no sólo eliminará de mi mente los residuos que queden de las experiencias amargas, sino también extraerá de raíz los sentimientos negativos que los demás pueden albergar hacia mí. Si libero de mi mente los pensamientos negativos de rencor, culpa, ira y venganza, sólo podré despertar buena voluntad tanto hacia mí como hacia los que me rodean.

Todo lo que haya sucedido ya es pasado y ahora me he recuperado completamente de esas experiencias. Ha llegado la hora de que supere todos esos problemas y me libere a mí mismo y a los demás de esos recuerdos. Si no hubiera pasado por todas esas experiencias, no habría madurado ni me hubiera hecho tan fuerte como soy ahora. De igual modo que todas las cosas evolucionan, yo también debo fluir con los vientos del cambio y no aferrarme a la negatividad. Ya no voy a ser tan insensato como lo fui en el pasado, sino que voy a despertar interiormente.

Mientras me libero de todas mis preocupaciones, todas las personas que estén relacionadas conmigo también se liberarán y serán perdonadas. Dejaré que la corriente de mi vida fluya con naturalidad y no se estanque. Me perdono a mí mismo por todos y cada uno de los errores que he cometido y perdono a todos aquéllos que me han hecho daño de alguna manera, sabiendo que de la aplicación del entendimiento a todas las experiencias vividas sólo puede emanar buena voluntad. Cada uno de los errores que he cometido es una pasarela que me lleva a un mayor entendimiento y a la posibilidad de disfrutar de mejores oportunidades. Bendigo todas y cada una de las experiencias que he vivido en el pasado. ¡Que sean todas bendecidas!

Esta oración resume la esencia de la idea del perdón que necesitamos aprender. Exponer el problema de nuestra incapacidad para perdonar es el único camino hacia delante, así que es importante que nos demos cuenta de cómo un problema puede y, en particular, ha sido la cusa de los problemas que hemos padecido en el pasado. También necesitamos considerar en qué medida un problema puede seguir afectándonos en el futuro, persistiendo como una enfermedad cancerígena que llevamos padeciendo mucho tiempo y para la cual todavía no hemos encontrado cura.

Cuando tememos las consecuencias que acarrea no perdonar —recordando el daño y el dolor que ya hemos experimentado como consecuencia de esa incapacidad para perdonar— nos encontramos en una coyuntura decisiva. Cuando tomamos la iniciativa de asumir las enseñanzas sobre el perdón, podemos aprender a no volver a dejar que el pasado contamine nuestro presente y nuestro futuro.

## EL SUFRIMIENTO QUE EMANA DE LA AUSENCIA DE PERDÓN

Utilizando el modelo de las Cuatro Nobles Verdades, que fue la primera enseñanza que nos transmitió Buda después de su Iluminación, identificaremos los síntomas que han producido nuestra ausencia de perdón. Muchos de los problemas o del sufrimiento que encontramos en la vida están conectados en gran medida con nuestra mentalidad intransigente. Si sentimos ira, ¿qué es lo que la ha causado?

Nuestra ira muchas veces tiene que ver con algo que ha sucedido hace años y que hemos arrastrado con nosotros, reproduciéndolo en nuestra mente. Nos sentimos enfadados por algo simplemente porque no hemos sido capaces de perdonar a la persona responsable de ese suceso que ha exacerbado nuestra ira en el pasado. Seguimos arrastrando esa ira con nosotros y "actualizándola", magnificándola y exagerándola. Al mismo tiempo, sentimos lástima por nosotros mismos y sentimos aversión hacia los demás. Contamos nuestra versión de los hechos a un grupo selecto de personas, tratando de hacer que se pongan de nuestra parte y que estén de acuerdo con nosotros, incrementando así el sufrimiento todavía más. Así es cómo la ira se mantiene viva durante mucho tiempo. No somos capaces de despojarnos de esto, porque mantenemos viva la llama de la ira, que a su vez afecta a nuestra capacidad para disfrutar de la compañía de los demás e incluso de los alimentos que ingerimos. De hecho, puede llegar a destruir cualquier placer del que podríamos disfrutar.

### Los síntomas de una mentalidad intransigente

Los síntomas de una mentalidad intransigente son la aversión y el resentimiento. Desarrollamos aversión hacia todo lo que hemos hecho y hacia el lugar donde hemos estado, algunas veces llegando incluso a desear no haber llegado nunca a mantener esa relación. Con ese tipo de arrepentimiento, podemos incluso empezar a desagradarnos a nosotros mismos. Si no somos capaces de perdonar a los demás, eso se debe a nuestra falta de gratitud hacia ellos. Es como si nunca hubieran hecho nada bueno que merezca la pena recordar. La ingratitud domina nuestra mente cuando tenemos dificultad para perdonar.

Si nuestra ausencia de perdón nos conduce a separarnos de los demás, levantando un muro alrededor de nosotros de tal modo que nadie pueda alcanzarnos, sólo encontraremos soledad. Ellos quieren preocuparse por nosotros pero, en cambio, sólo nos apartamos de ellos movidos por nuestra mentalidad intransigente. Tratamos de alejarnos de ellos porque no somos capaces de afrontar la realidad de nuestra propia negatividad; y, con ello, también descubrimos que ya no podemos enfrentarnos a los demás.

Un síntoma todavía mayor de nuestra incapacidad para perdonar es el sentimiento de autocompasión o de inseguridad que nos domina. Si nos aferramos demasiado al pasado seguimos agarrados a nuestro resentimiento, con independencia de lo pequeño que fuera el error que se cometió en aquel momento. Como consecuencia de ello, nos sentimos agitados: ya no somos felices con lo que hacemos. Por el contrario, deseamos hacer una cosa y luego la otra; y entonces, mientras estamos haciendo aquello, de repente queremos volver a hacer lo otro. Nos resulta difícil asentarnos en un lugar y, por tanto, carecemos de un sentido de estabilidad. Eso puede afectar a nuestra salud, a nuestra capacidad para conciliar el sueño y para disfrutar con la compañía de los demás. Nos cuesta confiar en los demás y nuestra capacidad para sentir agradecimiento también se merma. Nuestra mente se ahueca o se vacía, como si fuéramos un alma perdida. Por culpa de esto, olvidamos las cosas buenas que debemos hacer y caemos en los malos hábitos, entregándonos a todas las cosas que son nocivas tanto para nosotros como para los demás. Podemos sentirnos agitados con facilidad; nuestra mente se vuelve inquieta, excitada y temerosa como un animal salvaje. Cualquier distracción tiende a molestarnos, y nuestros pensamientos se pueden volver muy negativos.

Otro síntoma de que tenemos una mentalidad intransigente es que desarrollamos un intenso temor a asumir responsabilidades. No deseamos asumir la responsabilidad de ayudar a los demás, así que ya no tenemos el orgullo o la alegría de que los demás puedan contar con nosotros. Nuestro sentido de confianza en nosotros mismos se reduce y no estamos dispuestos a hacer cosas que puedan beneficiarnos a nosotros mismos ni a los demás. Como consecuencia de ello, comenzamos a tener miedo a la intimidad. Ya no deseamos conocer a los demás demasiado íntimamente. Este temor a la intimidad y esta falta de confianza en cualquier lugar, momento o actividad se debe a los temores que dominan nuestra mente. Comenzamos a temer cosas que, de hecho, pueden no haber sucedido jamás porque nuestra mente está totalmente acostumbrada a reproducirlas, como si estuviéramos utilizando un botón de avance rápido. Por culpa de nuestra ansiedad, pensamos por adelantado cosas que puede que nunca sucedan. Esto engendra una sensación de desesperanza de tal magnitud que perdemos nuestro sentido del optimismo. Nos volvemos pesimistas; la vida casi se vuelve hueca, como si fuera un error que nunca deberíamos haber cometido. En este estado de ánimo parece que cualquier cosa sería mejor que lo que ahora tenemos.

Nuestro temor a asumir la responsabilidad, junto con nuestra percepción de los peligros de la intimidad, nos produce mucho sufrimiento y desdicha. Aunque es posible que tengamos un hogar confortable, un buen trabajo, incluso cualquier cosa que hayamos deseado, cuando esos temores dominan nuestra mente nos aferramos firmemente al pasado. Hemos perdido nuestra capacidad para ver la belleza de nuestra compañía, de la naturaleza, de la libertad e incluso de nuestra salud. Podemos estar físicamente sanos, pero nuestra mente ha perdido la capacidad para disfrutar de nuestra buena salud.

Otro síntoma que indica si los demás son intransigentes es que se vuelven muy críticos en muchas cosas. Son personas muy negativas, que sólo ven los problemas que hay en la vida. Tienden a ser obstruccionistas, concentrándose en lo que ellos o los demás no pueden o no deberían hacer. Esta tendencia a concentrarse siempre en lo que está mal es una percepción distorsionada. Si tenemos esa percepción, siempre veremos los defectos de los demás y seremos incapaces de reconocer la buena voluntad que tienen hacia nosotros. Cuando alguien nos pide algo, nos paramos a pensar que están queriendo algo de nosotros, en lugar de sentirnos encantados de que pidan nuestra ayuda.

Si los demás dejan de ponerse en contacto con nosotros tal vez se deba a que están ocupados haciendo otra cosa. Pero, en cambio, pensamos que nos están ignorando. Entonces, cuando se ponen en contacto con nosotros nos mostramos recelosos, preguntándonos qué es lo que quieren de nosotros. Este es un tipo de mentalidad animal: muy temerosa e incapaz de sentirse confortable durante mucho tiempo. Cuando somos muy negativos, nuestra mente no sabe cómo sentirse tranquila, en paz o agradecida por lo que tenemos, por no hablar de lo que los demás nos han dado. Allá donde estemos, y cualquier cosa que hagamos, nuestra mente estará en otra parte. Nuestra mente selecciona la información equivocada y, alimentada por estos datos erróneos, se dispersa. Al tener una mente dispersa, dejamos de concentrarnos en aquello que es importante en nuestra vida, pensando en cosas negativas. Y, sin saber por qué estamos pensando de ese modo, nos sentimos muy afectados por nuestros propios conceptos erróneos. Todos nuestros pensamientos pueden empezar a afectarnos y nos invade el temor de que nuestra salud, nuestras propiedades o nuestras riquezas están en peligro. Llegamos a imaginar todo tipo de cosas que puede que nunca hayan sucedido.

Irónicamente, también optamos por no pensar en algunas cosas que seguramente sucederán. No queremos pensar en el hecho de que moriremos. Pero si dejamos de pensar en ello, esto solucionaría todos nuestros problemas, porque nos daríamos cuenta de que no merece la pena preocuparse de nada. Todo el mundo tiene miedo a la muerte y es un sentimiento totalmente lícito, pero no dedicamos el tiempo suficiente a pensar en ello. El hecho de que nuestra vida sea impermanente es una causa real de preocupación que muchas veces optamos por ignorar. Por el contrario, a menudo invocamos a unos temores innecesarios e inexistentes. Nos preocupamos por lo que podría sucedernos en el futuro y muchas veces nos sentimos dominados por esas preocupaciones terrenales.

Nuestra ira, nuestro resentimiento, nuestra ingratitud, nuestro egoísmo, nuestra inseguridad, nuestro temor a asumir la responsabilidad, etc., son síntomas de la ira que sentimos hacia los objetos de nuestro amor. Las personas que han sido bondadosas con nosotros, que nos han criado o que se han ocupado de nuestro bienestar todavía desempeñan un papel muy importante en nuestra vida. Las relaciones que mantenemos con personas que son muy importantes para nosotros, como nuestra familia inmediata, seguirán ahí tanto si queremos reconocerlo como si no. Nuestro padre todavía sigue siendo nuestro padre, tanto si nos gusta como si no. Por tanto, si albergamos ira hacia nuestra familia más próxima, seguimos sufriendo y finalmente nos veremos completamente atrapados en nuestra negatividad.

Muchos de nosotros tenemos, en mayor o menor medida, una mentalidad intransigente. Algunos se aferran a ella durante un breve periodo de tiempo, mientras que otros la prolongan, agravándola cada vez más. Sin embargo, algunos, aunque no se olvidan de los acontecimientos amargos, han dejado de sentirse mal por ellos. Utilizando nuestra inteligencia, podemos aprender a no estar demasiado atrapados en el pasado. Aunque podamos no haber emprendido ninguna acción para perdonarnos a nosotros mismos o a los demás, al menos no nos deberíamos permitir estar negativamente afectados por los acontecimientos pasados. El mero paso del tiempo hace que sea posible curar las heridas del pasado. Merece la pena tener en cuenta cuánto tiempo es necesario para olvidar el pasado y no ser superado más por la preocupación o por el resentimiento que nos producen las experiencias negativas.

Si todavía nos sentimos preocupados o heridos por algo que ha sucedido en el pasado, lo estaremos prolongando. Cuanto más tiempo sigamos aferrándonos a nuestra preocupación o a nuestro dolor, más intenso o grave se vuelve. Si simplemente aprendemos a despojarnos de él, su impacto puede ser muy breve. Por tanto, el perdón está tratando de "cortar" el problema, de ser el "director" de nuestros problemas. Cuando utilizamos la palabra "cortar" en este contexto, estamos queriendo decir que deberíamos ser capaces de rodar la película que queramos, editándola aquí y allá, sin incluir en nuestros pensamientos cosas que no aporten nada positivo a un guión que está escrito para practicar el perdón en el futuro.

Si una escena de una película es eliminada, muchas veces se debe a que algo salió mal: el actor sonrió cuando no debería hacerlo, o caminó demasiado deprisa o hizo cualquier otra cosa que no estaba en el guión... "¡Corten!" De la misma manera, podemos eliminar cualquier cosa que estemos haciendo y que no nos aporte ningún beneficio. Si somos capaces de reconocer que es el momento de cambiar, debemos decidir cuándo será el momento adecuado para hacerlo. ¿Será cuando cumplamos los sesenta o cuando alcancemos otro hito en nuestra vida? ¿El día en el que nos jubilemos será el día en el que vamos a hacer un cambio, después de descubrir repentinamente que somos capaces de perdonar? No hay un momento en el futuro que sea el mejor: ¡el momento idóneo es ahora mismo, hoy, aquí y ahora!

Por tanto, justo en este momento, que es el momento adecuado para actuar, deberíamos decidirnos a afrontar todas las penalidades que no deseamos seguir incubando durante más tiempo. Podemos elaborar una lista con todas esas cosas de las que necesitamos despojarnos —como las creencias y las percepciones erróneas— y decidir mantener una nueva visión del futuro que resulte más inspiradora.

Con esta determinación, habiendo reconocido la posibilidad de padecer un sufrimiento causado por nuestra mentalidad intransigente, somos capaces de darnos cuenta de la Primera Noble Verdad. Nuestra mentalidad intransigente no sólo ha seguido haciéndonos sufrir, sino que también ha perpetuado el sufrimiento de las personas que nos rodean.

Si nuestra relación con alguien se está agriando, es habitual que nuestros seres queridos se preocupen por nosotros y por nuestras relaciones. Si siguen recibiendo el mensaje de que las cosas no marchan bien, pueden preocuparse hasta el punto de no querer volver a discutir con nosotros. Pueden seguir preocupándose, al tiempo que esperan que se produzca algún cambio positivo. Por tanto, nuestra mentalidad intransigente no es sólo nuestra preocupación, sino que también puede afectar a muchas otras personas. Por otra parte, si somos capaces de transmitir que estamos arreglando provisionalmente nuestras diferencias, las personas que se preocupan por nosotros se sentirán aliviadas; se sentirán liberadas al no tener que seguir preocupándose por nuestras dificultades.

Es importante hacerse una idea de todo lo que se puede conseguir a través del perdón. El perdón nos libera tanto a nosotros como a nuestros seres queridos y sus seres queridos y a los seres queridos de sus seres queridos: el triple efecto puede ser inmenso. En 1989, se concedió el Premio Nóbel de la Paz a Su Santidad el Dalai Lama, porque era una persona capaz de perdonar. Fue capaz de perdonar con total sinceridad por los acontecimientos que habían tenido lugar durante la invasión del Tíbet por parte de la China comunista. Como líder secular y espiritual del pueblo tibetano, asumió parte de la responsabilidad por lo que había sucedido, reconociendo la influencia kármica del pueblo tibetano por los errores que podían haber cometido en el pasado. Al mismo tiempo, advirtió la futilidad de mantener la ira. En el nombre de todo el pueblo tibetano, declaró que buscar la venganza o albergar amargura e ira no era el camino a seguir. Por el contrario, subrayó la importancia de la bondad, la compasión, el perdón y otros estados de ánimo positivos. Las personas que concedieron el premio a Su Santidad el Dalai Lama posiblemente no acudieron a sus enseñanzas, pero comprendieron el triple efecto que tenía el espíritu de sus enseñanzas acerca del perdón y de la compasión.

Todos necesitamos tener este tipo de visión positiva de los beneficios que produce el perdón. También necesitamos saber cuánto sufrimiento seguiremos creando si seguimos incubando nuestra ausencia de perdón. La comprensión de la Primera Noble Verdad, la noble verdad del sufrimiento, emana del reconocimiento del sufrimiento que hemos causado por nuestra naturaleza intransigente. Este entendimiento nos ennoblece para hacer algo al respecto y para no volver a vernos atrapados por él. Una verdad sólo puede ser "noble" si estamos dispuestos a cambiar nuestras actitudes y nuestro comportamiento. Si no estamos decididos a cambiar, nuestro entendimiento del sufrimiento producido por la ausencia de perdón no puede ennoblecernos, sino que sólo puede seguir produciéndonos sufrimiento.

Por tanto, ¿cómo se convierte el reconocimiento del sufrimiento en una noble verdad? Sólo puede conseguirlo cuando sabemos qué es lo que debemos hacer con nuestro sufrimiento, sin dejar que tenga por más tiempo el control de nuestra vida, porque sabemos claramente cuáles son las causas y las condiciones que lo están manteniendo vivo. Esto es como crear un cortafuego para que no se propague un incendio: al saber cómo se propaga un incendio, reconocemos el efecto que tendrá la creación de un cortafuego. Del mismo modo, cuando sabemos cómo debemos intervenir para dejar de incrementar el sufrimiento causado por nuestra ausencia de perdón, sentimos un importante sentido de realización. De este modo, podemos comenzar a recibir algunos beneficios del sufrimiento que hemos causado en el pasado, ya que ahora sabemos cómo dejar de crear las causas que producen un mayor sufrimiento. Ahora podemos asumir la responsabilidad de todo el sufrimiento que hemos soportado, reconociendo que fue producido en parte por nuestra propia ignorancia y negatividad. Asumimos la responsabilidad de nuestro sufrimiento pasado y tomamos la decisión de no volver a crear las causas de un futuro sufrimiento.

Cuando hemos reconocido lo difícil que es vivir con el sufrimiento producido por nuestra ausencia de perdón, un mes, una semana o incluso un día parece ser un periodo de tiempo demasiado largo como para vivir con él. Ya no podemos imaginarnos a nosotros mismos creando en el futuro las mismas causas del sufrimiento. Estamos decididos a cambiar y esta determinación es una "convicción definitiva". La convicción definitiva en nuestra mente es lo que hace que advirtamos verdaderamente una noble verdad y esto nos ennoblece. Tener una determinación para cambiar es como descubrir que nuestro cabello está en llamas. Cuando, de repente, nos damos cuenta de que nuestra cabeza está ardiendo, no podemos solo pensar: "¿Qué voy a hacer? Tal vez voy a tomar una copa primero y pensar algo al respecto". Tenemos que actuar rápidamente para apagar el incendio. Dejaremos de perder el tiempo; emprenderemos alguna acción al instante antes de que el fuego nos queme todavía más.

En su *Guía a la forma de vida del Bodhisatva*, Shantideva afirmó que, de igual manera que cuando una persona está atrapada en un incendio que se puede propagar por todo el edificio no perderá el tiempo preguntándose si debería despojarse del combustible que podría ayudarlo a extenderse, cuando nos estamos consumiendo con el fuego de la ira, que es el principal síntoma de la ausencia de perdón, debemos tratar de apagar el fuego cuanto antes para impedir que se siga extendiendo. Ésa es otra consecuencia de la Primera Noble Verdad, que es la noble verdad del sufrimiento: el sufrimiento de quemarnos el cabello es relativamente pequeño, pero si alcanza a nuestra piel, producirá un sufrimiento mucho mayor. Por tanto, tratamos de apagar el fuego mientras todavía es pequeño.

### Las causas de una actitud intransigente

De igual manera que la Primera Noble Verdad se concentra en la naturaleza de nuestro sufrimiento, la Segunda Noble Verdad atrae nuestra atención hacia el origen de nuestro sufrimiento. La comprensión de la Segunda Noble Verdad es el proceso de identificación de las causas que han creado nuestra mentalidad y nuestra actitud intransigente: nuestros propios estados mentales distorsionados, o nuestras emociones aflictivas, como la aversión, el resentimiento y la culpabilidad, que tienen su origen en una serie de percepciones, puntos de vista y creencias erróneas.

Por tanto, ¿cuáles son las causas de nuestras actitudes intransigentes? ¿Qué es lo que provoca que estemos enfadados con los demás y sintamos ira hacia ellos? ¿Cómo sucedió todo? ¿Se debe a que esta persona se ha portado mal con nosotros o fue por algo que dijo? ¿De qué modo hemos podido influir en su incapacidad para hacer las cosas que esperábamos de ellos? Una de las causas de la ausencia de perdón es nuestras expectativas irreales, nuestro deseo de que los demás hagan las cosas tal y como nosotros queremos. Aunque deseemos que los demás hagan por nosotros una serie de cosas específicas, pueden no tener la menor idea de qué es lo que queremos. A su vez, también ellos pueden tener sus propias expectativas hacia lo que nosotros podríamos haber hecho por ellos. Es posible que ninguno haya expresado cuáles eran sus expectativas y, por tanto, ambos podemos tener expectativas muy poco realistas.

La causa de nuestras expectativas irreales es el ansia. Queremos que se haga *esto* por nosotros, que lo hagan *ellos*, al mismo tiempo que creemos que van a hacer *esto* si realmente nos tienen consideración. Cuando no tenemos en cuenta si los demás pueden hacer o no verdaderamente lo que nosotros queremos, desarrollamos una serie de expectativas irreales hacia ellos. Cuando nuestros deseos no se cumplen, nos sentimos agitados y nuestra agitación aumenta día tras día. Tenemos la tendencia de reprimir nuestros sentimientos una y otra vez y, con el tiempo, esto nos lleva a contener nuestras emociones negativas. Nuestra mente recuerda el pasado con demasiada prontitud, de tal modo que, aunque el problema en sí puede haber dejado de existir, seguimos sumergiéndonos en los errores pasados. Podríamos utilizar nuestra energía en estar en otro sitio, en hacer cosas diferentes, pero nuestra mente sigue retrocediendo a un pasado del que nos resulta difícil movernos. En cambio, nos aferramos a las mismas viejas heridas allá donde vayamos. Nuestras emociones negativas reprimidas se contienen, preparadas para explotar en cualquier momento.

Como consecuencia de nuestra ansia, nos volvemos muy inquietos y sensibles. Sentimos apego por las cosas que hemos hecho por los demás, o por las cosas que les hemos entregado. Somos incapaces de despojarnos siquiera de las pequeñas cosas que les hemos entregado. Recordamos lo que hemos hecho por ellos y que no nos han correspondido por nuestra bondad. Podemos volvernos muy fríos, calculadores y avaros, como si no estuviéramos felices con nada de lo que ellos hayan hecho por nosotros. Comenzamos a cuestionarnos por qué quieren ayudarnos o darnos cosas. Nos preguntamos qué es lo que quieren de nosotros a cambio. Nuestras percepciones distorsionadas nos llevan por el mal camino, haciéndonos recordar sólo lo que hemos hecho bien y lo que los demás han hecho mal y nos resulta difícil mostrarnos agradecidos. Tenemos una manera tendenciosa de analizar todo lo que los demás han dicho o hecho, y recordamos todos los pequeños errores que han cometido. Puede que ni siquiera hayan sido errores, pero nuestras percepciones distorsionadas nos hacen creer que los demás estaban equivocados.

Un síntoma más de nuestras expectativas irreales es nuestro deseo de controlarlo todo, que es otra manifestación del ansia. Desarrollamos una serie de percepciones fijas y engañosas, y unos puntos de vista estrictos que guardan muy poca relación con la realidad de nuestra situación. Nuestros engaños pueden suplantar a la realidad y hacer que ésta se vea dominada por la ira o la duda. Las dudas en nuestra mente se deben a nuestro egocentrismo, que es un estado de ansia fruto de nuestro egoísmo. El egoísmo, que alimenta nuestra ira, es la causa principal de nuestra intransigencia.

Cuando comenzamos a considerar el bienestar de nosotros mismos y el de los demás, nos damos cuenta de que es mejor perdonar que aferrarse a la ausencia de perdón. Cuando solo pensamos en la propia perspectiva de los hechos, tratando de aferrarnos a ella como si fuera una realidad, al tiempo que pensamos que los puntos de vista de los demás no son más que una ficción, no somos capaces de perdonar. Cuando somos capaces de tener en cuenta los puntos de vista de ambos lados nos damos cuenta de lo beneficioso que resulta perdonar tanto a nosotros mismos como a los demás.

Según las enseñanzas del budismo Mahayana, el egoísmo es como un cáncer, la raíz de todas las enfermedades físicas o mentalmente cancerígenas. Podemos sentir aversión hacia la enfermedad física del cáncer, hacia el efecto que tiene, pero seguimos creando su causa, ya que todo sufrimiento brota de nuestro egocentrismo y de nuestro egoísmo. Necesitamos cambiar completamente nuestra mentalidad negativa por el altruismo, que es la capacidad de apreciar el bienestar de los demás en todo momento.

Cuando tenemos una mentalidad altruista, nuestra felicidad y nuestra alegría emanan del placer que produce dar cosas a los demás y de atender sus necesidades. Cuando estamos ocupados con el cumplimiento de las necesidades de los demás, ya no tenemos tiempo para preocuparnos por nuestro propio bienestar. A menos que el altruismo controle a nuestro egocentrismo, no seremos capaces de eliminar la causa principal de nuestra naturaleza intransigente, que es nuestro egoísmo.

Cuando comenzamos a pensar en el bienestar de los demás, nos damos cuenta de que, en el pasado, estaban atrapados por culpa de nuestra ausencia de perdón. Aunque ya no seamos capaces de sentir rencor hacia los demás, debemos reconocer que todavía pueden sentir ira hacia nosotros. Teniendo esto en cuenta, podemos reconciliarnos con nosotros mismos ante el hecho de que los demás puedan no perdonarnos. Aunque su ausencia de perdón puede hacer que nos sintamos desdichados, todavía deberíamos estar dispuestos a perdonarlos.

Cuando nuestra mente es capaz de apartarse de nuestro ego por el bienestar de los demás, podemos ver las ramificaciones de nuestra propia ausencia de perdón o del de los demás. Si tenemos la sabiduría suficiente como para temer las consecuencias que acarrea no perdonar, aprenderemos a apartarnos de la causa que lo produce –nuestro egocentrismo– y, en cambio, exploraremos los beneficios que produce apreciar el bienestar de los demás. Podemos preocuparnos por reflexionar sobre los beneficios que obtendremos si cambiamos de esta manera:

En el pasado he sido una persona muy egoísta y ésa ha sido la causa principal del problema. Otros pueden haber sido tan egoístas como yo, pero debería iniciar el cambio por mí. Podemos tender un puente entre nosotros, donde antes no había ninguno. Había un importante vacío entre nosotros y eso hacía que fuéramos incapaces de encontrarnos. Debo hacer un esfuerzo para llegar hasta ellos.

Cuando comenzamos a desarrollar este tipo de actitud, llegamos a comprender la Segunda Noble Verdad, que es que el origen del sufrimiento de la intransigencia ha sido nuestro propio egocentrismo.

Si nuestra mentalidad intransigente persiste, sólo puede llevarnos hacia la tristeza y el sufrimiento. Tener una mentalidad intransigente es como estar encerrados en una prisión construida por nosotros mismos. No necesitamos que ninguna autoridad nos lleve a prisión, ya que nosotros mismos hemos atado nuestras propias manos y encadenado nuestros propios pies. Sin darnos cuenta de ello, también hemos encadenado nuestra mente. Aunque nos movemos libremente por el mundo, no somos más que almas perdidas, errantes, pero sin realizar ningún progreso. Carecemos de libertad emocional y mental y no sabemos cómo descerrajar el problema. Al comprender la noble verdad del origen del sufrimiento, debemos saber claramente cuáles son las diferentes causas del sufrimiento producido por nuestra mentalidad intransigente.

No nos podemos permitir el lujo de sentirnos deprimidos por nuestra situación. La causa de la depresión es nuestro egocentrismo, y la única manera de liberarnos de él es encontrando una salida. Encontrar el origen del sufrimiento, comprendiendo verdaderamente las causas de nuestros problemas, es como descubrir la gotera en un tejado. Descubrimos la gotera y sabemos que está *ahí* y, en ese momento, sabemos exactamente qué debemos hacer y a dónde debemos acudir para arreglar la gotera. De lo contrario, seguiremos tratando de encontrar la gotera, tal vez tratando de poner parches en lugares donde no hay goteras. Tenemos que descubrir cuál es el verdadero origen de la gotera –nuestro sufrimiento– y sólo lo podremos conseguir si advertimos la noble verdad del origen del sufrimiento. En el pasado, es probable que pensáramos que la causa de nuestro sufrimiento estaba fuera de nosotros, cuando habitualmente se encuentra dentro de nosotros: es nuestro propio egoísmo.

## Un cambio de actitud

Cuando comencemos a concentrarnos en el bienestar de los demás, descubrimos que, si los demás están felices, nosotros también lo estamos. Si hacemos algo para que sean felices, no tendremos que preocuparnos más por nuestra propia felicidad, porque nos sentiremos satisfechos con sólo saber que les hemos ayudado a conseguirlo. Si se sienten desdichados, nos sentiremos desdichados, a menos que podamos hacer algo por ayudarlos. Sólo podemos esperar cambiar a los demás si cambiamos primero nuestra propia actitud. Si no cambiamos primero nuestra actitud, es altamente improbable que podamos influir en los demás para que puedan cambiar.

Nuestra actitud es la ventana a través de la cual vemos a los demás. Si nuestra actitud está teñida de colores oscuros, como consecuencia de nuestras percepciones distorsionadas, no veremos a los demás bajo la luz correcta. En ese momento, nuestras actitudes están teñidas por el color de nuestros engaños, que hacen que el cuadro esté borroso o sea indistinto. Cuando eliminamos la tinta de la ventana que está distorsionando nuestra visión, los objetos que percibimos pueden aparecer tal y como son.

Los demás realmente desean acercarse a nosotros ¡también desean perdonarnos! Como consecuencia de su egoísmo y de nuestro egoísmo, nos las hemos arreglado para hacer que el vacío que existía entre nosotros se agrandara cada vez más. En cuanto abandonamos nuestro egoísmo y nos acercamos los unos a los otros, podemos descubrir que ellos también están igualmente dispuestos a dejar de lado su egoísmo y a subsanar los errores pasados. Si reflexionamos en el pasado, encontraremos que probablemente hubo muchas ocasiones en las que nos disculpamos por pequeños errores y en las que las demás personas implicadas también se disculparon.

Es posible que los desacuerdos prolongados no se resuelvan con tanta rapidez, como esas veces en las que nos disculpamos o perdonamos a los demás y ellos no aceptan nuestras disculpas o nuestro perdón por el conflicto que hemos tenido. Por tanto, no deberíamos tratar inmediatamente de decir a los demás que les hemos perdonado sólo porque estemos con el ánimo adecuado para hacerlo. Y, a menos que nos perdonemos a nosotros mismos por la parte de culpa que nos corresponde en el problema, de tal modo que nuestras viejas actitudes cambien, no estaremos en disposición de poder perdonar a los demás de ninguna manera. Si lo hacemos, podemos ser rechazados por ellos y sentirnos desanimados por su rechazo. Tenemos que hacer mucho trabajo de preparación interior antes de ser lo suficientemente fuertes como para aproximarnos a ellos. Debemos tener la suficiente confianza en nosotros mismos como para no sentirnos desolados si ellos no nos perdonan.

En primer lugar, tenemos que ensayar una manera de aproximarnos a la otra persona, al principio quizás delante de una fotografía que tengamos de ellos. Nos imaginamos a nosotros mismos mirándolos con gran afecto, ofreciendo con sinceridad y dulzura nuestro perdón. Nos los imaginamos enfadándose mucho y negándose a aceptar nuestras disculpas, advirtiendo cuál es nuestra reacción. Tenemos que ensayar esto mentalmente, cultivando el perdón paso a paso, sin limitarnos a abordarlos a ciegas. Mientras no nos sintamos confiados hasta el punto de poder tolerar el rechazo a nuestro intento de perdonar, debemos ser cautelosos. Si reaccionamos con ira al rechazo de los demás ante nuestro intento de enmendar los errores pasados, sólo estaremos aumentando el vacío que existe entre ambos.

En segundo lugar, debemos reconocer que necesitamos perdonarlos o, de lo contrario, seguiremos ocasionando sufrimiento tanto a nosotros mismos como a los demás. También debemos reconocer que el egocentrismo, o el egoísmo, es la causa principal de nuestra ausencia de perdón. Para remediar este egoísmo, sabemos que debemos aprender a apreciar el bienestar de los demás. Si somos capaces de conseguir esto, habremos comprendido plenamente la Segunda Noble Verdad, la noble verdad del origen del sufrimiento. De lo contrario, sabremos cuál es la causa de nuestro sufrimiento, pero nos sentiremos incapaces de hacer nada al respeto. Esto puede apenarnos y deprimirnos todavía más, porque lo único que tenemos es una ira y un egocentrismo que somos incapaces de superar. Podemos sentir más angustia cuando sabemos cuál es la causa del problema pero no sabemos qué hacer al respecto. Una vez más, esto es como saber que nuestro tejado tiene una gotera, pero desconocer el modo de taparla: cada vez que llueve, sentimos ansiedad. De igual modo, conocer cuáles son las causas de nuestro sufrimiento sin saber cómo dejar de producirlo nos llena de ansiedad.

El tercer paso hacia la curación de las heridas del pasado y hacia la creación de un cambio en nuestra mente es que tenemos que desarrollar un sentido muy intenso de desagrado y de repulsa hacia nuestro egocentrismo.

Tener egocentrismo es peor que tener ladrones en casa. Los ladrones pueden entrar, ocasionar daños en puertas y ventanas, quitarnos el televisor y otros objetos de valor; pero no pueden producir el daño interno emocional y mental que ocasiona nuestro egocentrismo. Si lo vemos de esa manera, el desagrado que profesamos nos ayudará a desarrollar un fuerte sentido de renunciación. Tenemos que alcanzar la determinación necesaria para no tener nada más que ver con nuestro egoísmo. Antes solíamos pensar que ocuparnos de nuestras propias necesidades y de nuestros deseos nos proporcionaría felicidad, pero nos hemos dado cuenta de que eso nos ha estado haciendo más daño que cualquier beneficio que podríamos haber obtenido de él.

Si alguien nos castiga azotándonos con una vara, puede producirnos algunos moratones aquí y allá y quizás algunas heridas en los dedos o en las manos por haber tratado de protegernos, pero eso es todo. Por otra parte, nuestro egoísmo nos produce unos daños internos considerables, anulando nuestra inteligencia y mermando nuestra capacidad para ser felices. Es como un cáncer que nos destruye lentamente, no sólo los órganos internos, sino también la propia mente. Con el tiempo, nuestro egoísmo contamina la mente.

Por esa razón, los eruditos del budismo Mahayana llaman al egoísmo el "demonio de la estima hacia uno mismo". Si viéramos a un demonio, lo más probable es que saliéramos corriendo y nos alejáramos de él. Si reconocemos que está emergiendo el egoísmo, sin duda necesitaríamos alejarnos de él. Si nos hemos aferrado al egoísmo, necesitamos desprendernos inmediatamente de él. Al darnos cuenta de la noble verdad del origen del sufrimiento, estamos desarrollando una sensación de desagrado o de renunciación hacia nuestro egoísmo pasado.

Para alcanzar este sentido de desagrado, primero debemos evaluar meticulosamente nuestro propio sufrimiento. ¿Cuánto tiempo sufrimos la semana pasada, o el mes pasado, o el año pasado? ¿Cuántas noches sin dormir o días estresantes hemos padecido? Cuando pensamos en esto, nos damos cuenta de cuánto tiempo hemos malgastado por nada: ¿merecía la pena? Podemos evaluar nuestro propio sufrimiento de este modo, reconociendo los daños que ha causado a nuestro bienestar. ¿Cuánto dinero hemos gastado para poder recuperarnos de esta enfermedad? Lo más seguro es que hayamos consultado a consejeros o a médicos, o que hayamos pagado para hacer un curso sobre el perdón. Nos damos cuenta de que hemos estado constantemente gastando dinero y energía, pero que hemos sacado muy poco de ello.

El cuarto paso es que debemos decidir que no vamos a permitir que este problema siga sin detectarse y sin curarse. Así pues, evaluamos el grado de sufrimiento que hemos soportado: el tiempo y la energía que nos ha costado y el impacto que ha tenido en la imagen que tenemos de nosotros mismos. Podemos darnos cuenta de que no hemos comido bien, o de que no hemos sido capaces de apreciar las cosas que tenemos en nuestra vida. Una vez que evaluamos nuestro sufrimiento de esta manera, llegamos a la conclusión de que nos hemos vuelto completamente incapacitados por culpa de nuestro egoísmo.

Una vez que hemos comenzado a entender el impacto que tiene nuestro egoísmo, no sólo evaluamos nuestro propio sufrimiento, sino también evaluamos el de los demás. ¿Cuántas personas que hay en nuestra vida, incluyendo a aquéllas a las que hemos sido incapaces de perdonar, han seguido sufriendo como consecuencia de nuestra condición? Hemos producido indirectamente el sufrimiento mental de las demás personas que también se preocupan constantemente por nosotros y podemos acabar siendo tanta carga para ellos como lo somos para nosotros mismos.

Cuanto más estrecha sea la relación que mantenemos con alguien, mayor será el impacto que tendrá en ellos nuestro egoísmo. Ellos se aferran a nosotros, queriendo que seamos felices, pero se sienten desdichados al saber que no lo somos. Desean que no sintamos el sufrimiento por el que estamos pasando, pero no saben cuál es la causa que lo ha producido. Muy pocos de nuestros seres queridos o amigos reconocen que nuestra infelicidad la produce nuestro egoísmo. Y, aunque lo hagan, muchas veces se limitarán a engordar nuestro ego diciendo que lo tenemos que estar pasando muy mal. Eso sólo ayuda a fortalecer nuestro engaño y a hacernos sentir como si fuéramos una víctima.

Muchos de nuestros familiares y amigos sólo ayudan a que se incremente nuestro sufrimiento y muy pocos son capaces de darnos el consejo adecuado. No saben cómo crear la causa de su propia felicidad, por no hablar de cómo crear las causas de la nuestra. Ellos nos quieren, pero su amor puede ser superficial, ya que el amor sólo tiene verdadero sentido cuando tratamos activamente de crear las causas que producen la felicidad de los demás.

Cuando evaluamos el sufrimiento de nosotros mismos y el de los demás, nos damos cuenta del precio que hay que pagar por el egoísmo y el sufrimiento que produce nuestra mentalidad intransigente. Y no sólo lo tenemos que pagar nosotros, sino también todos los que nos rodean, incluyendo nuestra familia. Por tanto, nos sentimos disgustados porque es una locura seguir aferrándonos a esta mentalidad intransigente. Debemos tener una fuerte sensación de desagrado, como si nos hubiéramos dado cuenta de que hemos ingerido veneno por error. Si advirtiéramos que acabamos de ingerir veneno, inmediatamente trataríamos de expulsarlo de nuestro cuerpo. No nos permitiríamos el lujo de pensar: "He ingerido veneno, pero no pasa nada. Voy a almorzar primero". Por el contrario, sentiríamos la urgencia de tener que actuar inmediatamente para expulsar el veneno de nuestro cuerpo.

Cuando nos sentimos disgustados con nuestra estupidez, llegamos a la conclusión de que debemos aprender de nuestros errores pasados, deseando emprender alguna acción que nos permita expresar nuestro sentido de desagrado y de renunciación. Votamos por hacer un cambio, disipando todo lo negativo. Esas decisiones que tomamos son la Tercera Noble Verdad de la cesación del sufrimiento. La noble verdad de la cesación consiste en saber que tenemos que acabar con las causas que producen el sufrimiento. Ahora empezamos a saber qué medidas debemos tomar. Hasta ahora, nos hemos concentrado en lo que nos había sucedido, en lugar de concentrarnos en lo que teníamos que hacer para aliviar nuestro sufrimiento. Mientras que en el pasado siempre recurríamos a alguna experiencia que nos había sucedido, de ahora en adelante hablaremos muy poco y nos limitaremos a actuar, ya que sólo así podremos cambiar la situación.

Por tanto, la noble verdad de la cesación consiste en saber que necesitamos dejar de hacer *esto* porque es la causa de *aquello*. Si queremos evitar el efecto que producirá, sabemos que no podemos permitirnos seguir creando la causa. Si no deseamos que se produzca un efecto en particular, simplemente podemos dejar de crear la causa. Si somos capaces de darnos cuenta de la relación de causa-efecto y de dejar de crear la causa, ya no tendremos que preocuparnos por el efecto, ya que los efectos no pueden emerger sin sus causas. Si el efecto es nuestro propio sufrimiento, debe haber sido producido principalmente por nosotros. Es cierto que podría haber causas secundarias, pero la causa primaria de nuestro sufrimiento sólo podemos haberla creado nosotros.

## La determinación para cambiar

Es muy importante llegar a la conclusión de que debemos cambiar e imaginar la esperanza de cambio. Si no creamos *esta* causa, padeceremos *ese* sufrimiento. Pero si creamos *esa* causa, tendremos *esta* felicidad. Albergamos un sentimiento de esperanza, ya que ahora sabemos exactamente qué es lo que debemos hacer. Es como si estuviéramos conduciendo y, de repente, nos diéramos cuenta de que vamos en la dirección equivocada. Cuando nos damos cuenta de esto, en seguida damos la vuelta. Pero, hasta entonces, no hemos sido conscientes de que íbamos en la dirección equivocada y nos hemos limitado a seguir conduciendo, pensando que íbamos por el buen camino. Cuanto más avancemos, más lejos estaremos de alcanzar el lugar que buscamos.

Sería conveniente encontrar unas cuantas señales que nos indicaran que vamos en la dirección equivocada en nuestras relaciones con los demás, pero lo cierto es que no hay muchas. Muy pocos nos damos cuenta de que vamos en la dirección equivocada, que deberíamos dar la vuelta y dejar de seguir por ese camino, imaginando la esperanza de un cambio.

Para imaginar la esperanza de un cambio es necesario que recordemos cuál era la situación anterior a nuestro actual estado de ánimo negativo. Hubo un momento en el que no teníamos una mentalidad dominada por la ira o la culpabilidad. Nuestra relación era completamente nueva, fresca y encantadora, y apenas había problemas. Tener la esperanza de cambiar significa ser capaz de ver la posibilidad de recuperar todo eso. No es algo imposible de hacer; simplemente es algo que hemos olvidado. Nos hemos metido tanto en la situación actual que no hemos tenido tiempo ni espacio para reclamar nuestro estado de ánimo anterior.

Lo mejor es no aferrarse demasiado al sufrimiento pasado. Si parece que es una carga demasiado pesada de soportar, deberíamos tratar de analizar los antecedentes del sufrimiento. Por ejemplo, podríamos reflexionar sobre cuándo comenzó la relación y durante cuánto tiempo era buena y durante cuento tiempo ha sido difícil. Podríamos pensar: "¿En qué momento comenzaron las dificultades? Hace cinco años. ¿Cuánto tiempo llevamos manteniendo esta relación? Doce años. Por tanto, ¿los últimos cinco años han sido terribles? Sí, ahí es cuando comenzó todo. Muy bien, ¿cómo era antes? Bueno, los primeros siete años fueron maravillosos". En una situación como ésa, es bueno recordar que hubo siete buenos años antes de haber pasado por cinco años malos. Es bueno pensar de esta manera para que nos ayude a imaginar la esperanza de que se produzca un cambio. "¿Los próximos cinco años de relación van a ser igual que ahora o podemos tratar de imaginar que las cosas pueden cambiar? Nos hemos unido por medio del amor y de los intereses comunes, así que no nos gustaría ver que la otra persona sufre. ¿No podríamos intentar recordar los siete años buenos en lugar de aferrarnos a los cinco años difíciles?" Así es cómo podemos imaginar la esperanza de que se produzca un cambio.

Si las dos personas que participan de una relación son igual de poco juiciosas e incapaces de emprender ninguna acción positiva, lo más probable es que pasen más años de dificultades. Si comenzamos a emprender alguna acción, ése será el comienzo del cambio, que es probable que tenga un impacto positivo en las personas con las que nos relacionamos y que se inicie un cambio mayor. Una vez que tenemos la esperanza de que se produzca un cambio, debemos plantearnos cuándo vamos a cambiar. *¡Ese momento es ahora mismo!* En primer lugar, debemos mostrar la actitud de que no podemos permitirnos perder más el tiempo, sino que debemos actuar aquí y ahora.

Un buen ejemplo de esto es una historia extraída de los *Cuentos de Jakata*, la historia de Angulimala, que había asesinado a novecientas noventa y nueve personas.

Mientras se dirigía a matar a su madre, Angulimala se encontró con Buda. Cuando vio a Buda, Angulimala decidió que iba a asesinar a Buda en lugar de matar a su madre. Se acercó a Buda, que caminaba lentamente, en silencio y con paso firme; pero, por mucho que corría Angulimala, era incapaz de acercarse a él.

Entonces, Angulimala gritó: "¡Detente, detente!". Y Buda respondió: "¡No, detente tú!"

Eso fue una extraordinaria enseñanza para Angulimala. Buda dejó de caminar y dijo a Angulimala: "Me he detenido hace mucho tiempo. Tú eres el que no se ha parado un instante. He detenido hace mucho tiempo las causas de mi sufrimiento: la ira, la violencia y la aversión. Tú no lo has hecho. Estás sujetando un cuchillo en la mano, y llevas a modo de guirnalda los dedos de las personas a las que les has rebanado el cuello. Tu aspecto es feroz, pero no pareces muy contento: ya has matado a novecientas noventa y nueve personas y todavía quieres matar a una más. No has dejado de producir daño y dolor, ni de arrebatar la vida a las personas. Yo ya dejé de hacer eso hace mucho tiempo".

A Angulimala esas enseñanzas le parecieron muy profundas. Buda estaba transmitiendo a Angulimala el mensaje de que si quería dejar lo que estaba haciendo, debería hacerlo ahí y ahora y de que, aunque había matado a muchas personas, nunca era demasiado tarde para dejarlo. No debería pensar que había matado a novecientas noventa y nueve personas y que, por tanto, una más no supondría mucha diferencia. Así pues, Buda dijo: "¡Detente!", queriendo decir que Angulimala debería detenerse ahí y ahora[1]. Angulimala dejó caer inmediatamente el cuchillo y los dedos y abandonó toda su carrera como asesino. Pidió a Buda que le aceptara como discípulo. Ése es el tipo de esperanza de cambio que podemos iniciar en nuestra vida.

Angulimala se dio cuenta de que si dejaba lo que estaba haciendo, podría cambiar. Buda le dijo que la confesión de las acciones no virtuosas cometidas en el pasado es una manera de adquirir méritos de ellos. Explicó a Angulimala que alguien que no se aprovecha de esto simplemente continúa cometiendo acciones no virtuosas. Por el contrario, aquellas personas que se aprovechan de la capacidad para confesar sus acciones no virtuosas aprenden de inmediato los métodos para practicar la confesión y, por extensión, los métodos para desarrollar el perdón en ellos mismos y en los demás.

Una forma de crear una imagen de esperanza en nuestra mente es universalizar el dolor y la miseria que hay en el mundo. No debemos ser demasiado severos con nosotros mismos pensando: "He sido muy mala persona, no merezco estar en este mundo". Sin duda, hemos hecho tantas acciones no virtuosas que posiblemente no nos podemos permitir seguir cometiéndolas. Sin embargo, los sufrimientos que hay en este mundo son enormes en número. Deberíamos tratar de reconocer que los sufrimientos producidos por el egoísmo y por la ausencia de perdón no se dan únicamente en nosotros, sino que se dan en todos los seres vivos que están expuestos a ellos. No somos más que uno de los millones y millones de seres sintientes que se encuentran en la misma situación. Si no nos castigamos demasiado ni nos desanimamos en exceso por nuestro propio pasado, entonces podemos tener la esperanza de que se produzca un cambio. Pero si pensamos que somos la única persona que se encuentra en esta situación y que los demás son mucho mejores que nosotros, podemos sentirnos como si nuestra vida se hubiera desperdiciado completamente y como si no tuviéramos ninguna oportunidad de realizar ningún cambio significativo.

Algunas veces pensamos que los demás están pasando por un momento maravilloso, pero si nos dirigimos a ellos veremos que también tienen una mente atormentada. Ellos también quieren confesar sus obras negativas, pero no han sido fácilmente perdonados en el pasado. Es posible que no hayan confiado en nosotros antes, pero cuando nos cuentan su historia, aunque sea diferente de la nuestra, nos damos cuenta de que sus circunstancias son igual de desdichadas que las nuestras. Cuando empezamos a ver las cosas de este modo, dejamos de tener un concepto tan negativo de nuestros errores, como si no fuéramos capaces de hacer nada para mejorar nuestra situación. Es bueno despersonalizar nuestra negatividad, observando las limitaciones universales de los actos que cometen los seres sintientes. Al igual que Angulimala, muchos de los santos del pasado habían sido antes criminales. Si los criminales del pasado se convierten en buenos santos, eso significa que todavía hay esperanza para nosotros.

Existe otro famoso relato budista sobre Milarepa, un santo tibetano muy reverenciado cuyo pasado no fue tan venerable. Nació en el seno de una familia de campesinos que vivían de la tierra y su padre murió cuando él era muy pequeño. Su padre había pedido a su hermano antes de morir: "Por favor, cuida de mi esposa y de los dos niños, asegúrate de que sus campos se cultivan y de que se recogen las cosechas y cuida del ganado. Hasta que los niños crezcan, por favor, cuida de ellos". El tío y la tía de Milarepa se aprovecharon de la situación, quedándose con todas las riquezas y las tierras. Aunque Milarepa, su madre y su hermana recogían las cosechas de los campos, sólo les entregaban una pequeña porción de tierra y una cantidad miserable de alimento y ropa, que no era suficiente para que pudieran vivir cómodamente. Acabaron siendo muy pobres, aunque la madre de Milarepa sabía cuál era la propiedad que verdaderamente les pertenecía y la porción de cosecha anual y de ingresos a la que tenían derecho.

La madre de Milarepa se enfadó mucho con esa situación y trató de convencer a los tíos de Milarepa de que les dejaran controlar su propia tierra, pero éstos se negaron a hacerlo. La hermana de Milarepa era más joven que él y, por tanto, demasiado pequeña para ayudar a su madre, así que ésta pidió a Milarepa que aprendiera magia negra. Milarepa pensó que era importante hacerlo por el bien de su madre y aceptó abandonar su familia para ir a estudiarla. Una vez que aprendió a practicar la magia negra, regresó junto a su madre.

Milarepa y su madre pensaban que su tío y su tía eran sus enemigos, unos ladrones, unas personas que les quitaron su riqueza y su forma de vida. Utilizando la magia negra que había aprendido, Milarepa hizo que cayera granizo del cielo mientras el hijo de su tío celebraba su boda. Durante la ceremonia, también hizo que un enorme cangrejo descendiera del cielo, desplomándose sobre la tienda donde se estaba celebrando la ceremonia. Como consecuencia de la magia negra de Milarepa, murieron dieciocho personas, incluyendo su tío, su tía y su hijo. Milarepa al principio se sintió muy contento de haber consumado su venganza. Tanto él como su familia habían conseguido recuperar sus tierras, su casa y toda su riqueza.

A medida que Milarepa iba creciendo, comenzó a sentirse atormentado por lo que había hecho. Ahora él y su familia tenían sus tierras y su forma de vida, pero sus actos le atormentaban cada día y eso le impedía conciliar el sueño. Milarepa hablaba constantemente de lo mal que se sentía por lo que había hecho. Su tormento le llevaba a pensar que no quería seguir viviendo. Sólo había intentado cumplir con los deseos de su amada madre, ya que no se sentía capaz de negarse a satisfacerlos. Sin embargo, cuando fue plenamente consciente de lo que había hecho, se sintió atormentado por el arrepentimiento. Acudió a muchos maestros, pero la mayoría de ellos no lo aceptaron. Solían rechazarlo, afirmando que era demasiado pecaminoso, que era un criminal y que no serían capaces de liberarle de lo que había hecho. Cada maestro al que consultaba solía remitirlo a otro maestro. Finalmente, alguien lo remitió a un maestro llamado Marpa.

En cuanto oyó el nombre de Marpa, el cabello de Milarepa se erizó y las lágrimas comenzaron a inundar sus ojos: ¡sabía que era el hombre que podría ayudarle! Después de haber conocido a Marpa, tuvo que soportar varios juicios y tribulaciones, cumpliendo las tareas más difíciles y los entrenamientos más rigurosos y soportando varios castigos. No fue fácil someterse a ellos. Sin embargo, una vez que Milarepa había asimilado las enseñanzas de Marpa, se dio cuenta de cómo él, su padre, su madre, su tío y su tía habían estado engañados en igual medida. No había pensado que había padecido un engaño. Se dio cuenta de que su padre actuó movido por una confianza equivocada; de que su madre actuó movida por su apego y por su deseo de venganza; y de que Milarepa actuó movido por su obediencia ciega y por su lealtad a su madre.

El ansia, la confianza, el apego, la venganza y la lealtad ciega habían sido impulsadas por el engaño, no por la sabiduría. Cada una de las personas implicadas habían sido víctimas de sus propios engaños y de los engaños de los demás. Por tanto, Milarepa dejó de pensar que era el único que se había portado mal. Llegó a darse cuenta de que "si todos seguimos las Cuatro Nobles Verdades, esto llegará a su fin". Por tanto, Milarepa vio un rayo de esperanza y permaneció junto a Marpa, donde siguió recibiendo enseñanzas. Como consecuencia de la práctica que llevó a cabo, ahora es una de las figuras más veneradas del budismo tibetano.

Por tanto, hay mucha esperanza para nosotros. Desarrollar un profundo arrepentimiento y la capacidad para universalizar nuestros sufrimientos y sus causas son dos elementos muy importantes. De lo contrario, tendemos a personalizarlos en exceso, desarrollando un concepto personal negativo. Milarepa, teniendo en cuenta el modo en el que cambió su vida, demostró claramente que se había dado cuenta de que todas las personas implicadas, incluyendo su tío y su tía, su padre y su madre y él mismo, estaban engañadas. Todo el mundo estaba engañado por culpa de sus emociones aflictivas. En realidad no eran conscientes de lo que estaban haciendo; todos estaban tratando de crear las causas de la felicidad, pero en realidad lo único que hacían era producir dolor a los demás. Por tanto, Milarepa no se sentía una persona distinta al resto sino que, por el contrario, pensó que sólo era una más de las muchas personas que habían estado engañadas.

Milarepa estaba firmemente convencido de que tenía que hacer algo al respecto. Milarepa actuó como si su cabello estuviera en llamas y sabía que tenía que apagarlo cuanto antes. Inmediatamente apagó el fuego de sus engaños y, en ese momento, descubrió la manera de evitar estar controlado por ellos en el futuro, siguiendo el camino de las enseñanzas de Buda, a través de la simple disciplina de la práctica[2].

Por tanto, encontrar el camino del perdón consiste en descubrir la manera de realizar los cambios necesarios en nuestro interior. Primero tenemos que saber que el origen o la causa fundamental de nuestro sufrimiento es nuestra naturaleza intransigente. De lo contrario, podemos pensar que mantener nuestra indisposición a perdonar es algo bueno, sintiéndonos orgullosos de la fuerza de nuestro ego y sabiendo que nunca vamos a dar nuestro brazo a torcer. Este tipo de orgullo estéril refuerza nuestro ego, ya que sólo estamos buscando nuestro propio bienestar. Aunque podemos pensar que cuanto más tiempo pasemos sin perdonar, mejor será para nosotros, lo cierto es que es exactamente lo contrario.

Advertir las posibilidades de alcanzar el final de la miseria producida por la ausencia de perdón nos da la esperanza y el optimismo que necesitamos para permitirnos avanzar. Podríamos sentirnos deprimidos porque pensamos que estamos realizando los cambios con demasiada lentitud, o porque carecemos de la confianza necesaria para realizar cualquier cambio. Si es así, sería bueno reflexionar sobre las historias de Angulimala, Milarepa y de otras personas que han realizado cambios profundos en sus vidas. En todas las culturas hay muchas historias como ésta: historias que hablan de cómo las personas pueden hacer cambios radicales en su vida para provocar sorprendentes transformaciones en sus circunstancias. Lo que intentamos aquí es producir ese tipo de transformación en nuestra vida.

*Oración para la paciencia*

Que sepa cuál es la causa de mi angustia
de tal modo que tenga la sabiduría necesaria para
remediarla.
Que renuncie al veneno del egoísmo
de tal modo que me cure del dolor autoinfligido
que conlleva.

¿De qué sirve añorar ser paciente
si mantengo el hábito de negar y de despreciar la ira?
Reconoceré el aumento de la ira
y me detendré a pensar un instante,
dejando que el espacio que existe entre los pensamientos
erróneos se ponga de manifiesto.

Si necesito que los demás reconozcan mi propia valía,
que eso me recuerde la importancia que tiene apreciar a
los demás.
Si desprecio a las demás personas que provocan mi ira
¿con quién aprenderé a cultivar mi paciencia?

Dejaré que mi ira se convierta en el objeto de mi paciencia,
para que así se transforme en un amigo con el que pueda
interactuar.
Si no soy capaz de captar los pensamientos erróneos que
 se convierten

en ira rezaré para tener la determinación necesaria que me
impida expresarlos.

Cuando la ira me inunda, entrando con estrépito en mi
espacio de paz, no levantaré una barrera para prevenirla
sino que dejaré que sea absorbida en el espejo de la
paciencia para que ilumine el vacío que hay en mí mismo
y en los demás.

Un viejo amigo me ha dado la espalda.
Si trato de satisfacerle, su ira será totalmente en vano.
Cuando trato de no hacerlo, mi ego se siente infeliz por
su pasividad.
En esos momentos de desesperación, deseo recordar la
virtud de la paciencia.

Cualquier consejo sobre sus obligaciones produce ira
E impiden mis acciones virtuosas.
Si sigo mostrándome indiferente, se sentirán ignorados
¡Pobre de mí! Los terrenales son difíciles de agradar.

Producir dolor y eliminar su causa
es una tarea difícil de realizar, pero tiene unas
consecuencias notables.

No rezaré para guardarme de las penalidades
sino que las afrontaré sin sentir ningún miedo.

No rogaré para que cese mi dolor,
sino que rogaré para tener el corazón que me permita
conquistarlo.

No deseo tener valor para juzgar a los demás,
sino para sentirme incómodo por el vicio de la hipocresía.

## EL CAMINO DEL PERDÓN

El paso siguiente es encontrar el camino que conduce al perdón: ¿cómo comenzamos a avanzar por el camino que conduce al perdón? Ésa es la Cuarta Noble Verdad, la verdad del camino de la cesación del sufrimiento. En primer lugar, debemos engendrar el poder del arrepentimiento positivo, porque hasta ahora lo que hemos tenido es un arrepentimiento negativo. El arrepentimiento negativo se convierte en culpabilidad: nos sentimos tan mal que no somos capaces de creer que podemos hacer algo para cambiar nuestra situación. No necesitamos que nadie nos ayude para sentirnos culpables: no necesitamos las tradiciones religiosas; no necesitamos los talleres; no necesitamos las enseñanzas sobre cómo sentirnos culpables. Lo que tenemos que hacer es convertir nuestra culpabilidad, o nuestro arrepentimiento negativo, en arrepentimiento positivo.

El arrepentimiento en el estudio budista de la naturaleza de la mente se considera como un pensamiento neutral, que puede inclinarse hacia lo positivo o hacia lo negativo. La mayor parte del tiempo tendemos hacia el arrepentimiento negativo, haciéndonos sentir culpables y empeorando nuestra situación. Por otra parte, el arrepentimiento positivo consiste en confiar en nuestra capacidad de producir un cambio. Debido a nuestra propia naturaleza intransigente, casi nos perdemos a nosotros mismos, pero ahora vamos a recuperarnos, en el nombre de nuestro propio bienestar. Nos damos cuenta de que principalmente queremos ser bondadosos, queremos perdonar; no queremos hacer daño a los demás ni a nosotros mismos. Esos principios están profundamente arraigados en nuestro instinto, en nuestros sueños y en nuestras esperanzas, pero son básicamente buenos. Podemos recuperarnos a nosotros mismos una vez que comenzamos a crear un inventario de acciones virtuosas, confiando en las buenas intenciones que ponemos en nuestros actos. Deberíamos concentrarnos en lo que hemos hecho bien. No tenemos que pensar en las acciones no virtuosas que hemos cometido, puesto que eso es algo que siempre se nos ha dado muy bien y no hemos sacado demasiado beneficio de ello. Ahora deberíamos tratar de recordar todas las cosas buenas que hemos hecho, independientemente de lo pequeñas que pueden haber sido, para recuperar nuestra confianza en nosotros mismos.

Necesitamos aprovechar las infinitas posibilidades que tenemos en la vida. Nuestra vida está determinada en gran medida por las decisiones que tomamos. En el pasado, algunas veces hemos tomado decisiones equivocadas, pero ahora deberíamos tratar de ver los otros muchos caminos que se abren ante nuestros ojos. Podemos considerar la posibilidad de tomar otros caminos para resolver nuestros problemas, encontrando un significado infinito en los múltiples caminos que hay para resolverlos. Como teníamos una actitud tan negativa y nos sentíamos culpables, no éramos capaces de ver ninguna posibilidad; sólo parecía haber callejones sin salida ante nosotros.

Podemos derribar los muros que hemos levantado a nuestro alrededor, del mismo modo que fue derribado el Muro de Berlín. Este acontecimiento causó una enorme alegría en muchas personas, ya que la caída del muro hizo que se vieran inundados por una sensación edificante. Estos dos bandos, ambos alemanes, simplemente habían levantando un muro entre ellos. La mayor parte del tiempo no tenían nada en contra el uno del otro. La construcción del muro sólo se debió a la política de sus respectivos regímenes. Ocultas tras de un muro, muchas personas que estaban a ambos lados se sentían como si estuvieran atrapadas. Y, de hecho, *estaban* atrapadas y cuando advirtieron este hecho y derribaron el muro, se dieron cuenta de que sólo había sido un muro creado por el hombre. Sólo aquellas personas que lo habían levantado podían derribarlo, de tal modo que su país dividido pudiera volver a convertirse en uno solo. En realidad nunca llegó a haber dos países. Sólo había un país dividido por la confusión, la ira, el apego, el poder y la falta de entendimiento. De igual modo, los muros que levantamos entre nosotros y los demás nos separan por medio de nuestras percepciones equivocadas, como la ira y la ausencia de perdón.

En eso consiste aprovechar las opciones infinitas: en darnos cuenta de que podemos realizar una serie de cambios aceptando que tenemos que asumir la responsabilidad por los daños que ocasionamos. Para poder asumir la responsabilidad de las cosas, debemos darnos cuenta de que, a pesar de que los múltiples errores que hemos cometido, éstos se han debido a muchas causas y condiciones. Las causas y las condiciones principales han sido nuestros propios actos y nuestra conducta. Si hubiéramos sustraído nuestra propia conducta negativa de esas causas y condiciones, el aguijón se habría podido extraer. En el futuro, tenemos que sustraer de las situaciones todo lo que por nuestra culpa haya hecho que estemos pasando por esas dolorosas experiencias. De lo contrario, estaremos incapacitados y trataremos de hacer responsables a los demás de nuestras experiencias. Si lo hacemos así, tendremos que esperar a que ellos cambien milagrosamente, algo que puede que no suceda en mucho tiempo, si es que alguna vez llega a pasar.

Al capacitarnos a nosotros mismos para asumir la responsabilidad, debemos reconocer que la manera en la que respondemos puede determinar el resultado de nuestras circunstancias. Independientemente de lo mala que pueda ser la provocación de los demás, e incluso de que implique cierto grado de crueldad, el peso de nuestros problemas no será tan difícil de arrastrar, siempre y cuando no reaccionemos reproduciendo esa misma negatividad. Al menos no haremos que la situación empeore, dándole vida para que pueda continuar. Una vez que hemos asumido la responsabilidad de nuestra actitud podemos acabar con el modo de pensar que conduce a la continuación de nuestros problemas.

En muchos sentidos, la práctica del perdón es un proceso muy enérgico. En el pasado, nos mostramos muy severos hacia los demás, pero de una manera torpe. No pudimos cambiar por culpa de nuestra estupidez, así que nuestra firmeza fue malgastada. Era una firmeza motivada por el ego, sin la menor sabiduría o compasión, por no hablar del perdón. La firmeza que ahora necesitamos cultivar consiste en mirar en nuestro interior para evaluar cómo hemos actuado en el pasado. Con ello, podemos descubrir los actos que hemos emprendido y que no han producido un resultado beneficioso. También podemos considerar aquellos actos que no hemos podido emprender y que podrían habernos producido un beneficio.

Para ayudarnos a conseguir esto, sería conveniente encontrar los modelos de conducta que nos infundan inspiración y valor. Podríamos pensar en las historias de Angulimala y Milarepa como ejemplo de modelos de conducta adecuados. Sin embargo, existen muchos ejemplos de personas que pasaron por muchas dificultades y penalidades y que fueron capaces de sobreponerse a ellas. Nelson Mandela y Mahatma Gandhi son buenos ejemplos. Ambos fueron prisioneros que se convirtieron en líderes nacionales: uno de ellos llegó a ser presidente y el otro fue un reverenciado líder espiritual. Ambos fueron reconocidos mundialmente por su enfoque sobre los derechos humanos.

Todo lo que Nelson Mandela hizo cuando llegó al poder en Sudáfrica, lo hizo por una causa, por los ideales que sostenía. Todo el mundo reconoció su extraordinaria determinación: cómo estuvo dispuesto a compartir su poder y a implantar la democracia, dando así a todo el mundo las mismas oportunidades. No dijo a los blancos que vivían en su país: "Como nos habéis esclavizado, ahora es el momento de hacer lo mismo con vosotros".

Si, del mismo modo, tenemos la poderosa determinación para cambiar y para confiar en la bondad que albergamos en nuestro interior, con independencia de las dificultades que podamos haber atravesado, llegará un momento en el que las nubes de nuestro infortunio se disipen y la luz del sol nos ilumine completamente. Sería conveniente no seguir viendo esta situación tal y como lo hicimos en el pasado.

Para vislumbrar la idea de perdonar a los demás, tenemos que darnos cuenta de que, a pesar de nuestras actuales percepciones que tenemos de ellos, un día los veremos de manera distinta. Deberíamos reconocer que las percepciones que tenemos actualmente de los demás, o el estado de nuestras relaciones, se crearon a lo largo de un periodo de tiempo, pero que no permanecerán así para siempre. Nuestros puntos de vista actuales pueden ser completamente contrarios a las percepciones que hayamos tenido anteriormente. Al principio, nuestra relación podría haber sido maravillosa, pero ahora se ha agriado temporalmente. Podemos regresar a la situación anterior, que parece estar tan alejada de nuestras circunstancias actuales, tomando la decisión de perdonarnos a nosotros mismos y a los demás.

Una vez que hemos decidido cuál es el momento apropiado para acercarnos al objeto de nuestro perdón, primero debemos perdonarnos a nosotros mismos antes de dirigirnos a los demás para perdonarlos. De lo contrario, podríamos considerarnos a nosotros mismos como una especie de rescatadores, demostrando una actitud en la que, una vez que los hayamos perdonado, ya pueden desaparecer y olvidarse de ello. En primer lugar, deberíamos perdonarnos sinceramente a nosotros mismos por albergar resentimiento y malicia en nuestra mente durante tanto tiempo. Por culpa de nuestro egoísmo, despreocupación e ira, hemos realizado actos y hemos demostrado conductas que eran completamente autodestructivas. Deberíamos tener una sensación de tristeza, sabiendo que hemos actuado de esa manera por culpa de nuestra ignorancia. A continuación, podemos mantener un diálogo interior: "Ahora que sé en qué me equivoqué en el pasado, por favor no permitas que siga cometiendo los mismos errores en el futuro". Debemos tratar de ser muy convincentes con nosotros mismos, ya que estamos tratando de cambiar unos patrones de conductas habituales arraigados desde hace mucho tiempo.

Hay cuatro formas de convencernos a nosotros mismos para practicar el perdón. En primer lugar, necesitamos dirigirnos con afecto a nosotros mismos, utilizando palabras bondadosos para crear una imagen de nosotros que sea digna de recibir esas palabras afectuosas. Por ejemplo, podríamos decirnos interiormente: "Futuro Buda, por favor escúchame. Estoy seguro de que tienes la capacidad necesaria para encontrar la manera de perdonar". Algunas veces nos etiquetamos a nosotros mismos, calificándonos de estúpidos, idiotas, enfadados o deprimidos. Pero ya no vamos a pensar así nunca más. En lugar de decir que somos estúpidos, comenzaremos a sentir que somos sabios: "Estoy leyendo este libro y con su ayuda estoy empezando a ver los beneficios que otorga el perdón. Estoy realizando progresos que son buenos para mí". De este modo, tratamos de inspirarnos a nosotros mismos con la persuasión de las palabras afectuosas.

El segundo tipo de persuasión es hacernos a nosotros mismos o a los demás un regalo, afirmando: "Éste es el regalo que me hago a mí mismo, por favor continúa con el proceso de cambio". Nos obsequiamos a nosotros mismos con una recompensa para dar los pasos necesarios que nos permitan cambiar. Nos mostramos generosos con nosotros mismos, comprando comida o ropa, o yendo a un lugar especial. La recompensa podría ser comprarnos un libro interesante escrito por Su Santidad el Dalai Lama, con su rostro sonriéndonos en la portada. Cuando pensamos o decimos, "Esto es para ti, cariño", practicamos la generosidad en nosotros mismos. Es un gesto agradable, un regalo sincero que nos hacemos.

Si pensamos que esto no es fácil de conseguir, podemos entregarnos simbólicamente el regalo desde la mano derecha a la mano izquierda; o desde la mano izquierda a la mano derecha; o desde la mesa a nuestro regazo. Es muy importante pensar que hemos recibido algo valioso de nosotros mismos, ya que eso nos servirá tanto para el presente como para el futuro. Cuando hacemos esto, estamos practicando la persuasión a través de la generosidad con nosotros mismos.

El tercer medio de persuasión es tomar la iniciativa y hacer cosas significativas que supongan un paso positivo hacia la reconciliación entre nosotros mismos y los demás. Como una acción puede conducir a la otra, concentrarse en una iniciativa positiva puede marcar el tono que nos permita tender un puente entre nosotros mismos y los demás, así como fortalecer nuestra amistad. Es una práctica de estimulación activa que sirve para animarnos a todos. Delegamos en nosotros mismos y en los demás para hacer cosas específicas y dedicar esos actos a la causa de ser capaces de perdonar y de seguir adelante.

El cuarto tipo de persuasión consiste en llevar a cabo actividades que concuerden con el temperamento y la predisposición de otras personas que puedan beneficiarse de la práctica activa y eficaz del perdón. Tratamos de hacer cosas que sean del agrado de los demás, de tal modo que se sientan positivamente persuadidos por nuestras acciones virtuosas. Para poder ejercer una influencia positiva en los demás, debemos salirnos de nuestro camino para satisfacer sus necesidades.

Podemos utilizar este proceso en nuestras interacciones con los demás, convenciéndolos para que también practiquen el perdón a través de esos cuatro tipos de persuasiones. Cuando hablamos de alguien a quien queremos perdonar en el futuro, deberíamos hablar de él con cariño a los demás, ya que eso puede resultar muy persuasivo cuando escuchen lo que tenemos que decir de ellos. Esto requiere una acción verdaderamente sincera, desarrollada a lo largo de cierto tiempo, de tal modo que no la estemos forzando. Si hemos empleado primero una técnica persuasiva de discurso bondadoso en nosotros mismos, con resultados tangibles, nos daremos cuenta de que somos capaces de hablar bondadosamente de los demás de manera más resuelta. Aunque tengamos muchas diferencias y dificultades pendientes, podemos dar el primer paso para solucionarlas utilizando un discurso más bondadoso cuando hablemos de los demás.

La aplicación de las cuatro persuasiones es un punto de partida muy adecuado. No consiste en dirigirse directamente a alguien y perdonarle sin una preparación previa, sino que se trata de tender un puente que nos permita llegar hasta los demás. Por ejemplo, la aplicación de la segunda de las persuasiones consiste en dar regalos a uno mismo y a los demás. Uno puede practicar dar a los demás un regalo en un momento o en un lugar cuidadosamente elegido. La generosidad reconforta a los demás, como si estuviéramos enviando una tarjeta que dijera que nos estamos preparando para perdonar. Deberíamos dar lo que podamos: alabanzas, flores o quizás una representación simbólica de la buena voluntad que tenemos hacia ellos.

Dar tiempo a los demás o simplemente pensar bondadosamente hacia ellos es una forma de dar. No tenemos que dar necesariamente algo de naturaleza material. Algunas veces, podemos practicar la bondad hacia la persona simplemente meditando en la propia bondad (véase la meditación que se detalla en la tercera parte, página 187). Esto se convierte en la persuasión de ofrecer amor, tanto a los demás como a nosotros mismos. La meditación en el amor y en la compasión es muy adecuada para acercarnos a los demás y para eliminar la frialdad que produce la distancia. Al entregar amor, creamos el calor del afecto, de la gratitud y del perdón. La meditación en el amor demuestra una generosidad muy profunda. Si estamos realizando esta meditación para cultivar el perdón, podemos dedicarla para beneficio de todos aquéllos que quieran perdonar.

La dedicación es otra forma de dar. Si todavía no estamos preparados para practicar el perdón hacia los demás, podemos dedicar cualquier cosa que hayamos conseguido para su beneficio. Eso es persuadirse a uno mismo para practicar el perdón a través de la generosidad. De igual modo, podemos adaptar los otros dos tipos de persuasión a nuestras interacciones con los demás.

## EL NOBLE ÓCTUPLO SENDERO

Hasta ahora hemos analizado los pasos de preparación en el camino de la cesación del sufrimiento, la Cuarta Noble Verdad. Entre estos pasos se incluye engendrar un arrepentimiento positivo, confiando en poder producir un cambio, asumiendo la responsabilidad de nuestros propios actos, decidiendo perdonarnos a nosotros mismos, practicando las cuatro persuasiones y así sucesivamente.

Cuando Buda nos enseñó las Cuatro Nobles Verdades como su primera enseñanza después de su Iluminación, nos enseñó que la cesación de nuestro sufrimiento, que se debe a nuestras propias emociones perturbadoras, sólo se puede alcanzar cuando nos comprometemos a realizar una preparación física, emocional y espiritual. Para este fin, nos enseñó el Noble Óctuplo Sendero, al que consideraba el camino de la preparación que ayudaría a los demás a alcanzar la misma Iluminación que él mismo había logrado. Este Noble Óctuplo Sendero es en sí mismo la Cuarta Noble Verdad, el sendero que conduce a la cesación del sufrimiento.

Para llevarnos a nosotros mismos hasta este camino, debemos comprometernos; debemos ser un pasajero que practica con el ejemplo. La aplicación del Noble Óctuplo Sendero es nuestro esfuerzo decidido a asegurar que nuestra conducta física, verbal y mental es la adecuada. Por ejemplo, en el pasado, algunos de nuestros hábitos equivocados de tipo físico, mental y verbal han supuesto un obstáculo para nuestra capacidad de desarrollar el perdón.

Buda nos enseñó que el Noble Óctuplo Sendero comprendía los Tres Adiestramientos Superiores: el Adiestramiento Superior de la Ética, el Adiestramiento Superior de la Concentración y el Adiestramiento Superior de la Sabiduría.

El Adiestramiento Superior de la Ética tiene tres aspectos: el recto lenguaje, la recta acción y los rectos medios de vida, el Adiestramiento Superior de la Concentración también tiene tres aspectos: el recto esfuerzo, la recta atención y la recta concentración; y el Adiestramiento Superior de la Sabiduría tiene dos aspectos: el recto entendimiento y el recto pensamiento.

El Noble Óctuplo Sendero se puede considerar de dos maneras: tradicionalmente se practica en el orden citado arriba, primero con el Adiestramiento Superior de la Ética, luego con el de la Concentración y por último con el de la Sabiduría.

La razón por la cual se practica en el orden descrito arriba es porque sin la adecuada atención a la ética, que supone respetar las vidas, las relaciones y las propiedades de los demás, no es posible alcanzar la permanencia apacible o concentración (la relajación de nuestra mente que está normalmente distraída). De igual modo, no es posible alcanzar la sabiduría que puede percibir la verdadera naturaleza de nuestra existencia sin haber calmado y enfocado primero nuestra mente. En realidad, tanto si consideramos el Noble Óctuplo Sendero tal y como se enseña tradicionalmente como si lo practicamos tradicionalmente, cada uno de los ocho aspectos del sendero están interrelacionados y no se pueden tratar por separado.

Una analogía que explica por qué se enseña primero el aspecto más filosófico del sendero –el Adiestramiento Superior de la Sabiduría- es la del deseo de escalar una montaña. Para escalar una montaña, primero debemos saber que la cima existe. Durante nuestro viaje para alcanzarla, debemos tener siempre la cima a la vista o, de lo contrario, nos desviaremos del camino que conduce hasta ella. Por tanto, también debemos reconocer en todo momento que nuestro objetivo para cultivar virtud y desarrollo mental es alcanzar la sabiduría, ya que es el único medio de extinguir completamente nuestras emociones negativas.

Una vez que hemos practicado las seis primeras etapas del Noble Óctuplo Sendero, seremos capaces de cultivar el recto entendimiento. Éste consiste en establecer el punto de vista adecuado de nuestra vida. Cuando tenemos el recto entendimiento, nos sentimos más capacitados para ver la naturaleza transitoria de cualquier dificultad que sigamos encontrando. Como el sufrimiento prevalece en todo lo que vemos, no nos tomamos nuestro propio sufrimiento de manera demasiado personal. Como somos conscientes de que nos rodea mucho sufrimiento, comenzamos a utilizar nuestro propio sufrimiento como una razón para desarrollar más compasión, en lugar de tratar de evitarlo, tal y como hacíamos en el pasado.

Reconocer el sufrimiento es como tener un extraordinario maestro que nos permite contemplar la naturaleza de nuestra existencia. Así es como desarrollamos el recto entendimiento. Eliminar, negar o despreciar el sufrimiento es la consecuencia de nuestro aferramiento a los puntos de vista erróneos. Por ejemplo, nuestra convicción pasada de que nuestras dificultades se debieron a algún tipo de castigo divino, o a que éramos víctimas de los actos equivocados cometidos por los demás, eran puntos de vista erróneos.

Debemos reconocer los sufrimientos en cuanto aparecen, pero sabiendo que en realidad son transitorios. Además, podemos reconocer que el sufrimiento no se desvanece cuando lo rechazamos, sino que sólo se elimina cuando lo experimentamos completamente y lo transformamos en otra cosa. De este modo, llegaremos a darnos cuenta de que el sufrimiento al que hemos estado expuestos, y que hemos despreciado tanto, en realidad nunca existió tal y como lo percibimos. Cuando tenemos este nivel de conocimiento, estamos desarrollando el recto entendimiento. Si, incluso en mitad del sufrimiento, seguimos aferrándonos firmemente a este recto entendimiento, nuestra mente se liberará de nuestras percepciones erróneas.

No podremos mantener los primeros tres aspectos del Noble Óctuplo Sendero tal y como se practican —recta acción, recto lenguaje y rectos medios de vida- si no contamos con un pensamiento recto. Tenemos que mostrar la actitud adecuada cuando analicemos el daño producido por nuestro egoísmo y por la ignorancia que invade a nuestra mentalidad intransigente. Debemos verlo como algo venenoso y tratar de encontrar el antídoto adecuado para curarlo: la práctica del perdón. Debemos ser capaces de ver la importancia que tiene apreciar el bienestar de los demás como el único modo de dar la espalda al egoísmo pasado con el que ya no deseamos asociarnos. De aquí en adelante, estaremos decididos a asociarnos con los ideales de altruismo. El beneficio de los demás ahora se convertirá en nuestra principal prioridad. Como es la causa de nuestra propia felicidad y de la de los demás, es una actitud que emana de haber desarrollado el recto pensamiento.

Cuando desarrollamos el altruismo, podemos ver la futilidad de haber estado preocupados por tantas cosas en el pasado, y nos damos cuenta de que ya no tenemos que preocuparnos más. Una vez que hemos cultivado una actitud altruista, recurrimos a un modo de vida más sencillo y nos contentamos con aquello que tenemos. Para poder vivir de forma más sencilla, comenzamos a despojarnos de los objetos de deseo a los que antes estábamos aferrados: riqueza, posesiones, relaciones o puntos de vista inflexibles.

Aunque seamos muy diligentes practicando el recto lenguaje, la recta acción y los rectos modos de vida, habremos desarrollado la actitud equivocada si sólo lo hacemos para probar nuestra piedad comparándola con la de los demás. Si nuestros actos se tiñen de esta actitud, no serán beneficiosos para nadie. Por tanto, nuestra práctica de los primeros tres pasos en el Noble Óctuplo Sendero siempre debe estar apoyada por el recto pensamiento o intención.

Deberíamos procurar no utilizar un discurso mentiroso. Además, deberíamos reconocer que es mejor no entablar una conversación insustancial, chismorrear, criticar o echar las culpas a los demás. Cuando nos damos cuenta de cómo son esas formas de discurso y reconocemos que sólo hacen que los problemas de nuestra relación sean más profundos, estamos empezando a aplicar los principios del recto discurso. Deberíamos hablar con bondad, sinceridad y honestidad y no entrar en ningún discurso negativo sobre las personas con las que compartimos nuestras vivencias. Deberíamos utilizar nuestro discurso únicamente para solucionar problemas, y no para agravarlos. De este modo, entraremos en la práctica del adiestramiento verbal del lenguaje recto.

De igual modo, iniciamos un adiestramiento físico, eliminando las actuaciones físicas que resulten dañinas para los demás, como la agresión. No sólo dejamos de hacer esas cosas que podrían dañar a los demás, sino que también comenzamos a emprender cualquier acción física que esté dirigida al impulso de su bienestar. Por tanto, debemos identificar qué aspectos de nuestra conducta física deberíamos refrenar cuando estemos con los demás. Para ello, debemos tener en cuenta los principios de la recta acción, que significan respetar la salud física, el bienestar, las propiedades y las relaciones de nosotros mismos y de los demás.

Estas dos etapas del sendero conocidas como el recto lenguaje y la recta acción producen de manera natural la tercera etapa: los rectos medios de vida. Cuando vivimos en un modo de vida adecuado, refrenándonos de causar daño con nuestro lenguaje y con nuestras acciones físicas, nos sentimos completos y realizados. Vivimos de manera más holística. Nos damos cuenta de los beneficios que produce evitar ganarnos la vida de una manera que pudiera producir daños a los demás. Evitamos hacer cualquier cosa que pudiera suponer una amenaza para su vida, para sus relaciones o para sus posesiones.

También debemos aplicar el recto esfuerzo a esos adiestramientos verbales y mentales, así como a las etapas de adiestramientos superiores de concentración y sabiduría. El recto esfuerzo consta de cuatro aspectos:

- Eliminar los hábitos negativos físicos, verbales y mentales que hagan daño a los demás.
- No introducir ninguna nueva acción negativa de tipo físico, verbal y mental que pudiera hacer daño a los demás.
- Tratar de hacer cosas buenas para beneficiar a los demás que no hayamos hecho antes.
- Tratar de aumentar las acciones virtuosas que ya hayamos hecho, como utilizar un lenguaje bondadoso con mayor frecuencia.

Para poder mantener los anteriores cuatro aspectos de recto esfuerzo que hemos practicado, tenemos que desarrollar una recta atención. Tenemos que practicar la atención en todo momento. No hay un momento en el que nos podamos permitir relajarnos, pensando que ya dedicamos la suficiente atención. La atención es algo que debemos aplicar a todos los aspectos de nuestra vida, y no sólo a cualquier práctica formal que llevemos a cabo.

Para poder asegurar que podemos aplicar la atención a nuestra vida cotidiana, tenemos que aprender a desarrollar la recta concentración a través de la meditación. Necesitamos aprender a practicar la meditación y, en particular, las técnicas de meditación que conducen a la permanencia apacible que vimos en las páginas 68-76.

*Versos sobre la atención*

> Aquél que antes vivía en la negligencia
> pero que, entonces, dejó de ser negligente.
> Ése ilumina al mundo
> Como la luna que emerge de las nubes.

> Aquél que repasa las malas acciones que cometió
> haciendo a cambio acciones virtuosas.
> Ése ilumina a este mundo
> como la luna que emerge de las nubes.

> Los que riegan, canalizan el agua;
> los arqueros enderezan la flecha.
> Los carpinteros tallan la madera,
> pero los sabios se disciplinan.

> Algunos se disciplinan a base de golpes,
> otros con puyas y algunos con látigos;
> pero yo fui disciplinado sólo
> por aquél que no tiene palos ni armas.

> El ignorante carece de sentido
> y es indulgente con la inatención;

pero el hombre sabio custodia la atención
como si fuera su mayor tesoro
No os recreéis en la negligencia,
no intiméis con los placeres sensoriales.
El hombre que medita con diligencia,
verdaderamente alcanza el gozo perfecto.

Libre de toda ansia, sin aferramiento,
con los sentidos en guardia, bien controlados.
He arrancado la raíz de mis miserias.
He alcanzado el final de todas las manchas.

Una vez eliminadas todas las ataduras.
Una vez eliminadas las preocupaciones del corazón,
el pacífico puede dormir plácidamente,
ya que ha alcanzado la paz mental.

Conquista al hombre airado a través del amor,
conquista al hombre de mala voluntad a través de la
bondad, conquista al avaro mediante la generosidad
conquista al mentiroso mediante la verdad.

La atención es el camino hacia la inmortalidad,
La falta de atención es el sendero hacia la muerte.
Los que están atentos no mueren;
Los que no lo están es como si ya hubieran muerto.

## *La atención y el Noble Óctuplo Sendero*

Muchas personas ignoran las técnicas básicas de la atención,
como las del propio Buda: sentarse y desarrollar plena consciencia de nuestro cuerpo, nuestros sentimientos, nuestros
pensamientos y los objetos que percibimos. Si no tenemos
un adiestramiento formal meditativo ni llevamos a cabo
una práctica meditativa, no podemos desarrollar la plena
consciencia en nuestra vida diaria. La recta atención sólo se
alcanza cuando se ha cultivado la recta concentración.

Resulta sencillo ver cómo esas dos etapas del Noble Óctuplo Sendero —la recta atención y la recta concentración- están conectadas. De hecho, las ocho etapas del sendero son como los radios de una rueda: si faltara alguno de ellos, la rueda no nos podría llevar a donde queremos. A lo largo de esas ocho etapas del sendero, llevamos a cabo un adiestramiento físico, emocional y espiritual, de tal modo que ya no volvemos a sentirnos confundidos con facilidad, a desarrollar percepciones equivocadas ni a crear conflictos mentales. Tanto si estamos meditando como si no, este Noble Óctuplo Sendero es un modelo para nuestro desarrollo de la felicidad y de la satisfacción. No es una doctrina ni un punto de vista filosófico; no es un uniforme que tengamos que lucir; no es una escuela ni una tradición a la que debamos pertenecer.

Se llama el Noble Óctuplo Sendero porque aquél que avanza a lo largo de estas etapas del sendero será ennoblecido por sus esfuerzos; será capaz de alcanzar un estado de conciencia superior. No repetirá los mismos patrones habituales de conducta que en el pasado le han llevado al sufrimiento. Ése es el verdadero valor que tiene llevar a cabo este adiestramiento físico, emocional y espiritual.

Tenemos que adiestrarnos en la práctica del Noble Óctuplo Sendero antes de ser verdaderamente capaces de perdonar a los demás. Debemos desarrollar mucho conocimiento para ser capaces de conseguirlo. Una vez que hemos desarrollado una percepción más holística de nuestras vidas y somos capaces de sentirnos agradecidos y satisfechos con la manera en la que están las cosas, podremos ensayar el acto del perdón.

Para ensayar el proceso del perdón, podríamos redactar una carta para comprobar si realmente estamos dispuestos a perdonar o no. ¿La estamos escribiendo por el placer de hacerlo o porque estamos seguros de que servirá para algo? Podemos ensayar el perdón redactándola, o leyéndola en voz alta. Podemos tratar de conseguirlo empleando una serie de métodos, sin asumir necesariamente que actuamos obligados por alguien.

La oportunidad de expresar nuestro perdón puede no dar resultado, pero al menos debemos ensayarla mentalmente. Como consecuencia de ello, el perdón puede venir de nuestra propia mano. Pero hay algunas cosas que no podemos cambiar en los demás y, por tanto, es posible que nuestro perdón no sea recíproco. Si esto sucede, lo mejor es no concentrarnos en el hecho de que los demás no han cambiado como lo hemos hecho nosotros. Es más útil concentrarse en lo que está cambiando, o en lo que puede cambiar, dentro de nosotros mismos. No tenemos que preocuparnos por las personas a las que queremos perdonar, ya que ellos probablemente también están tratando de cambiarse a sí mismos, aunque puede que no nos demos cuenta de ello.

Resulta peligroso pensar que somos los únicos que están interesados en el perdón y que los demás están atrapados en una mentalidad intransigente. En lugar de realizar dicha suposición, deberíamos conceder a los demás el beneficio de la duda, considerando que es posible que también estén esforzándose para perdonarnos. Necesitamos concentrarnos en mostrar afecto a los demás y en conservar la fe en que sus intentos por cambiar pueden ser tan beneficiosos como los nuestros.

Cuando empezamos a pensar de este modo, nos estamos preparando para practicar verdaderamente el perdón. No sólo estamos trabajando en lo que tenemos que hacer, sino también en la buena voluntad que necesitamos demostrar hacia los demás, aceptando que es probable que ellos también deseen cambiar. Cuando nos hemos sometido a este adiestramiento y somos capaces de aplicarlo a lo largo de nuestra vida cotidiana —no sólo en nuestra meditación y en nuestras interacciones con la comunidad que apoya nuestra práctica- empezamos a danos cuenta de lo importante que es. Nos invade una sensación interior de curación y ahora somos capaces de discernir si podemos curar a los demás y a nuestras relaciones aplicando todo lo que hemos aprendido. Lo importante no es en qué medida podemos sanarnos a nosotros mismos, sino en qué medida somos capaces de desarrollar el poder necesario para mejorar nuestras relaciones con los demás.

Cuando tenemos en cuenta las consecuencias del perdón, comenzamos a pensar en los efectos que tendrá. Imaginamos el beneficio del perdón, cómo puede ayudarnos a disipar tantos problemas que han estado atormentando nuestra mente. Debemos tratar de eliminar esos pensamientos innecesarios de nuestra mente, uno a uno, de tal modo que seamos capaces de reconocer lo bien que nos podemos llegar a sentir sin ellos. Podemos volver a imaginarnos a nosotros mismos como seres ligeros, libres, espaciosos y felices. Necesitamos hacer el esfuerzo necesario para imaginar, o visualizar, las cualidades que podemos desarrollar interiormente gracias a nuestro perdón.

Para conocer la intemporalidad del perdón, necesitamos saber cuánta sanación interior hemos alcanzado. Podemos experimentar esto como un sentimiento indestructible de competencia y de confianza que despunta en nuestra mente, como si se hubiera abierto un nuevo horizonte ante nuestros ojos. No nos tendrán que comunicar que ha sucedido, puesto que lo sabremos de manera intuitiva. En lugar de sentirnos confundidos y pesados al aferrarnos a cosas innecesarias, nos sentiremos espontáneos y ligeros, ya que nos hemos despojado de todas las ilusiones que antes considerábamos ciertas. Comenzamos a darnos cuenta de que, una vez que levantamos el velo de la intransigencia que ha ensombrecido y cargado nuestras cabezas, somos capaces de reconocer que el sol ha estado brillando por encima de nosotros durante todo este tiempo.

Otros han estado esperando a que nuestra bondad se manifieste. En el pasado, nuestros viejos temores, dudas y ansiedades hicieron que nuestro velo fuera más tupido y oscuro, mientras los demás trataban de llegar hasta nosotros de la mejor manera que podían. Quizás su orgullo algunas veces no les permitía expresar esto, porque todos estamos en etapas distintas de entendimiento, pero deberíamos creer que lo estaban intentando. ¿Cómo sabemos que los demás no han estado también tratando de cambiar? Podríamos haber estado evitándolos durante un tiempo, así que, ¿cómo vamos a saber lo que han hecho para solucionar los problemas que existen entre nosotros? Es probable que hayan hecho muchas cosas para tratar de tender un puente que cubra el vacío que existe entre nosotros. De hecho, es posible que nos sorprenda saber que se han esforzado tanto como nosotros.

Sólo a través del desarrollo de la confianza en los demás seremos capaces de ser puntuales en la expresión de nuestros sentimientos. Si no somos capaces de imaginar que los demás tienen la misma buena voluntad que nosotros, si por el contrario creemos que nos son capaces de perdonar y que entonces tenemos que hacerlo nosotros, volverán a aparecer los problemas. Comenzaremos a sentirnos egocéntricos, creyendo que hemos mostrado buena voluntad pero que ellos no lo han hecho así. Debemos recordar que, al igual que nosotros, los demás son víctimas del velo de sus estados de ánimo temporalmente engañosos, y que debajo de ese velo son personas básicamente buenas.

Cuando somos capaces de separar a los demás de sus hábitos o de sus conductas, la "plenitud" de la persona se vuelve perdonable, porque es básicamente buena. Reconocemos que los demás estaban temporalmente asociados a sus engaños. Cuando separamos los engaños de la persona, los demás dejan de parecernos tan malos como creímos. Mostrar la actitud adecuada hacia los demás —amor, compasión, altruismo y perdón- nos ayudará a desarrollar la determinación necesaria para practicar el perdón teniendo un concepto bondadoso de ellos.

Debemos borrar los pensamientos negativos que albergamos hacia los demás e instalar pensamientos positivos hacia ellos. De lo contrario, será como hacer que el mismo negativo tome la misma fotografía una y otra vez: no conseguiremos sacar ninguna nueva imagen. Debemos utilizar un nuevo carrete, ya que eso nos ayudará a conseguir la determinación necesaria para practicar el perdón cuando pensamos bondadosamente en los demás.

## LOS CUATRO PODERES DE LA CONFESIÓN

Es habitual encontrar cosas en nuestro pasado de las que nos avergonzamos, o al menos de las que no nos sentimos orgullosos. Cuando miramos hacia atrás para ver cómo sucedieron las cosas en ese momento, nos sentimos tristes y deseamos que no hubieran ocurrido. El hecho de que hubieran sucedido de una manera que ahora no aprobamos nos ayudará a desarrollar humildad. Es posible reparar cualquier daño pasado desarrollando humildad y sintiendo lástima de nosotros mismos y de los demás. Tenemos que reconocer que el suelo que pisamos es el mismo suelo que utilizamos para levantarnos.

La confesión es una acción positiva que remedia las acciones no virtuosas. Es la única virtud que podemos extraer de cualquier error cometido. La existencia de un error cometido en el pasado y que no hayamos confesado hace que continuemos arrepintiéndonos de haberlo cometido, así que el daño que causa todavía sigue produciéndose. Nos enfrentamos al importante reto de atrevernos a confesar, pero la confesión sincera acaba con los efectos de nuestros errores, haciendo que no vuelvan a aparecer en el futuro. La confesión sincera nos libera a nosotros y los demás de la culpa y de la aversión que sentimos hacia nosotros mismos. La confesión no sólo repara los errores pasados, sino que también evita el daño que producen en el futuro. Nos ayuda a recuperar la pérdida de nuestra dignidad y de nuestra conciencia.

Para descubrir los cuatro poderes de la confesión, necesitamos saber invocar a esos poderes. Los cuatro poderes son el poder de la confianza, el poder del arrepentimiento, el poder de la determinación y el poder de la restauración.

### El poder de la confianza

En primer lugar, necesitamos gozar del poder de la confianza en los objetos de devoción y de fe. Tenemos que ser capaces de confiar en el objeto ante el cual nos estamos confesando.

También necesitamos confiar en nuestra firme determinación a confesar, y esto lo conseguimos desarrollando la confianza en nosotros mismos. Si nuestra confesión se realiza delante de una persona con la que nos hemos equivocado, hay muchas probabilidades de que rechace nuestra confesión. Si nuestra confesión se rechaza, no obtendremos el beneficio del primero de estos cuatro poderes. Por esta razón, no empezamos por recurrir a los objetos ordinarios de perdón, sino que confiamos en los objetos de devoción y de fe.

Por lo que se refiere a los objetos de devoción y de fe, los budistas recurren a la Triple Gema (el Buda, el Dharma y la Sangha); a los treinta y cinco budas de confesión; a otros Budas y *bodhisatvas*; y a nuestro linaje de gurús y de maestros. Los cristianos podrían recurrir a Dios o a Cristo. Las personas que no son religiosas pueden confesarse a su propio concepto de Dios. Los sacerdotes cristianos escuchan las confesiones de los demás, que es una cosa muy valiente. En la tradición budista, no nos enseñan a confesarnos a los demás. Si bien algunas personas se confiesan a sus maestros o a sus gurús, no tienen obligación de someterse a una confesión. A los budistas laicos y los estudiantes y practicantes les enseñan a confesarse a diario consigo mismos, lo cual es suficiente. No tienen que acudir a sus maestros o al templo para confesarse sino que, en su lugar, se confiesan a través del proceso de meditación, práctica y oración y, de ese modo, cultivan el perdón. Una práctica de confesión específica del budismo Mahayana es el *Sutra de los Tres Montones*, también conocida como el *Sutra de la Confesión* (véase la página 237), en el cual se toman como objetos de confianza los Treinta y Cinco Budas de Confesión. Para ilustrar esta práctica, hay un relato que habla de los treinta y cinco monjes que vivían en la época de Sakyamuni Buda, que asesinaron inconscientemente a un vendedor de cerveza a través de sus acciones combinadas. Todos se sentían muy arrepentidos de sus actos e inmediatamente acudieron a Buda en busca de su bendición, para así poder recuperar sus votos rotos. No tenían intención de romper sus votos, ya que lo que había pasado fue un accidente. Los monjes acudieron a Buda para que les dedicara sus bendiciones con el fin de obtener su perdón por el acto tan terrible que había tenido lugar. Buda se sintió muy conmovido por su repentina petición y, como remedio, enseñó a los monjes a aplicar los cuatro poderes de la confesión.

Para los monjes, su poder de confianza en un objeto sagrado se concentró en Buda, ya que no tenían otro objeto en el que confiar. Su poder de arrepentimiento ya era evidente, porque fue precisamente su arrepentimiento lo que les llevó a acudir a él, sin demora. De igual modo, nuestro poder de arrepentimiento por las acciones no virtuosas debe ser tan intenso que no tardamos en confesarlas. Como si hubiéramos ingerido veneno, debemos arrepentirnos de nuestras acciones no virtuosas y actuar rápidamente para neutralizarlas.

Cuando los monjes acudieron a Buda para confesar su acto negativo, ya estaban firmemente decididos a no volver a hacer nada parecido en el futuro, porque anteriormente habían tomado los votos, comprometiéndose a no realizar dichas acciones. Tomaron esa decisión sabiendo el impacto que tendría en muchas personas si actuaban de nuevo contraviniendo sus votos. Para los monjes, ése fue su poder de resolución.

Hasta entonces, los monjes no habían tenido la oportunidad de arrepentirse de sus errores. A través de su intenso arrepentimiento, y habiendo recibido el beneficio que produce confesarlos inmediatamente, pudieron empatizar con el sufrimiento mental que padecían muchas otras personas que habían actuado erróneamente, pero no sabían qué hacer al respecto. Pudieron reconocer la pesada carga de karma negativo que los demás crean a través de sus actos negativos que quedan sin confesar. A través de su determinación, en adelante estaban decididos a dedicar su práctica al beneficio de todos aquéllos que habían actuado de manera no virtuosa. Ése fue el poder de la restauración.

Al igual que sucedió con esos monjes, cuando nos hemos arrepentido de nuestros errores pasados a través de la confesión, somos capaces de restaurar el respeto por nosotros mismos y podemos sentir una sensación renovada de nuestra buena voluntad interior. El poder de la restauración genera una inmensa sensación de alivio, como si hubiéramos pagado una deuda que ha estado acumulando una elevada suma de interés durante un largo periodo de tiempo. Nos hemos liberado de la pesada carga de la ansiedad persistente y nos sentimos más ligeros y libres en todo lo que hacemos. Desarrollamos un sentido de agradecimiento hacia los objetos de nuestro perdón y hacia las lecciones que hemos aprendido después de haberlos perdonado.

Gracias a que realizaron sinceramente el *Sutra de la Confesión*, los treinta y cuatro monjes restauraron sus acciones no virtuosas y se convirtieron en *arhats*, lo cual significa que alcanzaron un estado de libertad del sufrimiento. Para los budistas mahayanas, tanto ellos como Buda se convirtieron en una asamblea de treinta y cinco objetos de confesión[3]. Como los budistas mahayanas renovaron sus votos recitando los nombres de cada uno de esos treinta y cinco Budas, este hecho trajo en sí mismo las bendiciones y la compasión de esos Budas. Para los budistas, esto restaura completamente nuestra competencia y nuestra fe en nosotros mismos, así como nuestro respeto hacia nosotros y hacia los demás. De este modo, los nombres de los treinta y cinco Budas se convierten en objetos de confianza para nuestra práctica de la confesión. Nos confesamos a ellos en lugar de hacerlo a la gente ordinaria.

Cuando nos confesamos, estamos confesando nuestra ansia, nuestra aversión y nuestra ignorancia: los tres engaños principales que nos impulsan a realizar acciones no virtuosas. La ignorancia se considera la desviación principal, ya que es la causante de que aparezcan todos los demás engaños. La arrogancia es la cualidad principal de los engaños, ya que nos lleva a comportarnos como si hubiéramos alcanzado unas cualidades cuando, en realidad, lo que hace es mermar todas ellas. Los celos son la actividad de los engaños, ya que hacen que se desarrollen todos los demás engaños. El deseo se considera el disfrute de los engaños, ya que verdaderamente consume nuestra cordura y nuestra consciencia. La aversión se considera como la ceguera que nos lleva al egocentrismo y al juicio severo hacia los demás. Todos ellos, los cinco engaños del ansia, la aversión y la ignorancia, unidos a los celos y a la arrogancia, se conocen como los cinco venenos. Las acciones no virtuosas de las que nos arrepentimos tienen su raíz en uno o más de estos cinco elementos.

Para simbolizar nuestra purificación de esos cinco engaños, en la tradición budista Mahayana se considera terapéutico doblegarse y tocar los cinco puntos de nuestro cuerpo con el suelo: las dos manos, las dos rodillas y la frente. Se consideraba un acto simbólico tocar esas cinco partes del cuerpo con el suelo porque la Madre Tierra ha sido testigo de nuestros actos, cuando cometimos las acciones no virtuosas que ahora deseamos purificar. Ella se acuerda de nosotros y ahora nos da las gracias por todo lo que estamos haciendo para compensarlos. Le pedimos humildemente que actúe una vez más como testigo. Cuando nos postramos ante un altar, un templo o una imagen sagrada, nos doblegamos para arrodillarnos en la tierra, visualizando nuestro cuerpo multiplicado tantas veces como el número de átomos que hay en el universo. Nuestra inclinación (conocido en el budismo como postración) representa nuestras vidas pasadas y todas las acciones no virtuosas que hemos acumulado a lo largo de ellas. Una vez que nos hemos liberado del peso de nuestras acciones no virtuosas motivadas por los cinco engaños principales tocando con las cinco partes del cuerpo en el suelo, nos sentimos más ligeros cuando nos incorporamos. Nos damos cuenta de que tenemos que hacer esto una y otra vez. Por esa razón nos doblegamos siempre que recitamos el nombre de los Treinta y Cinco Budas. El primero de los tres "montones" que aparece en el *Sutra de la Confesión* se llama el Montón de las Postraciones.

La oración que acompaña a las postraciones a los Treinta y Cinco Budas de Confesión es el Montón de la Confesión, que nos ayuda a purificar el orgullo, la arrogancia, la falta de respeto, la negligencia y los engaños excesivos. En el Montón de la Confesión, elaboramos humildemente una lista donde incluimos todas las cosas que hemos hecho mal, tanto si fueron acciones no virtuosas de naturaleza física, verbal o mental. Confesamos las transgresiones que hemos hecho de nuestros votos y, a continuación, tenemos una sensación de vergüenza por todo lo que hemos hecho, considerando adecuado que las declaremos todas. En este Montón de la Confesión, estamos declarando nuestros errores previos, reconociéndolos como equivocados y suplicando el perdón.

El tercero de los tres montones es el Montón de la Dedicación. A pesar de todas nuestras acciones no virtuosas, nos regocijamos de todas las acciones virtuosas que hemos realizado a lo largo de nuestras incontables vidas. Ésas son acciones a través de las cuales hemos acumulado virtud gracias a nuestra pura generosidad y moralidad, al consejo espiritual de los demás, a nuestro deseo de liberar a los demás del sufrimiento y a nuestro desarrollo de la sabiduría.

A pesar de los errores que hemos cometido, practicamos este Montón de la Dedicación, en el cual dedicamos todas las acciones virtuosas que hemos realizado a lo largo de nuestra vida. Aunque tenemos acciones no virtuosas que confesar, también tenemos acciones virtuosas que dedicar. Los Treinta y Cinco Budas, nuestros objetos de confianza, asienten con la cabeza en señal de aprobación. Han escuchado nuestras confesiones, donde hemos elaborado la lista con todos los errores que hemos cometido; pero también somos capaces de entregarles una lista de las cosas virtuosas que hemos realizado. De este modo, podemos recibir reconocimiento y consuelo de los Budas, que son nuestros objetos de confianza. Esta poderosa práctica del *Sutra de la Confesión* (reproducida en su totalidad en las páginas 237-241), puede ayudarnos a ver nuestras acciones no virtuosas desde su justa perspectiva. Podemos reconocerlas sin excepción, pero también somos capaces de reconocer que hemos hecho acciones virtuosas que han beneficiados a los demás.

Será positivo seguir practicando la confesión, ya que hemos realizado innumerables acciones desde el principio de los tiempos. Es posible que ni siquiera seamos capaces de recordar algunas de las acciones que estamos confesando, pero como es necesario confesarlas, realizamos esta práctica en multitud de ocasiones. No deberíamos dejarnos llevar por una falsa sensación de seguridad, pensando que como esta mañana no hemos cometido muchos errores, bastará con hacer sólo tres postraciones. No pasa nada por hacer demasiadas postraciones o por confesarnos con demasiada frecuencia.

Es bueno reflexionar en los beneficios que hemos obtenido de esta práctica preguntándonos por qué nos postramos físicamente. Al hacerlo, a través de nuestra devoción física, somos capaces de purificar el karma negativo que anteriormente hemos creado a través de nuestras acciones corporales. Recitamos los nombres de los Treinta y Cinco Budas porque, a través de este acto, podemos purificar el karma negativo creado con nuestro lenguaje. La confesión de nuestras acciones no virtuosas purifica el karma negativo de nuestros pensamientos no virtuosos o crueles. A través de esta relación de las prácticas de confesión física, verbal y mental, purificamos todos y cada uno de esos aspectos de nuestra persona. De este modo, la interacción entre nuestro cuerpo, lenguaje y mente es muy importante. Cuando sentimos que deberíamos pedir perdón por una acción no virtuosa que hayamos cometido contra alguien, posiblemente se deba a que hemos dicho algo a esa persona utilizando palabras severas con las que hemos creado un karma verbal negativo, o les hemos lanzado una mirada de reproche que ha creado un karma físico negativo, o nos sentimos enfadados con ellos y hemos creado un karma mental negativo. Es probable que se hayan cometido simultáneamente estos tres tipos de karma así que, cuando realizamos esta práctica, los purificamos al mismo tiempo. Esto conduce a una purificación mucho más poderosa, ya que si simplemente nos concentráramos en el karma negativo creado por nuestro lenguaje, podríamos perder la oportunidad de purificar los karmas creados por nuestros actos físicos o por nuestros pensamientos negativos.

Basta con refugiarnos en los objetos de devoción para purificar nuestras acciones no virtuosas. Pero si realizamos esta confesión de manera eficaz, la purificación será todavía más intensa. Sentimos que hemos hecho algo para alcanzar la paz y nos damos cuenta de la curación que esto puede crear. Si realizamos esta práctica con regularidad, podemos fortalecernos a nosotros mismos y a nuestras relaciones con los demás de manera regular. Cuando llevamos a cabo una práctica regular, no permitimos que aparezca el deseo de llevar a cabo más acciones no virtuosas. Podemos practicar al final del día, confesando las acciones no virtuosas en particular a los Budas y *bodhisatvas* y reconociendo en general cualquier cosa que podríamos no haber hecho bien a lo largo del día. Nuestros objetos de devoción serán nuestros testigos y nos iremos a dormir sintiéndonos agradecidos por no tener que arrastrar durante toda la noche la carga negativa que hemos acumulado a lo largo del día.

Hay muchos maestros budistas extraordinarios que, a lo largo de toda su vida, realizan a diario la práctica de los Treinta y Cinco Budas de Confesión. Pueden pasar dieciocho horas al día practicando, así que es improbable que dejen muchas cosas sin confesar, pero aún así siguen realizando esta práctica al final de cada día. Por tanto, no deberíamos sentirnos molestos cuando llevemos a cabo esta confesión, como si fuéramos una especie de criminales. Por el contrario, deberíamos sentirnos inspirados por la práctica, sabiendo que no corremos ningún peligro por confesarnos demasiadas veces y que llevar a cabo esta práctica a diario es un uso muy eficaz de nuestro tiempo. Ésa es otra de las características del poder de la confianza: si confiamos en la práctica, ya tenemos algo útil que hacer.

## El poder del arrepentimiento

El poder de la confianza debe ir de la mano con el segundo de los cuatro poderes: el poder del arrepentimiento, que consiste en tener una intensa sensación de arrepentimiento positivo.

Nos arrepentimos de nuestros errores y somos capaces de declararlos, sin esconder ni ocultar ninguno de ellos. Por esa razón, el *Sutra de la Confesión* enumera muchos tipos de acciones no virtuosas. Aunque puede que no recordemos haberlas cometido, las repasamos en voz alta por si acaso.

Para desarrollar el poder del arrepentimiento necesitamos sentir remordimiento, reconociendo que todo el karma negativo que hemos creado dará lugar a una serie de experiencias negativas. Las causas kármicas traen como consecuencia experiencias similares. Por ejemplo, si causamos un daño físico a cualquier ser vivo, tenderemos a padecer enfermedades y experiencias kármicas relacionadas con la salud. Si hemos creado un karma negativo haciendo daño a los demás o robando las propiedades de nuestros vecinos, otros robarán o dañarán nuestras propiedades. Cuando somos capaces de reconocer este hecho, experimentando el modo en el que "madura" nuestro karma, podemos comprobar los beneficios que reporta purificar lo más pronto posible nuestras acciones no virtuosas, antes de que el karma que hemos creado tenga la oportunidad de madurar. Por tanto, es mucho mejor si nos confesamos a diario. En la tradición monástica, existen ciertas transgresiones de los votos que sólo se pueden recuperar si se confiesan antes de veinticuatro horas de haberlas cometido. Los lapsos de tiempo relativos a la confesión y el arrepentimiento son muy importantes. Cuanto más se prolongue el intervalo de tiempo antes de expresar nuestro arrepentimiento, mayores serán las consecuencias kármicas de nuestros actos. Pero si expresamos nuestro arrepentimiento en seguida, rectificamos nuestras acciones no virtuosas con mayor rapidez. El poder del arrepentimiento hace que emprendamos una acción rápidamente, sin tratar de "ganar tiempo". La confesión nos da la capacidad de expresar arrepentimiento por nuestros errores, declarándolos principalmente en nuestra mente.

El *Sutra de la Confesión* puede no catalogar todas las cosas en particular que hayamos hecho mal, pero podemos enumerarlas en nuestra mente, declarando cualquier acción no virtuosa que hayamos cometido. Aunque podamos reconocer todo lo equivocados que estábamos, también tenemos que identificar qué es lo que nos ha llevado a cometerlas. Hay cuatro cosas que nos llevan a cometer acciones no virtuosas: la ignorancia, la falta de respeto, la negligencia y los engaños excesivos. Si cometemos acciones no virtuosas por culpa de la ignorancia, porque simplemente no sabemos que lo que hacíamos estaba mal, las consecuencias kármicas son mínimas. Si nuestros errores se debieron a la falta de respeto –por ejemplo, un budista hace caso omiso de las enseñanzas- el karma que se crea es mayor que el que se origina a través de la ignorancia. La tercera causa de la acción negativa es la negligencia –simplemente no importarnos haber hecho algo mal. Para los budistas, eso sería desatender los votos o los preceptos tomados, sabiendo las consecuencias que van a ocasionar nuestros actos, pero sin preocuparse por ellas. Una vez más, las acciones no virtuosas que son fruto de la negligencia producen una consecuencia kármica mucho mayor que la que origina la falta de respeto.

La cuarta causa de las acciones no virtuosas es el engaño excesivo, como la ira. Cuando la ira o los celos nos llevan a actuar, esos engaños pueden llegar a controlarnos completamente. Las acciones no virtuosas producidas por los engaños excesivos e incontrolados, crean el karma negativo más grande.

La ignorancia, la falta de respeto, la negligencia y los engaños excesivos son las cuatro causas de nuestras acciones no virtuosas. Cuando confesamos nuestras acciones no virtuosas, es conveniente identificar cuáles de ellas nos llevan a cometer esos actos. De igual modo, necesitamos reconocer cuál es la causa que los ha producido. ¿Lo hicimos porque estábamos cansados y enfadados, o porque desatendimos nuestras enseñanzas o votos espirituales? Si sabemos claramente por qué se cometieron nuestros errores, nuestro poder de arrepentimiento es mucho mayor. Si confesamos que sabíamos que nuestras acciones eran erróneas, pero no por qué lo eran, nuestra confesión y nuestro arrepentimiento no será tan poderoso. En lugar de sentirnos obligados a estar arrepentidos, deberíamos basar nuestro arrepentimiento en el razonamiento.

Cuando somos capaces de desarrollar un intenso deseo de expresar arrepentimiento, nos sentiremos como si no tuviéramos que perder el tiempo en hacerlo. El arrepentimiento razonado es un estado de ánimo capaz de reconocer el daño producido por nuestras acciones no virtuosas y la importancia que tiene purificarlas lo antes posible. Sin embargo, deberíamos evitar volvernos ansiosos y sentirnos como si tuviéramos que acudir a alguien especial para confesarnos. Es suficiente con relajarnos en cualquier lugar y recitar oraciones, o hacer cualquier otra cosa que nos permita expresar nuestro arrepentimiento.

Cuando declaramos nuestras acciones no virtuosas una por una, no deberíamos hacerlo sólo por nosotros mismos, sino que deberíamos hacerlo también por los demás: por otras personas que no saben cómo confesarse, pero que les gustaría. Deberíamos pensar en ellas como si estuvieran con nosotros, ya que es muy importante incluir a los demás en nuestra práctica espiritual. De lo contrario, si nos consideramos a nosotros mismos como el foco principal de nuestra confesión o de otras prácticas, podemos volvernos muy egoístas. Deberíamos pensar en nosotros mismos como uno de los millones de seres que practican la confesión. Esto proporciona un fuerte sentido del anonimato, de tal modo que no pensamos que somos los únicos que la practican, ya que eso podría convertirnos en personas arrogantes. Si realizamos esa práctica, sintiendo que todos los demás nos acompañan, el beneficio es enorme y nunca nos cansaremos.

## El poder de la determinación

El tercero de los poderes es el poder de la determinación, de mantenernos firmes en las promesas que hacemos. Aunque hayamos confesado los errores cometidos en el pasado a través de un intenso y razonado arrepentimiento, también debemos desarrollar una fuerte determinación para el futuro, prometiendo no volver a repetir nunca más nuestras acciones no virtuosas. La única manera de poder adquirir el poder de la determinación de no repetir las acciones no virtuosas es aferrarnos cuanto antes a nuestras promesas. Si no mantenemos las promesas que hacemos, obtendremos unos beneficios mínimos de ellas. Por esta razón, si hemos roto nuestros votos o nuestros preceptos, deberíamos restaurarlos inmediatamente, revisándolos mentalmente. Para conseguirlo, debemos restaurar nuestra fe, nuestra determinación y los esfuerzos adecuados que hemos hecho para modificar nuestros hábitos. De lo contrario, seremos fácilmente víctimas de los viejos hábitos y seguiremos cometiendo los mismos errores una y otra vez.

Además, necesitamos restaurar nuestra adherencia a los colegas positivos. Si tenemos amigos que son una influencia muy positiva para nosotros, deberíamos tratar de mantener ese contacto. Por ejemplo, si somos parte de un grupo de práctica espiritual regular, con el tiempo los demás se darán cuenta de que somos personas constantes y dignas de confianza. Sabrán que pueden contar con nosotros y encontrar fuerza en nuestra persona, de igual manera que nosotros también podemos encontrar fuerza en ellos. La adherencia a los colegas positivos puede ser mutuamente beneficiosa.

También hemos de tener la motivación necesaria para mantener nuestra práctica. Nuestra motivación para practicar no debería reservarse únicamente para esos momentos en los que tenemos algo que confesar. Puede que no tengamos nada específico que esté influyendo en nuestra mente. Puede que no tengamos a nadie en nuestra familia o en nuestro círculo de amigos que esté pasando dificultades y en cuyo nombre queremos hacer la práctica. A pesar de esto, todavía deberíamos realizar la práctica de la confesión, con tanta frecuencia como podamos, en el nombre de las muchas personas que no saben cómo confesarse. Es importante que conservemos en todo momento este tipo de motivación imparcial, sin importar lo bien que aparentemente vaya nuestra vida y la vida de nuestros amigos y seres queridos.

Independientemente del tipo de confesión que regularmente llevemos a cabo, también deberíamos tratar de integrarla en nuestra vida a través de la aplicación diaria. Deberíamos adiestrarnos a nosotros mismos para disculparnos en seguida, aunque no hayamos hecho prácticamente nada y fuera sin querer, puramente por accidente. Siempre es beneficioso disculparse lo antes posible hasta por las cosas que son aparentemente triviales. Si nos disculpamos en seguida, tendremos más probabilidades de que los demás nos perdonen.

En el budismo Vajrayana recitamos el breve mantra de Vajrasatva, *Om vajrasatva hum*, que significa "homenaje al ser de diamante", para purificar las acciones no virtuosas en cuanto somos capaces de reconocerlas. Vajrasatva es una deidad meditativa o ser Iluminado cuyo indestructible poder o cualidad es la purificación de la negatividad. A través de esta práctica aprendemos a aplicar al instante el principio de la confesión. Una vez que sabemos que hemos hecho algo mal, bendecimos nuestra mente con sólo recitar este mantra o esta oración. Es un mantra de aplicación diaria, una forma eficaz de integrar la confesión y el arrepentimiento en la esfera más amplia de nuestra vida cotidiana. Sin esto, corremos el riesgo de practicar el materialismo espiritual, o realizar prácticas formales, pero sin integrar sus principios en nuestro desarrollo espiritual.

La reiteración es muy importante, ya que cuanta mayor sea la regularidad con la que llevamos a cabo esta práctica, más capacidad tendremos para no estar manchados por nuestros engaños. Con independencia de si hemos tenido un buen día o no, deberíamos realizar nuestra práctica y recordar que el *Sutra de la Confesión*, o cualquier otra práctica de confesión en la que confiemos, no sólo consiste en la confesión, sino también en la dedicación de la práctica para el beneficio de los demás. Cualquier cosa buena que hayamos hecho durante el día, la dedicamos sinceramente al final del mismo. Si hacemos esto, no tenemos a nada a lo que aferrarnos, lo cual hace que nuestra práctica sea muy eficaz. Sin esa dedicación, la virtud que hemos generado a través de nuestras acciones virtuosas se puede debilitar por culpa del orgullo y, por tanto, la habremos malgastado.

Cuando tratamos de alcanzar un grado de consistencia, el factor tiempo es muy importante en la disciplina de nuestra mente. Es muy importante encontrar el momento oportuno, ya que si somos capaces de dedicar una serie de momentos del día regulares a la realización de nuestras prácticas como la confesión podemos aumentar los beneficios de los esfuerzos que hacemos. Del mismo modo, nuestras disculpas son mucho más poderosas si somos capaces de excusarnos al instante con total sinceridad. Si nos disculpamos por algo que ha sucedido ayer, los demás pueden haber olvidado lo que hicimos y, por tanto, nuestras disculpas podrían parecer que llegan a destiempo. Podemos mostrar a los demás que somos bondadosos, que nos preocupan y que les respetamos, tratando de disculparnos lo más rápidamente posible. La razón de nuestra oportunidad no es demostrar nuestra eficiencia, sino mostrar a los demás que nos preocupan sus sentimientos, en el momento que sea más beneficioso.

Cada vez que nos sentimos positivos hacia los demás, deberíamos tratar de expresar esto con palabras. Sería conveniente que los demás nos oyeran decir cosas buenas de ellos, porque si los hemos herido en el pasado, es muy probable que sólo recuerden las cosas negativas que hemos dicho. Incluso podríamos pensar en la posibilidad de aplicar este principio a nuestras interacciones con los objetos inanimados. Por ejemplo, Shantideva, el sabio budista del siglo octavo, afirma en su *Guía a la forma de vida del Bodhisatva*, en el capítulo dedicado a la atención, que cuando abrimos una puerta deberíamos pedir bondadosamente permiso para traspasarla. Deberíamos abrir la puerta conscientemente y luego afirmar con bondad: "Voy a atravesarte, ¿puedo hacerlo? Ahora voy a cerrarte, ¿te parece bien?" Ésa es una forma sabia de desarrollar plena consciencia, porque de este modo podemos crear un aura bondadosa y consciente en todo lo que hacemos. Dejaremos de ser amenazadores o agresivos en nuestras acciones, en nuestro lenguaje o en nuestros pensamientos, porque esta gentileza se convertirá en una parte de nuestra naturaleza.

Por tanto, deberíamos tratar de mostrar gentileza y bondad hacia todas las cosas, no sólo hacia las personas a las que nos queremos disculpar, o perdonar. Nuestro último propósito en el cultivo del perdón es acabar con el sufrimiento de todos los seres y no sólo "volvernos limpios", ya que eso nos permitirá sentirnos más felices. Nuestro verdadero propósito es alcanzar el objetivo superior de todos los seres vivos, de ser liberados del tipo de sufrimiento que hemos padecido por culpa de nuestra mentalidad intransigente.

*El poder de la restauración*

Cuando nos mostramos decididos en lo que se refiere a la fe, la motivación, la oportunidad, el propósito, etc., tenemos el poder de la determinación. Nuestra determinación a practicar la confesión y el perdón se volverá muy intensa. Sobre esta base, podemos desarrollar el último de los cuatro poderes, el poder de la restauración, de tal modo que seamos capaces de sentir cómo se restaura nuestra dignidad y nuestra integridad. En la tradición budista Mahayana, reconocemos que todos tenemos una naturaleza de Buda y que debemos desarrollar la *bodhichita*, el deseo de alcanzar la Iluminación por el bien de los demás. Para ser capaces de conseguir esto, debemos mantener ciertos votos y preceptos. Podemos reconocer nuestra responsabilidad con mayor claridad cuando no nos preocupamos únicamente por los errores que hemos cometido. Nuestra capacidad para mantener los votos y los preceptos facilita la recuperación de nuestra propia dignidad e integridad cuando comenzamos a reconocer que hemos alcanzado un profundo sentido de autoconfianza que no teníamos en el pasado.

Como consecuencia de ello, somos capaces de regocijarnos y de tener cualidades positivas que dedicar. Cualquier trabajo que hagamos, lo haremos con alegría. Podemos dedicar los esfuerzos que hemos realizado en nuestra jornada laboral para beneficio de los demás. Lo hacemos con el conocimiento de que hemos tenido que tratar con muchas personas distintas, con algunas que son difíciles y con otras con cuya compañía nos sentimos más cómodos, teniendo la firme determinación de que, con independencia de la persona con la que estemos, seremos bondadosos, gentiles y cuidadosos en nuestras acciones y en nuestras palabras. Podemos regocijarnos de todas esas cualidades positivas y, contando con esta motivación duradera para tratar bien a los demás, podemos desarrollar orgullo y felicidad en todo lo que hacemos.

No deberíamos permitirnos el lujo de aburrirnos, por ejemplo, cuando no deseamos ir a trabajar y que simplemente lo hacemos porque estamos obligados a ello. Este tipo de actitud es muy triste cuando nos damos cuenta de cuánto tiempo dedicamos a trabajar. Por el contrario, deberíamos sentirnos orgullosos por el trabajo que hacemos, reconociendo el esfuerzo que hemos empleado y las experiencias y conocimientos que hemos adquirido para hacer este trabajo. Además, deberíamos enorgullecernos de todas las acciones que hemos llevado a cabo, reconociendo los beneficios que nuestro trabajo ha producido tanto a nosotros como a los demás. Nuestra motivación debería ser prestar un servicio a los demás con júbilo, en cualquier trabajo que hagamos. Si somos capaces de regocijarnos de nuestras cualidades positivas, descubriremos que no tenemos tiempo para hacer nada más que cosas positivas. Es como si estuviéramos demasiado ocupados con las cosas positivas como para tener tiempo para la ociosidad o la negatividad.

## IGUALARSE UNO MISMO CON LOS DEMÁS

Igualarse uno mismo con los demás es una forma extraordinaria de aprender que los demás son iguales que nosotros, que todos deseamos tener felicidad y no padecer sufrimiento. Por desgracia, nuestra capacidad para sentir que todo el mundo es igual se complica por culpa de nuestra discriminación, cuando pensamos que algunas personas son amigas, otras desconocidas y otras enemigas. Incluso entre los seres queridos y los amigos, nos sentimos más cerca de algunos que de otros.

Podemos albergar sentimientos positivos, negativos o indiferentes hacia nuestros amigos y hacia nuestros seres queridos. Cuando pensamos en las personas que nos resultan desagradables, nos damos cuenta de que algunas son relativamente más o menos agradables que otras. Entonces, una vez más, hay muchas personas extrañas hacia las que no sentimos amor ni odio.

Si nos imaginamos delante de tres personas –un enemigo, un ser querido y un desconocido- nos resulta imposible evitar tener sentimientos distintos hacia ellos. No nos parecen iguales y no albergamos los mismos sentimientos hacia ellos. Un sentimiento de desasosiego y repulsa emergerá hacia la persona a la que consideramos enemiga; un sentimiento de atracción, amor y apego emergerá hacia un ser querido; un sentimiento de indiferencia emergerá hacia un extraño al que no queremos ayudar ni tampoco deseamos hacer daño.

El objetivo de la meditación sobre cómo igualarnos a nosotros mismos con los demás es interactuar con esos diferentes sentimientos que tenemos hacia ellos, e impedir que nuestros sentimientos de desigualdad emerjan en extremo.

## Práctica

A pesar de cómo esta persona ahora se muestra en mi mente, antes era un completo extraño para mí. Pero entonces, me hice su amigo y se convirtió en un compañero muy especial. Pero luego, las cosas cambiaron, y soy tan responsable como creo que él también lo es, en el modo en que ahora lo considero.

Me engaño al pensar que ahora es mi enemigo, cuando para mí antes era un completo desconocido y luego fue mi amigo. Cuando éramos unos desconocidos, no había relación, pero entonces mi amistad con él cambió todo eso. Hubo innumerables momentos en los que hemos hecho cosas maravillosas el uno por el otro; ahora eso ya no ocurre. Las tres fases de la relación ahora me parecen como tres breves sueños. Si no fueron más que sueños, ¿por qué debería seguir pensando que un sueño es más real que los otros dos? Considerar como un enemigo a una persona que primero era un extraño y más tarde un amigo es, sin duda, un engaño.

Por tanto, no es adecuado que me aferre a la ira que cualquier daño insignificante y trivial me podría haber causado. De lo contrario, me comportaría como una serpiente, que devuelve el golpe a la menor provocación. Es impropio actuar como una criatura agitada como ésta: como soy un ser humano, debería asumir toda la responsabilidad por haber mostrado mi ira.

Necesito pensar que, con independencia del daño que alguien me haga, no debería perder los estribos y enfadarme.

Ya que, de lo contrario, no seré mejor que una serpiente.

Cuando pensamos en un ser querido, podemos dirigir nuestros sentimientos de atracción y de apego hacia ellos. Por tanto, debemos examinar las razones que nos llevaron a tener ese apego:

Como me prestaron su ayuda en esta vida,
hicieron cosas buenas por mí o me hicieron sentir bien,
me siento atraído hacia ellos y siento apego hacia ellos.
¿Pero acaso este sentimiento que tengo hacia este ser
querido no es igual que los sentimientos agradables que
solía tener hacia otras personas que fueron mis seres
queridos en el pasado? ¿Cuánto tiempo van a durar estos
sentimientos?

De este modo, podemos aprender a moderar nuestro aferramiento a nuestros seres queridos. Es importante hacerlo así, ya que hay muchas posibilidades de que esta relación también cambie en el futuro.

A continuación, nos permitimos sentir indiferencia hacia un completo desconocido. No sentimos ni deseo de ayudarle ni de hacerle daño; tampoco queremos despojarnos de él ni estar con él. Primero sentimos esta indiferencia hacia él y, a continuación, sentimos la intención de ignorarlo. A continuación, tenemos en cuenta lo siguiente:

> Como esa persona no ha hecho nada que me ayude ni que me haga daño, no tengo ninguna relación con ella. Cuando examino si ésta es una razón válida para sentir indiferencia hacia ella, observo que, en última instancia, no es un desconocido.
>
> Es posible que, en mis innumerables vidas anteriores, en un momento de esta vida, o en las vidas futuras, se convierta en una persona cercana; se convierta en un amigo, y así sucesivamente.

Si meditamos sobre los sentimientos que albergamos hacia los tres tipos de personas con las que nos relacionamos, seremos capaces de aplacar todos los sentimientos de ira, apego o indiferencia hacia los enemigos, hacia los amigos y hacia los desconocidos. Así es como se alcanza la ecuanimidad con los demás.

Para poder desarrollar buena voluntad hacia los demás, las enseñanzas del budismo Mahayana nos exhortan a considerar que todos los seres vivos han sido nuestros padres, nuestros parientes y nuestros amigos a lo largo de las innumerables vidas anteriores que hemos tenido. Por esta razón, es improcedente sentir que algunos de ellos están cerca y otros están lejos de nosotros, que uno es un amigo y el otro un enemigo, dar la bienvenida a unos y rechazar a otros. Tenemos que pensar: "Aunque llevo diez años o diez vidas sin ver a mi madre, ella todavía sigue siendo mi madre".

Es posible que, del mismo modo que esos seres ahora me han ayudado, algunas veces también me hayan hecho daño. Sin embargo, comparado con el número de veces que me han ayudado y de la cantidad de ayuda que me han dedicado, el daño que me han producido ha sido insignificante. Por tanto, es improcedente dar la bienvenida a uno de ellos porque está próximo a mí y rechazar a otro porque está lejos.

Tenemos que tener en cuenta que no queremos sufrir, incluso en nuestros sueños y, con independencia de la felicidad que sintamos, nos parece que nunca tenemos bastante. Lo mismo se puede decir de todos los demás. Todos los seres ilimitados, vistos y no vistos, desean ser felices y no sufrir jamás ni pasar por dificultades. Por tanto, es improcedente que rechacemos a algunos de ellos y demos la bienvenida a otros.

Además, si los seres ilimitados fueran inherentemente nuestros "amigos" y nuestros "enemigos", tal y como habitualmente creemos que son, siempre tendrían que seguir siendo así. Por ejemplo, pensemos en un reloj que creemos que siempre marca la hora exacta. De igual manera que es posible que su condición cambie y que se retrase, también el estatus de nuestras relaciones con los demás no permanece invariable, sino que están sujetas a cambio.

El hecho de que no existe la seguridad en las situaciones recurrentes que hay en la vida se ilustra perfectamente en la siguiente historia de Katyayana. Una vez, Katyayana, uno de los principales discípulos de Buda, llegó a una casa donde el padre (que era pescador) se había reencarnado en forma de pez en el lago. La hija del pescador, que había heredado la profesión de su padre, atrapó un pez, sin darse cuenta de que había capturado a su padre reencarnado. Cuando Katyayana vio a la hija comiendo el pez, se dio cuenta de que éste era su padre reencarnado, aunque ella era completamente inconsciente de ello. Además, la madre de la familia se había reencarnado como el perro de la familia. La hija, que había comido el pez, dio las espinas al perro. Mientras la hija alimentaba al perro, también lo estaba golpeando. La hija también estaba acunando a un bebé en sus brazos, que era la reencarnación del hombre que había asesinado a su padre.

Mientras era testigo de esta escena, Katyayana advirtió que la hija estaba criando al asesino de su padre, comiendo la carne de su padre, golpeando a su madre y obligándola a que se comiera los huesos de su padre. Katyayana se rió por lo absurdo de esos cambios en el estatus que adquieren los seres que vagan de una vida a otra.

Tal y como ilustra esta historia, tenemos que dejar de prefijar nuestros sentimientos como si las personas existieran dentro de una de las categorías fijas e invariables de amigos, enemigos o desconocidos, y sobre esta base dar la bienvenida a unas o rechazar a otras. No podemos estar seguros de cuál es el papel que desempeñaron nuestros seres queridos, desconocidos y enemigos actuales en vidas anteriores. Por tanto, deberíamos tratar de igualar los sentimientos que albergamos hacia los demás, sabiendo que esas categorías son arbitrarias y transitorias. Es mucho más fácil sentir perdón y tolerancia hacia los demás cuando somos capaces de percibirlos por igual.

## CAMBIARSE A UNO MISMO POR LOS DEMÁS

Para cambiarse a uno mismo por los demás es necesario ver todo lo negativo que es tener una actitud egoísta y meditar sobre todo lo positivo que encierra apreciar a los demás. Por culpa de nuestra actitud egoísta, cometemos acciones no virtuosas y nos ocasionamos muchos sufrimientos transitorios y terrenales. Son nuestras preocupaciones egoístas las que causan la pérdida de toda la felicidad y de la paz. Por culpa de nuestro egoísmo, no somos capaces de llevarnos bien con los demás, y ésa es la razón de que perdamos su respeto y su amor. Tanto si se tratan de guerras entre naciones, como si son disputas y discordias dentro de comunidades, familias o entre amigos, todas ellas tienen su origen en el egoísmo. Por tanto, tenemos que pensar:

Si no me despojo de este enconado egoísmo que hay dentro de mí, no habrá manera de que alguna vez llegue a disfrutar de la felicidad. Por tanto, no voy a dejarme llevar nunca más por la autocomplacencia.

Por tanto, tenemos que pensar en los beneficios y en las buenas cualidades que se obtienen cuando apreciamos a los demás. En esta vida, toda la felicidad y todas las experiencias positivas son consecuencia del aprecio que sentimos hacia los demás. Por ejemplo, una persona querida que aprecia y se preocupa de los demás se convierte en un líder popular; nuestra intención de contenernos y no quitar la vida a otra persona o no robar a los demás es consecuencia de que los adoramos y de que deseamos su bienestar; una madre adora al bienestar de su hijo y gran parte de su felicidad emana de ese esfuerzo.

Nuestra capacidad para apreciar a los demás sólo existe porque los demás seres sintientes también existen. Si no existiera nadie más que nosotros mismos, ¿cómo podríamos cambiarnos por los demás? Esto es como afirmar que si no hubiera estudiantes, no podría haber maestros, ya que el maestro no tendría nada que hacer. Por el contrario, si acudieran al maestro muchos estudiantes, tratando de aprender muchas cosas de él, éste sería capaz de impartir su conocimiento y de ayudarlos a aprender.

Cuando tenemos esta manera de pensar acerca de los problemas que ocasiona apreciarnos a nosotros mismos y acerca de los méritos que produce apreciar a los demás, nos damos cuenta de que debemos cambiar nuestros valores que dictan a quiénes deberíamos apreciar. Aunque pongamos en tela de juicio nuestra capacidad para cambiar nuestra actitud, no cabe duda de que es posible, ya que Buda empezó desde el mismo punto que nosotros. Buda fue capaz de cambiar radicalmente su forma de ver a quién debería apreciar, hasta llegar a apreciar por igual a todos los seres vivos. Aferrarse al principio de querer a los demás antes que a sí mismo le permitió alcanzar sus propios objetivos y los de los demás: la Budeidad.

Por el contrario, nosotros sólo nos hemos apreciado a nosotros mismos y hemos ignorado el bienestar de los demás, sin obtener siquiera el más mínimo beneficio. Apreciarnos a nosotros mismos e ignorar a los demás nos ha convertido en seres inútiles, incapaces de alcanzar nada que tenga verdadera importancia. Luchamos denodadamente para desarrollar una verdadera determinación que nos permita liberarnos de nuestros problemas. En ciertos momentos, ni siquiera somos capaces de evitar caer en los estados de ánimo negativos que emergen de nuestra abrumadora ira y de nuestra aversión. Por tanto, deberíamos pensar en los problemas que ocasiona apreciarnos a nosotros mismos y en los beneficios que produce apreciar a los demás. Si Buda fue capaz de cambiar su actitud y empezar de cero, nosotros también podemos cambiar nuestra actitud hacia los demás. Por ejemplo, si sólo me adoro a mí mismo, puede que no sea capaz de refrenar mis deseos de quitar la vida a los demás. Como consecuencia de ello, tendré que afrontar muchas dificultades y una vida breve llena enfermedades. Por otra parte, si venero a los demás, puedo verme bendecido con una inmensa felicidad y disfrutar de una vida larga.

Si deseamos llevar una vida pacífica y satisfactoria, libre de dificultades, no cabe duda de que debemos cambiar la actitud que tenemos hacia nosotros mismos y hacia los demás. El proceso de cambiarse uno mismo por los demás no significa que haya decidido que desde este momento yo soy tú y tú eres yo, sino que consiste en intercambiar nuestros habitualmente limitados puntos de vista sobre a quién deberíamos apreciar para tener una actitud más beneficiosa e inclusiva. En lugar de apreciarnos a nosotros mismos, y de ignorar a los demás tal y como hemos hecho en el pasado, a partir de este momento ignoraremos nuestras preocupaciones egoístas y apreciaremos a todos los demás. Si no somos capaces de conseguirlo, no habrá manera de obtener ningún beneficio duradero para nosotros mismos ni para los demás. Pero partiendo de la base de este intercambio de actitudes, podemos aprender a realizar visualizaciones en las que entregamos nuestra felicidad a los demás y asumimos sus sufrimientos, ya que eso nos servirá para desarrollar un amor y una compasión sincera y afectuosa. De este modo, seremos capaces de encontrar la determinación específica que sirva para aliviar los problemas y el sufrimiento de todos los demás seres y para aportarles felicidad. Esto nos ayuda a alimentar en nuestro interior el corazón dedicado de la *bodhichita*, que es la firme determinación de luchar por conseguir la Iluminación que nos permitirá hacer todo lo que sea necesario para beneficiar a los demás.

## LA DEDICACIÓN DEL PERDÓN

En nuestra confesión de cada día, debemos dedicar nuestro perdón para alcanzar propósitos superiores. Nuestro perdón sirve para otros fines que no sean limitarnos a curarnos a nosotros mismos y mejorar nuestras relaciones con los demás. Estos propósitos son demasiado miserables. Deberíamos tratar de alcanzar un propósito mucho mayor y dedicar nuestro perdón con el fin de alcanzar propósitos superiores, sin limitarnos a concentrarnos en el bienestar de uno mismo y en el de las personas queridas.

El perdón al que en última instancia deberíamos aspirar es un perdón mucho mayor que el que se limita a nuestro círculo de amigos y de seres queridos. Hay mucho sufrimiento en el mundo, donde muchas culturas luchan unas contra otras, algunas veces durante siglos. Han heredado las disputas o las guerras de sus antepasados, que sólo persisten por culpa de la ausencia de perdón. Un bando enviará una bomba de gasolina, el otro enviará un misil. Es triste ver que el potencial desarrollado por las naciones tenga tantas cosas buenas que ofrecer al mundo pero que, a menudo, sólo ocasione daño. Todas tienen buena voluntad, ya que en lo más profundo de nuestro interior sentimos el deseo de crear un beneficio para los demás.

Podemos pensar que es fácil ser un líder mundial, imponiendo nuestros propios puntos de vista sobre cómo deberíamos cambiar el mundo. Es bastante difícil ser elegido líder de nuestro propio país, por no hablar de creer que tenemos todo el derecho a liderar el mundo, especialmente cuando muchas otras personas piensan que no deberíamos serlo. Deberíamos rezar por los líderes mundiales, para que decidan no declarar la guerra ni imponer el control sobre los demás cuando su intervención no sea deseada.

Deberíamos dedicar nuestra práctica para tratar de que los combates, las guerras y el mal uso del poder no ocurran en el mundo. Esta perspectiva más amplia es indudablemente más beneficiosa, porque nos permite dedicar cualquier pequeña virtud que hayamos adquirido como si fuera una gota de agua en el mar de la buena voluntad generada por todos los seres. Cuando dedicamos nuestro perdón para conseguir propósitos superiores, no estamos buscando una recompensa por haber practicado el perdón. Esto es muy importante, porque muchas veces, cuando deseamos perdonar, lo estamos haciendo con la esperanza de que nos traten bondadosamente o de obtener alguna recompensa. No es fácil evitar buscar una recompensa por nuestro perdón, pero podemos conseguir esto si nos limitamos a ser felices por haber perdonado movidos por amor hacia los demás. Incluso aunque mañana se enfaden con nosotros, nos damos cuenta de que tenemos que perdonar eso también. Por tanto, nos limitamos a seguir practicando el perdón, sin permitirnos caer en la fatiga por el continuo esfuerzo de haber perdonado. Desarrollar un desapego a las recompensas tras haber expresado nuestro perdón se convierte en una recompensa en sí misma. Nos sentimos felices con el simple hecho de perdonar y aceptamos cualquier cosa que emane de ello. Nuestra falta de apego, o de preocupación, a un resultado en particular cuando los demás rechazan nuestros esfuerzos, nos aporta la satisfacción y la espaciosidad necesarias para seguir perdonando de manera incansable.

A pesar de no buscar una recompensa por nuestra práctica del perdón, obtenemos muchas recompensas. Lo más inspirador de todo es el desarrollo que observamos interiormente en un breve espacio de tiempo, por el simple hecho de haber llevado a cabo esta práctica. En eso consiste encontrar la renovación de la esperanza, que actúa como un bálsamo que alivia nuestra mente. Comenzamos a experimentar una especie de revisión de toda nuestra forma de vida, nuestro antiguo estado de ánimo se ve sometido a una etapa de renovación y se instala un nuevo estado de ánimo. Rectificar es muy importante, ya que cuando renovamos la esperanza nos sentimos como si renaciéramos con un propósito y una energía vital renovados. Es como encontrar una joya preciosa que queremos guardar con gran devoción y respeto. Todo lo que podamos hacer con esta nueva energía y con este propósito dependerá en gran medida de la fuerza de nuestra fe y de la devoción que sintamos en el proceso de renovación que estamos llevando a cabo.

Nos sentimos sorprendidos por las cosas buenas que nos ofrecen los cambios, porque hasta entonces casi siempre hemos tomado nota sólo de esas cosas buenas que estaban próximas a nosotros. La ventaja que tiene el perdón es que ahora empezamos a ver sólo las cosas buenas, y ni siquiera tenemos que esforzarnos demasiado para conseguirlo. Nuestra vida es buena, nuestro país es bueno, nuestro trabajo es bueno, nuestra salud es buena. Sin embargo, todas esas cosas están sujetas a cambio pero, por ahora, son todo lo buenas que podían ser. Todo está bien. Incluso si estamos enfermos nos alegramos, porque podríamos estar muertos, y sin embargo todavía seguimos vivos. El perdón nos permite encontrar los aspectos positivos que existen en todos los ámbitos de nuestra vida.

A través del cultivo del perdón hemos pasado de tener una visión impura a una visión más pura de nuestro mundo y de las relaciones que hay en él. Nos sentimos sorprendidos, porque no nos habíamos dado cuenta de que nuestras percepciones y nuestros pensamientos se podían purificar de este modo. Pensemos en cualquier tipo de purificación ordinaria, como lavar a mano una camisa sucia. ¿Qué estamos tratando de hacer? Si pensamos en ello, es evidente que la blancura ya estaba presente en la camisa. Lo único que estamos haciendo es separar la suciedad que estaba oscureciendo temporalmente la blancura de la camisa. La suciedad nunca formó parte de la prenda, así que cuando la lavamos simplemente estamos revelando la limpieza que siempre se encontraba allí. Del mismo modo, todo el atractivo aspecto positivo que hay en nuestro interior se renueva a través de la práctica del perdón. Es conveniente saber que siempre hubo bondad en nuestro interior; simplemente teníamos que sacarla a la luz.

Recordando la buena voluntad con la que leemos este libro, podemos sacar algo de él que pueda beneficiar no sólo a nosotros a través de lo que queda en nuestra vida, sino también a cualquier persona con la que nos encontremos en adelante. Podemos dedicar esos méritos a nosotros mismos, a nuestra familia, a nuestros amigos y a todos los innumerables seres, vistos y no vistos, hacia los cuales debemos sentir compasión. Espero que sigamos estando llenos del espíritu del perdón que hemos comenzado a vislumbrar y que tratemos de incorporarlo sinceramente a nuestras vidas.

Las maravillosas y compasivas enseñanzas de Buda son regalos que sólo podrían haber procedido de la mente de un ser que ha aplicado esas prácticas y esos principios en su vida y que ha alcanzado la Iluminación a través de ello. Deberíamos apreciarlas de corazón e incorporarlas a nuestra vida diaria, tanto en nuestra práctica formal como, por lo general, en todas nuestras actividades. Si practicamos con regularidad, en sólo unas semanas o meses nos daremos cuenta de que estamos haciendo algo que hemos deseado hacer desde hace tiempo. Como consecuencia de ello, los beneficios para nosotros mismos y para los demás llegarán más allá de lo que podríamos haber concebido.

# TERCERA PARTE
## El incansable corazón compasivo

Incluso después de haber comenzado a mejorar nuestras relaciones desarrollando buena voluntad y perdón, todavía podemos encontrar algunas dificultades. Cuando ayudamos a los demás, a menudo lo hacemos teniendo en mente la consecuencia de nuestros actos, pero si no alcanzamos los resultados que esperamos, nos cansamos de esforzarnos por mantener y mejorar nuestras relaciones. Por tanto, hemos encontrado otro motivo de insatisfacción en nuestras relaciones con los demás, cuando sólo tratábamos de ayudarlos.

Esta sensación de insatisfacción puede adoptar varias formas. Entre las más comunes se encuentra la sensación de fatiga. Nuestra motivación flaquea, al igual que nuestro ánimo, y nuestras buenas intenciones y nuestras acciones virtuosas simplemente merman nuestra energía. Podemos volvernos menos entusiastas con nuestros esfuerzos por crear armonía en nuestras relaciones o por ayudar a los demás, y comenzamos a dudar de nuestra capacidad para alcanzar una felicidad duradera. En este capítulo, examinaremos varias formas de comprender cómo creamos tensión en nuestra vida y de darnos cuenta con mayor plenitud de nuestra capacidad de curación.

## EL DESARROLLO DE UN CORAZÓN INCANSABLE

Nos relacionamos con los demás de maneras muy distintas y en diferentes momentos: como amigos, como amantes, como conocidos, como compañeros de trabajo, como padres o como familiares. Todas nuestras relaciones requieren nuestra constante buena voluntad, bondad y compasión, así que si nos cansamos de dar y de alimentar nuestras relaciones, éstas no durarán mucho y dejarán de ser vibrantes y plenas.

Una de las cosas que todos tenemos en común es nuestro deseo de ser beneficiosos y de ayudar a los demás. No tratamos de hacer daño a los demás, tenemos mucha buena voluntad y disposición a ayudar, y la podemos ofrecer a los demás para satisfacer las expectativas que tengan hacia nosotros. Esperamos estar en lo cierto al asumir que lo que hacemos es bueno tanto para los demás como para nosotros mismos. Si comprendemos verdaderamente cómo funciona la relación de causa y efecto, nos daremos cuenta de que las acciones virtuosas conducen a un resultado positivo: ésa es la ley del karma. Si conocemos la causa de algo y creamos esa causa, no podemos sentirnos decepcionados con el resultado. Sin embargo, como desconocemos la relación que existe entre causa y efecto, muchas veces nosotros mismos creamos dificultades y estrés cuando los resultados de nuestros actos no son los que esperábamos.

Muchas personas que trabajan en la comunidad un día tras otro, tanto si lo hacen cobrando como si no, acaban siendo víctimas del resentimiento. Se vuelven amargadas por el esfuerzo y la energía que invierten sirviendo a los demás. Cuando nos permitimos que las buenas intenciones hacia los demás se agoten, comenzamos a experimentar algo que podríamos denominar "fatiga de compasión". La fatiga de compasión aparece cuando, tanto si nuestro esfuerzo por beneficiar a los demás tiene éxito como si no, la ayuda que les estamos prestando se convierte en sí misma en un objeto de nuestro resentimiento.

Una de las razones para que aparezca nuestra fatiga es nuestra parcialidad en la elección de los objetos adecuados de nuestra generosidad o de compasión, porque muchas veces hacen que nos cansemos de seguir dando. Con frecuencia, las personas hacia las que sentimos afecto son los objetos preferidos de nuestra bondad o de nuestra caridad. Como consecuencia de ello, se convierten en objetos de bondad "adoptados", de tal modo que acabamos dando a una causa o a una persona en particular mucho más de lo que lo hacemos a cualquier otra persona o causa. Por tanto, podemos preocuparnos más por el hecho de pensar hacia quién somos generosos, en lugar de preocuparnos por lo que estamos dando, o por encontrar el momento adecuado para dar.

Nuestro apego hacia el objeto de nuestra generosidad contribuye a que aparezca nuestra fatiga de compasión. Encontramos un significado a nuestra costumbre de dar y de hacer cosas para los objetos preferidos de nuestra gratitud, bondad o compasión, ya que éstos se encuentran entre los múltiples factores de motivación que nos han conducido a desear ayudar a los demás. Podemos ofrecernos voluntarios sin dudarlo, antes de tener un conocimiento objetivo de las necesidades de los demás, y nuestro deseo de ayudar muchas veces no guarda relación con sus necesidades. Nuestro intenso deseo de ser necesitados por los demás y de servir de ayuda se vuelve más importante que el hecho de considerar si en realidad necesitan lo que estamos haciendo por ellos. Queremos ser útiles para que así puedan apreciarnos, y queremos extraer fuerza y felicidad de las cosas que damos a través del reconocimiento que recibimos. Si nuestras acciones han sido virtuosas, podemos incluso recibir las recompensas que buscamos.

Cuando reconocemos que las cosas a las que nos aferramos no pueden aportarnos una felicidad duradera, sabemos que también podemos desprendernos de ellas a través de nuestra generosidad hacia los demás. Esto puede proporcionar una felicidad inesperada, que es una felicidad que permanece. Todos sabemos cómo dar hasta cierto punto las cosas que poseemos, ya sea nuestro tiempo, nuestra energía, nuestro esfuerzo o nuestros recursos. Nos gusta que nos vean que, de alguna manera, beneficiamos a los demás. No necesitamos ser trabajadores sociales, maestros espirituales o filántropos para beneficiar a los demás. Lo que nos une a todos los seres humanos es nuestro deseo de ser de alguna utilidad para los demás. Pero no podemos culpar de nuestra fatiga de compasión a nuestro instinto por beneficiar a los demás. La bondad básica que nos impulsa a desear servir de ayuda a los demás es una base sobre la que podemos asentar una relación. Podemos llamarlo compasión, o simplemente podemos considerarlo como nuestra forma de ser básica. Estaremos llevando una vida decente si al menos podemos ayudar en algo a aquellas personas que están cerca de nosotros, por no hablar de ayudar a las personas que están más lejos de nosotros.

Como nos desborda el entusiasmo por querer ser alguien importante en la vida de los demás, muchas veces somos incapaces de evaluar si lo que les estamos dando va a ser beneficioso tanto para ellos como para nosotros. Algunas veces tenemos una agenda oculta: queremos satisfacer nuestra necesidad de sentirnos dignos haciendo cosas por los demás.

Es habitual que nos sintamos motivados a dar y siempre tratamos de encontrar un resultado beneficioso a nuestra generosidad. Algunas veces, este resultado está relacionado con el fomento de nuestros propios intereses. Dar a los demás simplemente se convierte en una manera de hacer que seamos felices. Podemos sentirnos apegados tanto al objeto al que damos como al resultado que tratamos de conseguir a través de nuestra generosidad. Queremos encontrar satisfacción en las cosas que damos, en el tipo de recompensas que esperamos que nos reporte. Si no conseguimos el resultado deseado, lo cual puede deberse a que esperábamos el mejor resultado posible, cualquier cosa que recibamos a modo de recompensa por nuestra generosidad nos parecerá insuficiente. Podemos llegar a sentir resentimiento hacia las cosas que hemos dado o que hemos hecho por los demás porque pensamos que es un mal momento para obtener ese resultado o que es una recompensa insuficiente.

Puede parecernos que hemos dado en abundancia o que lo hemos hecho continuamente, y que no hemos recibido ninguna recompensa por nuestra generosidad. Por esa razón, en la *Oración del Refugio* (que aparece en la página 92), decimos: "Que por los méritos virtuosos que acumule con la práctica de la generosidad y otras perfecciones, pueda lograr el estado de un Buda para poder beneficiar a todos los seres". Esto nos anima a tratar de dar en todo momento con el propósito más elevado para que no cesemos de ser generosos. Sin embargo, normalmente damos y luego recibimos algo a cambio, dependiendo de cómo pensamos que deberíamos ser recompensados. También calculamos cuánto hemos dado en comparación con lo poco que hemos recibido. Cuando sentimos que hemos estado dando continuamente sin recibir la recompensa esperada, podemos cansarnos de seguir mostrando nuestra generosidad.

La fatiga de compasión no es algo infrecuente, y no es algo que nos tengan que enseñar. A todos se nos da muy bien desarrollarla desde el mismo momento en el que nacemos. Estamos esperando fervientemente servir de ayuda a los demás, pero muy poca gente sabe dar por el simple placer de dar, sin esperar nada a cambio. Nos resulta muy difícil limitarnos a disfrutar de la virtud de dar por sí misma, ya que deseamos recibir cuanto antes alguna recompensa. No somos capaces de comprender que cualquier cosa que demos será recompensada sin que nos demos cuenta de ello. Como consecuencia de esta falta de entendimiento de la ley de causa y efecto, podemos sentir que el beneficio de lo que hemos dado es como una moneda que arrojamos al mar: nunca más volverá a nosotros.

No actuamos sabiamente cuando pensamos lo rápidamente que deberían recompensarse las acciones virtuosas y quién debería hacerlo. Podemos pensar: "Le he dado algo y él no ha hecho nada por mí, así que no voy a volver a darle nada. Tal vez le dé algo a otra persona, ya que ésta puede que me recompense con mayor celeridad". Por tanto, decidimos cambiar el objeto de nuestra generosidad, pero eso ya lo hemos intentado en infinidad de ocasiones en el pasado, así que no es de extrañar que nos fatiguemos con tanta facilidad.

## EVITAR LA FATIGA DE COMPASIÓN: EL IDEAL DEL *BODHISATVA*

Las enseñanzas de Buda nos explican de qué modo podemos utilizar la sabiduría para evitar esta fatiga o este agotamiento, pero primero debemos comprender cuál es el ideal del *bod-*

*hisatva*. *Bodhisatva* es una palabra que procede del sánscrito: *bodhi* significa "Iluminación" y *satva* significa "ser". Las enseñanzas de Buda nos dicen que podemos evitar la fatiga de compasión a través del ideal del *bodhisatva*, porque el ideal valeroso de un ser Iluminado no trata de obtener ningún resultado de las acciones virtuosas. Pero si un *bodhisatva* es un ser Iluminado, ¿cómo podemos adoptar el valor de semejante ser? La falta de valor de un ser no Iluminado se basa en el egoísmo: "Cuando doy algo, quiero esta recompensa en un tiempo determinado". Está garantizado que vamos a ser recompensados de alguna manera por nuestras acciones virtuosas, pero no tenemos por qué recibir necesariamente la recompensa en el momento que queremos, o de las personas que pensamos que deberíamos recibirla. Los *bodhisatvas* tienen fe en la ley de causa y efecto, de tal modo que no necesitan hacer un seguimiento de todo lo que dan a los demás o de qué es lo que los demás hicieron por ellos a cambio. De hecho, cuanto más tiempo lleven sin recibir recompensa por lo que han dado, más felices se sienten, ya que el beneficio será mayor. Teniendo esto en cuenta, sería prudente recordar que las recompensas que se reciben rápidamente son muy breves y superficiales y no nos llevan demasiado lejos.

La mente de un *bodhisatva* es lo suficientemente valerosa y espaciosa como para no tratar de obtener resultados rápidos. Los *bodhisatvas* saben que cualquier acción virtuosa que lleven a cabo producirá un resultado positivo análogo, siempre y cuando sus acciones no se vean obstruidas por el egoísmo, las dudas o las preocupaciones que produce pensar que no serán recompensadas; y siempre y cuando no interfieran con sus acciones virtuosas, extrayendo las semillas positivas que han plantado anteriormente.

De igual manera que una semilla plantada en la tierra necesita ciertas condiciones para crecer, nosotros también necesitamos la humildad necesaria para tomarnos un respiro antes de sentirnos cansados o agotados. Por ejemplo, una vez que hemos plantado una semilla en suelo fértil, necesita cuidados, agua, protección; todas las condiciones necesarias para su desarrollo. Algunas plantas necesitan unos cuantos años antes de poder dar fruto; otras crecen en unos cuantos meses, debido a ciertas condiciones climáticas. Después de una serie de años de malas cosechas, los campesinos más experimentados no se fatigan hasta el punto de ceder su tierra y abandonarla. Estiman su tierra más que el simple valor financiero que se le asigna. En lugar de lamentarse por los años de malas cosechas, reconocen que la tierra necesita un descanso, porque está agotada, así que muchas veces la tierra se deja en barbecho. Los campesinos más experimentados saben que necesitan respetar a su tierra y es necesario darle tiempo para rejuvenecer los nutrientes y la energía del suelo con el fin de que se den las condiciones necesarias para que se produzcan buenas cosechas en el futuro. También podemos aprender a darnos un descanso, para así poder dedicar nuestros esfuerzos a la consecución del propósito o del objetivo que tengamos en mente, sin preocuparnos por obtener un resultado en particular. De lo contrario, si ya no obtenemos ninguna satisfacción ni inspiración de nuestras actividades positivas y orientadas hacia un objetivo, podemos sentir como si nos rindiéramos y cansarnos de seguir realizando nuestras buenas obras.

## CULTIVAR LA COMPASIÓN

Los budistas definen la compasión como una inclinación virtuosa que es fruto de un profundo entendimiento del sufrimiento de los demás. Tener un conocimiento profundo del sufrimiento nos ayuda a solidarizarnos con los demás. Si tenemos un conocimiento claro de la amplitud y de la profundidad del sufrimiento por el que están pasando, podemos sentir su angustia dentro de nuestra propia mente y nos sentimos motivados por el poder de nuestro entendimiento. Advertimos que los demás son impotentes para aliviar su sufrimiento, porque siguen creando inconscientemente las causas que lo producen.

Nuestra capacidad para comprender el sufrimiento de los demás engendra una pasión en nuestro interior, haciéndonos sentir que somos tan parte de su sufrimiento, que no podemos pasarlo por alto. Posiblemente no podemos olvidarlo, ni ignorarlo, porque sabemos que su sufrimiento puede eliminarse. El sufrimiento que existe en la mente de los demás ahora es como si fuera el nuestro propio. Por lo general, muy pocos tenemos la disposición necesaria, o ni siquiera el tiempo, para rebuscar en el sufrimiento de los demás con la suficiente profundidad como para aliviarlo. De hecho, muchos de nosotros estamos incapacitados por nuestra ausencia de conocimiento de nuestro propio sufrimiento y de las causas que lo han provocado.

## La verdadera compasión

Muchas personas no sienten una verdadera compasión, porque no saben que el apego, la aversión, la ignorancia y el egoísmo son las causas de nuestro sufrimiento. Hasta que no nos damos cuenta de que el sufrimiento ha sido creado por esas "mentes venenosas", nuestra compasión en gran medida no es más que una reacción emocional a las dificultades temporales por las que están pasando las personas que se encuentran más cerca de nosotros. Sentimos compasión por nuestros amigos y por nuestros seres queridos, tanto si los vemos sufrir delante de nosotros como si simplemente nos han hablado de su sufrimiento. En nuestra mente somos incapaces de contener nuestras emociones, así que rápidamente respondemos para aliviar la situación, poniendo una "tirita" emocional sobre ella. Muchos practicamos este tipo de compasión de "primeros auxilios".

Eso no es un entendimiento del sufrimiento ni de las causas que lo han producido. No es más que una reacción emocional para encubrir el sufrimiento de los demás y no tener que sentirnos abrumados más por nuestra exposición a ellos. Realmente están ahí para evitar que tengamos que saber cuál es la causa del sufrimiento. Esta compasión de "primeros auxilios" no es una verdadera compasión. Sentimos que tenemos que arreglar rápidamente las cosas para que desaparezcan y así no tener que volver a verlas.

Cuando somos capaces de reconocer las causas de nuestro propio sufrimiento, también comenzamos a reconocer cuáles son las causas del sufrimiento de los demás (que no son conscientes de que las han creado). También sabemos exactamente por lo que están pasando. Al mismo tiempo, podemos no estar seguros de cómo podemos hablarles de ellas sin herir sus sentimientos. ¿Cómo podemos hacerles saber que son ignorantes y egoístas sin realmente llegar a decírselo? Nos cuesta decir a nuestra hermana, a nuestro padre o a nuestra pareja que son egoístas, ignorantes o codiciosos. La razón por la cual no queremos decirles esto es porque se supone que debemos apoyarlos, de ponernos de su parte. Incluso podemos decirles que son virtuosos cuando en realidad se están comportando de manera estúpida. Ésa es nuestra manera convencional de "ayudar" a los demás: aunque hayan hecho algo terrible, actuamos como si no hubiera sido así. Incluso podemos tratar de defender su nombre, de tal modo que no tengan que pasar por el sufrimiento que han producido como consecuencia de sus propias acciones. Este comportamiento frecuente y aparentemente bondadoso se cobra un precio muy alto. Nos crea más sufrimiento, aunque no nos permite ayudar a los demás a aliviar el suyo, ya que deja indemne la causa principal de su sufrimiento. Muchos de nosotros no tenemos el conocimiento penetrante para darnos cuenta de esto y tampoco tenemos el valor necesario para discutir con los demás cuál es la causa principal de su sufrimiento. Es más probable que queramos hacerles sentir que no están solos, que estamos con ellos en todo momento.

Muchas personas sólo quieren que les digamos lo que quieren oír y normalmente tenemos miedo a molestarlas. Todavía no tenemos la capacidad necesaria para sentir su sufrimiento y para ayudarles a reconocer cuáles son sus causas. Simplemente tratamos de poner una venda sobre la herida, para que así no tengan que mirarla, que es la causa principal de su sufrimiento.

La fatiga de compasión es consecuencia de la ausencia de un verdadero conocimiento del funcionamiento de la ley de causa y efecto. Cuando nos sentimos muy fatigados al intentar ser bondadosos con alguien –tratando de aliviar su sufrimiento- es posible que nos demos cuenta de que necesitamos que alguien sea bondadoso con nosotros para aliviar nuestra fatiga o nuestro sufrimiento. Esto hace que entremos en un ciclo de fatiga de compasión. Comenzamos por tratar de ayudar a los demás a aliviar su sufrimiento y en seguida nosotros también acabamos sufriendo, tal vez deseando que nunca tengamos que pasar por su misma situación. Esto puede engendrar un sentimiento de resentimiento hacia el dolor que nos ha causado y por el tiempo que pensamos que hemos malgastado. Podemos sentir como si todo el tiempo y la energía que hemos entregado a los demás hubiera sido un error. Este resentimiento emana de la ignorancia de las causas que han producido el sufrimiento.

Si alguien coloca un simple cabello en la palma de nuestra mano, probablemente no nos daremos cuenta de que está allí. Así también es nuestra ausencia de conocimiento de las causas que han producido el sufrimiento. Por otra parte, si alguien coloca el mismo cabello en nuestro ojo, lo advertiríamos inmediatamente. Así también es la sabiduría de Buda sobre el completo entendimiento de las causas de nuestro sufrimiento. Si ignoramos la relación que existe entre el sufrimiento y sus causas, cuando tratamos de ayudar a los demás en seguida nos sentiremos agotados. Incluso podemos agotar inadvertidamente a aquellas personas a las que tratamos de ayudar. Como carecemos de la supersensibilidad de Buda para conocer verdaderamente el sufrimiento de los demás, así como sus causas, no tenemos la sabiduría necesaria para ayudarles a reconocer el origen de su sufrimiento.

Nuestra fatiga, o ausencia de verdadera compasión, se debe a nuestra oferta de compasión de "primeros auxilios", que es la compasión reactiva y emotiva con la que respondemos en cuanto vemos que se está produciendo el sufrimiento. Ésta es una compasión casi incondicional. Una compasión que nos lleva a reaccionar inmediatamente ante lo que erróneamente pensamos que es una buena causa.

### Los votos del bodhisatva: Las cuatro herramientas

En el budismo, el ideal supremo de compasión es el ideal *bodhisatva*, que se entiende mejor a través de los votos del *bodhisatva*. Los *bodhisatvas* toman el voto de ayudar a los demás. Para ello, aplican cuatro herramientas, que son características de los votos, con el fin de que les ayuden. Las cuatro herramientas son la determinación, la súplica, la promesa y la dedicación.

La primera de estas herramientas es la determinación: un *bodhisatva* toma el voto de: "Estoy decidido a acabar con los sufrimientos de los demás". Un *bodhisatva* no piensa que esta tarea debería dejarse en manos de los demás, sino que decide: "Haré todo lo que sea necesario, estoy decidido a acabar con el sufrimiento de los demás".

La segunda herramienta es la súplica, en la cual un *bodhisatva* reza: "Cuando mis votos fallen o mi determinación para aliviar los sufrimientos de los demás decrezca, por favor, que tenga la capacidad de recuperar la motivación, de tal modo que permanezca fuerte y no me venza la fatiga".

La tercera herramienta es la promesa, que un *bodhisatva* realiza para ser una persona que da los pasos necesarios para aliviar los sufrimientos de los demás. "No debo esperar a que los demás actúen, ya que soy yo el que debería hacer algo para acabar con el sufrimiento de los demás".

La cuarta herramienta es la dedicación, que es la más importante de las cuatro herramientas. Cada vez que un *bodhisatva* hace algo para ayudar a los demás, en seguida lo dedica. "Que mis intentos de generar la mente altruista de la *bodhichita*, por muy pequeños que hayan sido, lleven al final del sufrimiento de los demás". Los *bodhisatvas* no sólo dedican sus logros, sino también sus esfuerzos.

*Dedicar nuestras acciones virtuosas*

Los *bodhisatvas* son seres valientes e iluminados que no sólo se adiestran para motivarse a sí mismos a hacer el bien, sino que también dedican inmediatamente sus acciones. Por tanto, al igual que los *bodhisatvas*, nosotros también deberíamos dedicar una acción virtuosa tan pronto como la hayamos realizado, con independencia de lo pequeña que sea, sin pensar que es una acción demasiado trivial como para dedicarla a alguien. Podríamos pensar que nuestra acción virtuosa es como una pequeña chispa que puede convertirse en un inmenso fuego, o podemos reflexionar en el que una gota de agua puede ayudar a llenar un cubo cuando se une a otras gotas.

*Meditación en los Cuatro Inconmensurables*

Todo el mundo quiere ser feliz, pero la felicidad sólo se puede encontrar en asociación con otros seres. La felicidad de una persona depende de la felicidad de los demás y la felicidad de los demás depende de la felicidad de uno mismo, porque todos somos interdependientes. Para poder ser felices, necesitamos cultivar actitudes saludables hacia los demás en nuestra sociedad y hacia todos los seres sintientes. Hay muchos seres sintientes. Su número es tan vasto como el cielo y tenemos que aprender a incluir a todos ellos en nuestra meditación y en nuestras oraciones. Una famosa práctica budista tradicional que incluye a todos los seres sintientes es la meditación en los Cuatro Inconmensurables, llamados así porque se dirige hacia un número inconmensurable de seres sintientes y porque el karma positivo que se produce a través de esta práctica es inconmensurable. Aunque esta meditación consiste en cultivar las cualidades positivas del amor, la compasión, la alegría apreciativa y la ecuanimidad para todos los seres sintientes, comenzamos por concentrarnos en cualquier persona a la que nos resulte más fácil desarrollar todas esas cualidades.

El beneficio que reporta desarrollar actitudes sociales positivas a través de la práctica de la meditación en los Cuatro Inconmensurables es que produce una serie de cambios positivos en nuestra vida social y personal. Nos libera de los sentimientos de rencor, crueldad, celos y deseo, de tal modo que podemos experimentar más felicidad en nuestro interior y en nuestras relaciones con los demás. En casa, en la escuela o en el trabajo, experimentaremos una nueva sensación de armonía con los demás. Estas actitudes saludables nos ayudarán a relacionarnos adecuadamente con los demás en todos los aspectos de nuestra vida. Al cultivar esas actitudes saludables podemos reducir poco a poco nuestras emociones negativas y alcanzar la felicidad, tanto ahora como en el futuro. También se dice que esta meditación puede armonizar nuestros cuatro elementos interiores –tierra, agua, fuego y aire– y fomentar la buena salud.

*El amor inconmensurable*

El primer inconmensurable es el amor inconmensurable, que es el deseo de que todos los seres sintientes sean felices y sepan cómo crear las causas que producen la felicidad. El amor inconmensurable contrarresta el rencor y fomenta la buena voluntad. La actitud del amor es parecida al sentimiento que tiene una madre afectuosa hacia su hijo: el deseo de que su hijo pueda disfrutar de una buena salud, tener buenos amigos, ser sabio y tener éxito en la vida. En resumen, una madre afectuosa desea sinceramente que su hijo sea feliz. Podemos llegar a desarrollar la misma actitud amorosa hacia nuestra propia madre, hacia nuestro padre, hacia un amigo en particular o hacia los demás miembros de nuestra comunidad local o de nuestra nación. En cada caso, deseamos que todas las personas implicadas disfruten de felicidad.

Sin embargo, para poder practicar adecuadamente la meditación sobre el amor, deberíamos comenzar por nosotros mismos, cultivando el deseo de ser felices y de tratar de comprender las causas de nuestra propia felicidad. Poco a poco, esta práctica nos permitirá eliminar las actitudes y las acciones no virtuosas que producen desdicha. Cuando hemos desarrollado un sentimiento de amor hacia nosotros mismos, entonces podemos empezar a sentirlo hacia un pariente cercano o hacia un amigo. Después de esto, podemos empezar a realizar una tarea más difícil de desarrollo del amor hacia los extraños e, incluso, hacia los enemigos. A continuación, extendemos esta actitud hacia todos los miembros de nuestra comunidad y de nuestra nación, y finalmente hacia todos los seres sintientes en todos los ámbitos de la existencia.

Al principio, el alcance de nuestro amor se limita a aquéllos hacia los que sentimos un apego o una preocupación natural. La práctica de la meditación en el amor hacia aquellas personas que están más próximas puede mejorar la calidad de nuestro amor y reducir el peligro de que nos volvamos posesivos hacia ellos. Pero esta meditación requiere que extendamos la bondad no sólo hacia aquellas personas con las que nos sentimos más cerca, sino también hacia aquellas personas por las que sentimos resentimiento y enemistad. Por último, seremos capaces de extender el amor hacia todos los seres sintientes en todos los ámbitos de existencia, muchos de los cuales nos resultan desconocidos. Sólo entonces, la actitud ordinaria del amor que se encuentra en la vida diaria alcanza el estado de lo sublime o de lo inconmensurable.

La práctica del amor inconmensurable está asociada al elemento tierra; fortalece nuestra cualidad terrenal y nuestra capacidad para establecer un vínculo con las necesidades de los demás, sin que nos distraigan nuestros propios deseos. La práctica del amor produce células fuertes para evitar que los músculos, los huesos y las articulaciones se debiliten y para que mejore la efectividad de la medicina convencional en la curación de enfermedades de las partes sólidas y terrenales de nuestro cuerpo.

*La meditación en el amor con las cuatro herramientas*

Cuando practicamos esos cuatro pensamientos inconmensurables, podemos aplicar las cuatro herramientas con el fin de mejorar nuestra práctica de cada una de ellas. Las cuatro herramientas son la determinación, la súplica, la promesa y la dedicación. Para mejorar nuestra práctica del amor inconmensurable, recitamos las siguientes oraciones:

## Determinación

Qué maravilloso sería que todos los seres sintientes fueran felices y tuvieran las causas de la felicidad. Haré que puedan encontrar la felicidad y que sean capaces de crear las causas de la felicidad.

## Súplica

Por favor, pido que todos los seres Iluminados me presten atención. Que sea capaz de dar origen al amor hacia todos los seres sintientes. Que sus bendiciones continúen inspirándome para cumplir estos deseos, sin apartarme de este noble objetivo.

## Promesa

Haré el voto ante todos los seres Iluminados de hacer lo posible para que todos los seres sintientes sean felices y sepan cómo crear las causas de la felicidad. Que el poder de aquéllos que mantengan este voto haga que todos los seres sintientes encuentren felicidad y las causas de la felicidad.

## Dedicación

Que cualquier mérito, por muy pequeño que sea, que se adquiera de esas actividades cause que todos los seres sintientes sean felices y tengan las causas de la felicidad. Que aprenda a dedicar cada acto de amor a todos los seres sintientes y nunca me aferre a ellos.

## La compasión inconmensurable

El segundo de los Cuatro Inconmensurables es la compasión inconmensurable, que es el deseo de que todos los seres sintientes sean libres del sufrimiento y de las causas que lo producen. Esta actitud contrarresta la aversión y el resentimiento.

Podemos observar la actitud natural de la compasión en el mundo que nos rodea. Por ejemplo, cuando una madre afectuosa observa que su hijo está gravemente enfermo, se siente conmovida de manera natural por la compasión y desea sinceramente que su hijo se libere del sufrimiento que le produce la enfermedad. Del mismo modo, muchos de nosotros hemos experimentado sentimientos de compasión al ver el sufrimiento de nuestros seres queridos, de nuestros parientes, de nuestros compañeros de la escuela o de nuestras mascotas.

Para adquirir el sublime estado de ánimo de infinita compasión y ser capaces de dispensar nuestra compasión de manera eficaz, necesitamos tener la sabiduría que nos permita saber cuál es la naturaleza del sufrimiento. Cuando practicamos la compasión, conviene que recordemos que el sufrimiento es impermanente, de igual manera que todos los seres sintientes también lo son. Cuando los seres sintientes están sufriendo, son incapaces de pensar que el sufrimiento es impermanente y no son conscientes de que el "yo" que sufre no existe inherentemente. Algo que existe inherentemente debe hacerlo desde su propia esencia, sin depender de nadie más. Además, no puede estar sujeto a cambio.

Es importante que sepamos cómo nuestra ignorancia acerca de nuestra verdadera naturaleza incrementa las causas de nuestro sufrimiento. El "yo" por el que estamos preocupados no es lo que somos. Nuestro nombre, cuerpo, color de piel y género son simples etiquetas, no son nuestro "yo". Después de realizar un meticuloso examen, descubrimos que el "yo" no se encuentra en ninguna de esas características ni en el conjunto de las mismas, ya que no son más que una serie de etiquetas. Aferrarse a lo que es el "no yo" como si fuera el "yo" es la causa principal de todo nuestro sufrimiento.

Hasta que no tengamos la sabiduría necesaria para discernir la naturaleza de las cosas –el "vacío" de todos los fenómenos- persistirá nuestra ilusión de sufrimiento inherentemente existente. Una vez que alcanzamos la sabiduría que nos permite comprender el vacío, con este entendimiento podemos todavía practicar la compasión hacia el sufrimiento en un nivel relativo. Sin embargo, si somos capaces de recordar la impermanencia del sufrimiento y la ilusión que percibe que los seres sintientes existen inherentemente, permitimos que nuestra compasión ayude a los demás sin aferrarse a ellos ni sentir resentimiento hacia ellos. Esto impide que nuestra práctica de la compasión cree nuevas causas de sufrimiento.

Tenemos que sentir mucha empatía hacia los demás para examinar en profundidad su sufrimiento y las causas que lo han producido. La compasión es como el elemento agua, ya que corre a mucha profundidad. Gracias a la cualidad acuosa de la compasión, podemos disipar cualquier sufrimiento.

La práctica de la compasión no sólo nos ayuda a conocer el sufrimiento, sino también a reconocer su impermanencia y la ausencia de existencia inherente de la persona que está padeciendo el sufrimiento. La práctica de la compasión produce células fuertes para evitar que la sangre se coagule, que aparezcan las enfermedades de los fluidos corporales y que haya una mala circulación. Puede mejorar la eficacia de la medicina convencional en la curación de enfermedades de la parte inferior del cuerpo.

Para desarrollar compasión, deberíamos comenzar eligiendo a una persona cuyo sufrimiento haga que emerja de manera natural un sentimiento de compasión en nuestro interior. Una vez que nuestra compasión ha emergido, podemos pasar a desarrollarla poco a poco hacia los parientes, amigos, extraños e, incluso, enemigos. Con este entendimiento, nuestra compasión puede extenderse más allá del grupo limitado de personas a las que amamos o apreciamos.

La compasión debe extenderse a todos los seres sintientes en todos los planos de existencia antes de que pueda volverse "inconmensurable". Por tanto, tal como sucedía con nuestra meditación en la bondad, nuestra compasión debería extenderse en última instancia a todos los seres sintientes sin excepción.

*La meditación en la compasión con las cuatro herramientas*

### Determinación

Qué maravilloso sería que todos los seres sintientes se liberaran del sufrimiento y de las causas que lo produce. Haré que todos los seres sintientes se liberen del sufrimiento y de las causas que lo producen.

### Súplica

Por favor, pido que todos los seres Iluminados me presten atención. Que sea capaz de sentir compasión hacia todos los seres sintientes. Que sus bendiciones continúen inspirándome para cumplir estos deseos, sin apartarme de este noble objetivo.

### Promesa

Haré el voto ante todos los seres Iluminados de hacer lo posible para que todos los seres sintientes estén capacitados para liberarse del sufrimiento y de las causas que lo produce. Que el poder de aquéllos que mantengan este voto haga que todos los seres sintientes se liberen del sufrimiento y de las causas que lo produce.

### Dedicación

Que cualquier mérito, por muy pequeño que sea, que se adquiera de esas actividades cause que todos los seres sintientes se liberen del sufrimiento y de las causas que lo produce. Que aprenda a dedicar cada acto de compasión a todos los seres sintientes y nunca me aferre a ellos.

## La alegría apreciativa inconmensurable

El tercer inconmensurable es la alegría apreciativa. Es la actitud positiva de regocijarse de la felicidad y de la virtud de todos los seres sintientes. Contrarresta el efecto de los celos, la depresión y los pensamientos egocéntricos.

Cuando cultivamos la alegría apreciativa, podemos comenzar en primer lugar por nosotros mismos. Apreciarnos a nosotros mismos y a todo lo que tenemos es un buen principio. Si desarrollamos una opinión positiva acerca de nosotros mismos y de las personas importantes que hay en nuestra vida, mejoraremos la imagen que tenemos de nosotros mismos. Deberíamos regocijarnos de nuestra buena salud y del buen país en el que vivimos. Todo lo que tenemos, y en lo que nos hemos convertido, procede de nuestros seres queridos, de tal modo que podemos comenzar a regocijarnos de nuestros padres, de su dedicación y de la generosidad que nos demuestran. Entonces, pasaremos a regocijarnos de nuestros buenos amigos, y podemos extender esta actitud de alegría apreciativa a los parientes y a los desconocidos, a nuestros enemigos y a todos los seres sintientes.

Experimentamos lo que pensamos, así que nuestra alegría se incrementa con nuestro nivel de satisfacción y con nuestra capacidad para regocijarnos de la felicidad de los demás. Es importante saber que nuestros pensamientos positivos y virtuosos pueden fomentar nuestro bienestar y nuestra felicidad. La verdadera alegría no depende de la riqueza material, del éxito, de la fama o del poder, sino de nuestra actitud positiva hacia los objetos y hacia las personas que nos rodean. Podemos experimentar una alegría apreciativa en nuestra vida diaria cuando nos sentimos felices por los demás y pensamos de manera positiva hacia ellos.

La alegría apreciativa es como la alegría que siente un padre por el éxito y la felicidad de su hijo en la vida. Casi todos somos capaces de reflexionar sobre la experiencia de un sentimiento de alegría que produce la buena suerte de un amigo o, incluso, de un desconocido. Ésas son las formas de alegría apreciativa que se experimentan comúnmente. Cuando meditamos sobre la alegría apreciativa y la extendemos a todos los seres sintientes, y no sólo a nuestros seres queridos, experimentamos la alegría apreciativa como un estado de ánimo inconmensurable y sublime.

Debemos aprender a regocijarnos de la felicidad de los demás. La alegría es como el elemento fuego, ya que consume todo el combustible del egoísmo. Su práctica produce células fuertes para evitar la fiebre, que el cuerpo se caliente excesivamente y las enfermedades cardiacas. Puede mejorar la eficacia de la medicina convencional para curar enfermedades del corazón y del hígado.

*La meditación en la alegría con las cuatro herramientas*

### Determinación

Qué maravilloso sería que todos los seres sintientes tuvieran una felicidad que no se mutara en sufrimiento Haré que todos los seres sintientes tengan felicidad que no mute en sufrimiento.

### Súplica

Por favor, pido que todos los seres Iluminados me presten atención. Que sea capaz de regocijarme de todas las acciones virtuosas que realizan todos los seres sintientes. Que sus bendiciones continúen inspirándome para cumplir estos deseos, sin apartarme jamás de este noble objetivo.

### Promesa

Haré el voto ante todos los seres Iluminados de hacer lo posible para que todos los seres sintientes tengan una felicidad que no se convierta en sufrimiento. Que el poder de aquéllos que mantengan este voto haga que todos los seres sintientes tengan una felicidad que no se convierta en sufrimiento.

## Dedicación

Que cualquier mérito, por muy pequeño que sea, que se adquiera de esas actividades cause que todos los seres sintientes tengan una felicidad que no se convierta en sufrimiento Que aprenda a dedicar cada acto de alegría por todos los seres sintientes y nunca me aferre a ellos.

## *La ecuanimidad inconmensurable*

El último de los Cuatro Inconmensurables es la ecuanimidad, que es la actitud de considerar que todos los seres sintientes son nuestros iguales, con independencia de la relación que mantengamos con ellos en este momento. La actitud positiva de la ecuanimidad contrarresta los extremos de apego y de aversión hacia ellos.

Para cultivar la ecuanimidad, lo mejor es elegir a un desconocido como el objeto de nuestra meditación, porque por naturaleza estamos libres de los intensos sentimientos de aferramiento o de aversión hacia los desconocidos. Una vez que hemos conseguido la actitud positiva de ecuanimidad hacia un desconocido, podemos extenderla a nuestros parientes, amigos, enemigos y, luego, hacia todos los seres sintientes.

Los ejemplos comunes de ecuanimidad se pueden experimentar en la vida diaria. Por ejemplo, cuando un adulto crea su propia familia, comienza a llevar una vida independiente con sus propias responsabilidades. Aunque sus padres todavía tengan sentimientos de amor, compasión y alegría apreciativa hacia ellos, esos sentimientos ahora se combinan con un nuevo sentimiento de ecuanimidad. Sus padres aceptan la nueva independencia de su hijo y su posición responsable en la vida, y no se aferran a él.

Para obtener un estado de ánimo sublime, tenemos que extender la actitud de ecuanimidad hacia todos los seres sintientes. Para poder hacer esto, debemos recordar que nuestras relaciones particulares con nuestros parientes, amigos e incluso con nuestros enemigos son la consecuencia de nuestro anterior karma. Por tanto, no deberíamos sentir apego hacia nuestros familiares y amigos mientras vemos a los demás con aversión e indiferencia. Además, nuestros amigos antes eran desconocidos o incluso puede que fueran enemigos y es posible que un día puedan volver a convertirse en nuestros desconocidos o en nuestros enemigos.

La práctica de la ecuanimidad requiere que seamos imparciales, como si no supiéramos la manera de inclinarnos por un bando. Es como el elemento aire, ya que el aire no decide hacia dónde soplar. El viento sopla, pero no podemos verlo, ya que el aire es discreto e invisible. Sin embargo, su efecto se siente en cualquier lugar.

La meditación en la ecuanimidad nos ayuda a conservar la calma y la tolerancia. Puede mejorar nuestra respiración y la salud de nuestros pulmones. Es un antídoto contra las enfermedades respiratorias y contra algunos trastornos mentales.

*La meditación en la ecuanimidad con las cuatro herramientas*

### Determinación

Qué maravilloso sería que todos los seres viviesen en ecuanimidad sin apego ni aversión hacia los que están cerca y lejos. Haré que tengan ecuanimidad que no mute en sufrimiento.

### Súplica

Por favor, pido que todos los seres Iluminados me presten atención. Que sea capaz de que todos los seres sintientes vivan en ecuanimidad sin apego ni aversión hacia los demás. Que sus bendiciones continúen inspirándome para cumplir estos deseos, sin apartarme jamás de este noble objetivo.

Promesa

Haré el voto ante todos los seres Iluminados de adiestrarme para desear que todos los seres sintientes vivan en ecuanimidad sin apego ni aversión hacia los que están cerca y lejos. Que el poder de aquéllos que mantengan este voto haga que todos los seres sintientes vivan en ecuanimidad sin apego ni aversión.

Dedicación

Que cualquier mérito, por muy pequeño que sea, que se adquiera de esas actividades cause que todos los seres sintientes vivan en ecuanimidad sin apego ni aversión. Que aprenda a dedicar cada mérito de meditación en la ecuanimidad por la felicidad de todos los seres sintientes, de tal modo que puedan vivir en ecuanimidad sin apego ni aversión hacia los demás.

A través de la práctica de esos Cuatro Inconmensurables, sin duda crearemos las impresiones positivas en nuestra consciencia que conducirán a la futura felicidad de nosotros y de los demás. Mientras estamos cultivando los pensamientos inconmensurables, los beneficios tanto para nosotros como para los demás también serán inconmensurables.

## LOS TRES NIVELES DE COMPASIÓN

### *La compasión digna de un rey*

La práctica de los Cuatro Inconmensurables sin duda cambiará nuestra actitud hacia los demás. Cuando nos concentramos en la compasión, podemos identificar tres niveles. El primero es la compasión "digna de un rey". Este tipo de compasión emana de la creencia de que primero deberíamos ser tratados como reyes antes de cuidar a los demás como si fueran nuestros súbditos. Por tanto, en este nivel la bondad y la compasión hacia los demás es condicional: los demás primero tienen que tratarnos como a un rey antes de que los tratemos tal y como un rey bondadoso trataría a sus súbditos. Todo esto guarda relación con el hecho de anteponer nuestros intereses: la compasión del "yo primero". Si verdaderamente tratamos de ayudar a los demás a afrontar su sufrimiento, sus necesidades deberían anteponerse a las nuestras. La mayor parte del tiempo en el que sufrimos fatiga de compasión, nos vemos atrapados en nuestras propias dificultades y en la inconveniencia de tener que ayudar a los demás. Como consecuencia de ello, nos sentimos exhaustos y fatigados y podemos sentirnos resentidos por el tiempo que hemos dedicado a ayudar a los demás.

Si somos más conscientes de nuestra propia inconveniencia y de nuestras dificultades, podemos volvernos insensibles a los sufrimientos de los demás. Con una actitud de "yo primero", nuestra propia inconveniencia impacta primero en nosotros, de tal modo que no nos damos cuenta inmediatamente del sufrimiento sin resolver que padecen los posibles objetos de nuestra compasión. Cuando nuestros propios intereses no se atienden adecuadamente, decidimos que nunca más vamos a ser generosos. No sólo hemos decidido no volver a dar nunca más, sino que también lamentamos el tiempo y la energía que en el pasado hemos entregado a los demás. De este modo, no sólo evitamos hacer el bien en el futuro, sino que también nos arrepentimos de las acciones virtuosas que hemos hecho en el pasado. Podemos estar atrapados en este ciclo, sin saber cómo ser útiles para los demás, o incluso para nosotros mismos.

Al mostrarnos insensibles al sufrimiento de los demás, podemos volvernos más insensibles hacia nuestros propios sufrimientos. En particular, nuestro resentimiento hacia la ayuda que hemos ofrecido en el pasado puede volver a visitarnos como la causa principal de nuestra fatiga. Nuestra mente intranquila puede pensar: "Nunca debería haber hecho esto, así que ¿cómo puedo seguir haciéndolo? ¿Qué voy a sacar de esto ahora?" Por otra parte, si hacemos cosas por los demás, nuestra energía nunca se agotará y nos sentiremos satisfechos con el esfuerzo que hemos hecho para beneficiarlos.

Cuando nuestra vida se vuelve muy cómoda por culpa del exceso de materialismo, es poco probable que seamos capaces de reconocer el valor del esfuerzo. Darse cuenta del valor que tiene el esfuerzo significa que podemos estar agradecidos por el agotamiento que produce, porque sabemos que tenemos que haber hecho algo útil. Cuando estamos trabajando para otra persona, una parte de nosotros no desea esforzarse, pero tenemos que hacerlo porque reconocemos que obtenemos algo de ello. Cuando nos encontramos en el primer nivel de compasión, interactuamos principalmente para obtener algo para nosotros mismos, así que tenemos muy poca motivación por ofrecer nuestro tiempo y esfuerzo simplemente por el placer de dar. Cuando no somos capaces de apartarnos de la idea del "yo primero", estamos creando kármicamente la causa del sufrimiento y de la fatiga, porque no hemos sido capaces de despojarnos alegremente del esfuerzo que hemos entregado.

Podemos mostrar esta actitud: "Como no me tratan bien, voy a dejar de ser generoso". Esta actitud domina la mente que la mayor parte del tiempo tiene una compasión del tipo "yo primero". Nuestro estado de ánimo común siempre es "primero yo, luego yo y por último yo". La mayoría de las cosas en las que estamos pensando están relacionadas de alguna manera con nosotros mismos. Si nos preocupamos por nuestros hijos, es porque son *nuestros* hijos, y no los hijos de otra persona. Hay millones de niños por los que nos podríamos preocupar y que no son los nuestros, pero nos preocupamos de nuestros hijos porque son *nuestros*. Si fueran los hijos de otra persona, no nos sentiríamos particularmente preocupados. El primer tipo de compasión, la compasión "digna de un rey", es una fuente principal de fatiga de compasión.

Cuando tratamos de cultivar la compasión, muchos de nosotros practicamos la compasión del "yo primero", pero nos cansamos de esto cuando lo que hemos dado se ha utilizado mal, no se ha recibido bien, o no ha sido re-compensado. Entonces, nos sentimos como si hubiéramos entregado nuestra compasión a la persona equivocada y nos lamentamos de ello, ideando mentalmente la historia ficticia de que todas nuestras acciones virtuosas fueron arrojadas a la basura sin haber recibido nada a cambio, como si la ley de causa y efecto (el karma) no respetara nuestras acciones virtuosas. Creemos en nuestra propia imagen distorsionada y pensamos que no es sorprendente que nos sintamos tan cansados. Es como si hubiéramos estado trabajando y ayudando a los demás durante toda la vida sin recibir nada a cambio. Ese tipo de sentimientos son síntomas de la compasión del "yo primero".

Pero la compasión del "yo primero" no es mala en sí misma si sabemos cómo evitar la fatiga que la acompaña. Tenemos que empezar por alguna parte, así que está bien empezar por nosotros mismos. De hecho, tenemos permiso para empezar por el "yo" y podemos incluso alcanzar la altura de nuestras acciones virtuosas desde el punto de vista del "yo", siempre y cuando tengamos cuidado de dedicar todo lo que hemos conseguido.

*Alegría e inspiración*

Si somos capaces de dedicar nuestra actividad a la causa que nos ha motivado a dar o a ayudar a los demás —aunque puede que lo hayamos hecho motivados por la compasión del "yo primero"-, cuando observamos lo que hemos hecho, podemos darnos cuenta de que siempre lo hemos hecho por otra persona. Podemos haber pensado que éramos egoístas, pero llegamos a la conclusión de que hemos estado haciendo buen uso de nosotros mismos ayudando a las personas que lo necesitaban. Cuando realizamos alegremente las distintas tareas para las que nos han contratado, o que nos han pedido que hiciéramos o que nos hemos prestado a hacer voluntariamente, nos sentimos como si nuestros esfuerzos tuvieran sentido. Nos sentimos agradecidos de haber podido hacer algo, en lugar de lamentarnos por haber tenido que llevarlo a cabo. Sabemos que algún día no seremos capaces de hacer nada por los demás, aunque lo queramos, ya que enfermaremos o envejeceremos o estaremos incapacitados por culpa de nuestras circunstancias mutables. En el momento presente podemos sentir agradecimiento por haber tenido la disposición a dar mientras teníamos capacidad para hacerlo. Cuando nos desprendemos con alegría de las cosas que hemos hecho por los demás, o por los dones que nos han entregado, lo hacemos con buena voluntad, deseando que la persona a la cual hemos dado algo sienta felicidad gracias a nuestras acciones. Si nos desprendemos de algo con buena voluntad, no podemos sentirnos fatigados por nuestras acciones.

Si no disfrutamos con lo que hacemos, careceremos de compasión, porque nuestra determinación marcará nuestros resultados, así que deberíamos regocijarnos por ser capaces de ayudar a los demás. Si nuestras acciones nos hacen sentir desdichados, éstas sólo pueden producirnos desdicha, con independencia de si trabajamos en una profesión humanitaria, cociendo pan, fabricando zapatos o llevando a cabo cualquier otro tipo de actividad.

La fatiga puede ser muy contagiosa. Cuando una persona en un puesto de trabajo tiene la moral baja, puede afectar a muchas otras personas. De igual modo, cuando alguien tiene la moral alta y se siente muy motivado, alegre e inspirador, los demás también se pueden sentir contentos y alegres en su entorno de trabajo. Incluso si tenemos una motivación del "yo primero", la única razón por la que podemos ser los primeros es porque tenemos personas a nuestro alrededor. Por tanto, la razón por la que podemos servir de ayuda a los demás es porque hay otras personas que lo necesitan. Deberíamos sentirnos humildes por tener una oportunidad de servir de ayuda a los demás. Debido a nuestras circunstancias, nuestra buena salud y nuestra experiencia o conocimiento en particular, podemos ser la única persona que sea capaz de realizar este trabajo o de ayudar a los demás de esta manera. Sin embargo, si nadie desea recibir nuestra ayuda, no podemos cumplir con este papel.

Si nos gusta lo que hacemos, los demás no tienen que mostrar agradecimiento por nuestros actos, ya que nuestra propia satisfacción debería ser suficiente. No tenemos necesidad de que los demás muestren su agradecimiento si somos capaces de reconocer que hemos sido afortunados por poder hacerlo. Pero una persona que practica la compasión del "yo primero" no es capaz de reconocer sus propias acciones virtuosas ni de regocijarse por haber tenido la fortuna de poder hacerlo por el bien de los demás. Por esta razón, experimentan una sensación de fatiga.

Deberíamos darnos las gracias a nosotros mismos en todo momento, en lugar de dejar un cúmulo de acciones virtuosas que nunca han sido reconocidas. Incluso si nos sentimos ligeramente agotados por nuestros esfuerzos, deberíamos recordar que lo que hemos hecho realmente merecía la pena. Necesitamos alcanzar ese tipo de sabiduría para motivarnos a seguir realizando acciones virtuosas. No importa si seguimos realizando acciones virtuosas sin que se enteren los demás, ya que es mejor para nuestro ego que los demás no se enteren, pero al menos deberíamos ser capaces de reconocer y de agradecer nuestras acciones virtuosas pasadas.

Si los demás no han sido capaces de reconocer lo que hemos hecho, se debe a su karma individual. No deberíamos preocuparnos por la ausencia de reconocimiento o de gratitud de las otras personas. Si lamentamos el hecho de que no hayan reconocido ni apreciado nuestros esfuerzos en la medida que deseamos, es casi como si estuviéramos destruyendo el bien que hemos hecho. Nuestro medio de prevenir la fatiga es regocijarnos de lo que hemos hecho y mostrarnos agradecidos porque lo que hicimos sólo fue posible gracias a los demás. De esta manera, no podemos sentirnos fatigados.

Si hemos hecho algo bueno por la mañana, nos sentimos felices y nos regocijamos por nuestros actos. De este modo, encontramos la motivación necesaria para hacer más por la tarde o por la noche. Si ya hemos dedicado lo que hicimos durante el día, no tendremos ninguna acción virtuosa sin dedicar al final del mismo. No iremos a casa desde el trabajo sintiéndonos como si hubiéramos tenido un día difícil, lamentando haber tenido que ir a trabajar. Existe una poderosa energía que se genera a través de la alegría que nos produce servir a los demás. Comenzamos a disfrutar el hecho de poder hacer cosas por el bien de los que nos rodean. Podemos pensar que algún día no seremos capaces de hacer las mismas cosas que una vez estábamos capacitados a hacer. Al menos ahora tenemos la oportunidad de hacer las cosas para las que hemos sido adiestrados. Podemos gozar de experiencia y reconocimiento, pero el adiestramiento más duro es el adiestramiento del corazón: aprender a no aferrarse a las cosas que hemos sido capaces de dar, sino regocijarnos por el hecho de haber entregado algo. Ésa es la manera de evitar la fatiga de compasión que despierta la motivación del "yo primero". Este concepto de la compasión del "yo primero" no está acuñado para hacernos sentir culpables por no poder pensar primero en los demás, sino para reconocer que, en esta etapa, somos una persona movida por el "yo primero".

Una motivación del "yo primero" puede ser problemática, ya que a veces conduce al egocentrismo en lugar de a la compasión, pero al principio es lo único con lo que tenemos que interactuar. Sería presuntuoso no pensar en nosotros mismos y en lo que podemos conseguir. ¿Cómo podemos hacer algo por los demás si no somos capaces de valorar nuestra propia capacidad, nuestro talento y nuestra capacidad de ser importantes para los demás? Necesitamos moderar este impulso, reconociendo que no existimos separados de las personas a las que ayudamos o de las que, al igual que nosotros, ayudan a los demás. Esto nos permite evitar que nos identifiquemos como un triunfador que vive inherentemente aislado de los demás. Irónicamente, cuando las personas nos agradecen lo que hemos hecho, podemos desear automáticamente darles las gracias a ellos. Muchas veces no queremos actuar como si hubiéramos hecho algo beneficioso para nosotros mismos y, por el contrario, sentimos la necesidad de agradecer la ayuda de los demás.

Si somos capaces de reconocer que sólo fuimos capaces de hacer acciones virtuosas gracias a los demás, no estaremos esperando a que los demás reconozcan nuestros actos antes de agradecérselos nosotros a ellos. Los *bodhisatvas* que asumen la responsabilidad de soportar por los demás cualquier dificultad que aparezca también están actuando desde un "yo primero". Sin embargo, su "yo primero" se expresa en términos de "Yo haré todo lo que pueda hasta que los sufrimientos de los seres se hayan eliminado".

Deberíamos seguir dedicando todo lo que hacemos, al menos cada día. Si es posible, cualquier cosa que hayamos hecho por la mañana deberíamos dedicarla justo antes del almuerzo. Después del descanso para el almuerzo deberíamos ajustar nuestra motivación para que vuelva a ser beneficiosa después del descanso. A continuación, podemos dedicar de nuevo nuestras acciones antes de la comida o en cualquier otro descanso que hagamos. Podemos incluso dedicar nuestro esfuerzo a comprender la fatiga de compasión, reflexionando en nuestra motivación de esta manera:

Que pueda aligerar la carga de mi incapacidad para evitar sentirme fatigado o exhausto, aprendiendo a hacer descansos humildemente antes de que me sobrevenga el agotamiento. También dedico mis esfuerzos a las demás personas que puedan sufrir fatiga de compasión en su vida personal o en su trabajo, deseando que el peso y el estrés que origina puedan aligerarse de ellos.

Cuando dedicamos con frecuencia nuestros actos, somos capaces de entregar lo que hacemos con buena voluntad. Esto ya no es un "yo primero", porque no nos estamos aferrando a nuestras acciones para nuestro propio bien. Si tratamos de aferrarnos a los beneficios que produce entregarnos, la suma de nuestras acciones virtuosas pasadas finalmente hará que nos sintamos tristes.

Podemos pensar que hemos estado tratando de ser bondadosos o generosos durante muchos años y esperar algún resultado importante o una recompensa por nuestros esfuerzos. Podemos haber esperado un resultado del tamaño de una montaña y, sin embargo, haber conseguido un resultado más pequeño que un átomo. No imaginábamos que las cosas fueran a ser de esta manera, porque cada vez que hicimos una acción positiva, teníamos en mente un resultado visible. No nos dimos cuenta de que en todo momento hicimos algo que no era más grande que un átomo. Las montañas son la acumulación a lo largo del tiempo de muchos átomos, ya que no hay montañas que aparezcan de manera espontánea. De igual modo, los méritos de nuestras acciones virtuosas pueden necesitar tiempo para generar un resultado importante.

La fatiga de compasión es la consecuencia de guardar la basura; toda la basura del apego, el resentimiento, de buscar recompensas y de desear reconocimiento. Todos ésos son productos de deshecho que guardamos y eso es lo que nos hace ser infelices, agotándonos y fatigándonos. Si comenzamos y finalizamos nuestras actividades adecuadamente, tendremos una maravillosa oportunidad de evitar esta acumulación. Comenzamos por encontrar la motivación adecuada para realizar nuestros actos y acabamos por dedicar tanto el resultado como nuestros esfuerzos para conseguirlo, tal y como hacen los *bodhisatvas*. Si soportamos cualquier penalidad antes de dedicar nuestras acciones, nos sentimos satisfechos por el esfuerzo que hemos realizado. Por tanto, la compasión del "yo primero" no conducirá a la fatiga si sabemos ajustar adecuadamente nuestra motivación y dedicamos nuestro esfuerzo de manera puntual.

### La compasión del barquero

Las personas que han madurado gracias a la compasión del "yo primero", pasan al segundo nivel de compasión, que es una forma de compasión mucho más natural. En lugar del "yo primero", este nivel de compasión se alcanza cuando comprendemos que "todos estamos en esto juntos", lo que algunas veces se denomina la compasión del "barquero". Un barquero utiliza su embarcación y sus remos para llevar a los pasajeros a su destino. El barquero dice: "Suban a bordo, aquí hay otro asiento. Vengan y siéntense con nosotros". Se asegura de que todos los asientos estén ocupados, pero él es el único que asume la responsabilidad de remar la barca. El barquero rema y rema sin descanso hasta que los pasajeros alcanzan su destino. De igual modo que un *bodhisatva* tiene la determinación de seguir actuando en beneficio de los demás hasta que su sufrimiento acabe, un barquero nunca se detiene.

En nuestra sociedad moderna, muchas veces tenemos la motivación opuesta a la compasión del barquero, anteponiendo la competitividad al cuidado de los demás. Por ejemplo, en el campo del deporte, nos gusta elogiar a los campeones y solemos olvidar o ignorar a los que no han ganado. Ésa es una actitud autodestructiva, que antepone la necesidad de ganar por encima de los sentimientos humanos. La actitud de los *bodhisatvas* es la opuesta, ya que ellos siempre anteponen primero a los demás. Esta forma de compasión más natural aparece cuando nos hemos sentido decepcionados con la compasión del "yo primero" y por eso, en cambio, tratamos de practicar la compasión pensando que los demás son iguales que nosotros.

Desarrollamos esta sensación de decepción cuando reconocemos algunas de las reivindicaciones y de la insatisfacción que sentimos cuando nos concentramos excesivamente en nosotros mismos. De lo contrario, podemos volvernos muy autocríticos. Cuando hemos practicado en exceso la compasión del "yo primero", podemos incluso sentir aversión e ira hacia uno mismo porque hemos desarrollado demasiada negatividad hacia nuestras experiencias. Si nos dejan solos y nos volvemos contra nosotros mismos, desarrollando ira, depresión y una sensación de falta de valía, podemos comenzar a creer que nuestros intentos de ayudar a los demás han sido un error. Este autosabotaje crítico comienza cuando nos cansamos de ser compasivos hacia los demás.

Cuando la práctica de la compasión no se dedica adecuadamente, no sólo nos agota, sino que también utiliza contra nosotros mismos cualquier resto de fatiga que nos haya quedado. Los propios objetos de nuestro amor pueden convertirse en los objetos de nuestra aversión. Anteriormente, se suponía que cuidábamos de nosotros mismos pero, en vez de hacerlo, empezamos a poner en peligro la propia causa de nuestro bienestar.

La compasión consiste en tener un entendimiento íntimo del sufrimiento y de las causas que lo producen y en dedicar ese entendimiento para eliminar sus causas. No consiste en intentar tratar sus síntomas, por ejemplo, poniendo una venda sobre una herida e ignorando las causas subyacentes. El desarrollo de la compasión consiste en experimentar un gran deseo de comprender cuál es la causa principal del sufrimiento de los demás. Cuando no somos capaces de comprender cuál es la causa principal del sufrimiento y practicamos un tipo de compasión propia de un "relaciones públicas" con el fin de ganarnos la aprobación de los demás, nos sentiremos fatigados. Cuando carecemos del conocimiento de la causa del sufrimiento, podemos incluso empezar a volvernos contra nosotros mismos, convirtiéndonos en la causa de nuestro propio sufrimiento adicional. Y, para colmo de males, podemos utilizar a los demás como cabezas de turco de nuestras propias circunstancias. Esta sensación de desconfianza y de crítica que generamos se puede convertir en una fuente de enemistad hacia nosotros mismos, una especie de aversión personal. En este escenario, se supone que debemos cuidar del bienestar de alguien que esté sufriendo. Tenemos la intención de eliminar su sufrimiento, pero acabamos por hacer todo lo contrario. Cuando creamos este tipo de sufrimiento, podemos hacer cosas que son perjudiciales para nuestro propio cuerpo: si tenemos una propiedad, podemos destruirla; podemos incluso volvernos violentos hacia nuestros seres queridos.

Los asesinatos dobles son la consecuencia habitual de las situaciones en las que las personas no tienen la sabiduría necesaria para saber que la causa principal del sufrimiento es el egoísmo. Al final, después de destruir incluso a los que amamos, normalmente nos volvemos contra la única persona que nos queda: nosotros mismos.

Si no sabemos cuál es la causa principal del sufrimiento de los demás, que es el verdadero objeto de nuestra compasión, no podemos aliviar su sufrimiento. De hecho, podemos incluso empeorar las cosas: al tratar de ayudarlos, podemos herirlos; al tratar de ayudarnos a nosotros mismos, también podemos herirnos. La compasión, con independencia de lo bien que suene esa virtud, no es una virtud independiente. La compasión sólo existe en relación al entendimiento del sufrimiento y de sus causas. No podemos limitarnos a seguir una receta para convertirnos en seres compasivos y aplicarla allá donde vayamos. Por el contrario, debemos comprender cuál es el verdadero dominio o el objeto de nuestra compasión, que es el sufrimiento. La compasión sólo se puede practicar cuando entendemos cuál es la causa subyacente del sufrimiento de todo el mundo, incluyendo a nosotros mismos.

Al principio, el mejor objeto con el que podemos practicar la compasión es con nosotros mismos. Si primero tratamos de practicar la compasión hacia los demás, éstos pueden pensar que estamos siendo presuntuosos. Si estamos siendo compasivos con los demás, primero deberíamos actuar de forma anónima. Al principio, simplemente estamos probando si nuestra práctica de la compasión es lo suficientemente buena como para alcanzar su objetivo de destruir el sufrimiento de los demás. Primero practicamos en nosotros mismos como objeto de nuestra compasión para poder saber en nuestro análisis del pasado que todo el sufrimiento ha sido causado por nuestro propio egoísmo, por nuestra arrogancia, por nuestra ira y por nuestra negatividad. Hasta que no tengamos la humildad suficiente para reconocer esto, es probable que no podamos practicar la compasión hacia los demás. ¿Cómo podemos comprender el sufrimiento de otra persona si ni siquiera somos capaces de entender el nuestro? Pensar que podemos eliminar el sufrimiento de los demás es algo artificial, ya que muchas veces no estamos seguros de dónde emana nuestro propio sufrimiento. Hasta que no seamos capaces de reconocer, a través de la contemplación, que la raíz de nuestro sufrimiento es nuestro propio egocentrismo, nuestra compasión es una práctica egocéntrica y no se parece en absoluto a la de un *bodhisatva*. Nuestro egocentrismo nos lleva a practicar con regularidad esta compasión artificial sin sentir la menor vergüenza.

Sakyamuni Buda no se sintió públicamente avergonzado ni humillado por el hecho de haber abandonado a su esposa, a su familia y a su reino. Miró a los demás como si fueran iguales que él. Aunque había estado en la situación privilegiada de ser un príncipe, se dio cuenta de que, en muchos sentidos, no era ningún privilegiado, aunque necesitó mucho tiempo para darse cuenta de ello. Cuando comprendió verdaderamente su sufrimiento, desarrolló una inmensa empatía que le permitió comprender el sufrimiento de los demás. Comprendió que todo el mundo era como él, que todos estábamos en el mismo barco.

No podemos afrontar esto en el sentido inverso: comprender el sufrimiento de los demás con el fin de poder comprender nuestro propio sufrimiento. Superficialmente, podemos hacerlo: podemos viajar por el mundo y comprobar de primera mano las terribles situaciones en las que viven muchas personas. Cuando regresamos, podemos sentir compasión hasta cierto punto, pero también sentimos que es un gran honor no tener que vivir como ellos. Ése es un tipo de compasión muy superficial. Para sentir una verdadera empatía por lo que los demás están pasando, primero debemos comprender cuáles son las causas más profundas de nuestro propio sufrimiento. Las causas cardinales del sufrimiento no son distintas. Con independencia de la raza, del color, del credo, del género, de la edad o de la ubicación que tengamos, las causas de nuestro sufrimiento siempre son las mismas. Las causas de todos nuestros sufrimientos son las cinco emociones aflictivas, que no son diferentes en Oriente o en Occidente. Tanto si dormimos en la habitación de un hotel occidental a quinientos dólares la noche, como si lo hacemos en el suelo, sobre una pequeña esterilla de yute en algún lugar de Asia, todos creamos sufrimiento de la misma manera.

La persona que está sufriendo en este ejemplo no es necesariamente la persona que duerme sobre la esterilla. El sufrimiento se crea como consecuencia de las cinco aflicciones esenciales, no como consecuencia de nuestra ubicación física o de nuestras condiciones externas. Cuando somos capaces de reconocernos a nosotros mismos como un buen ejemplo de sufrimiento y de las causas que lo producen, nuestra mente puede comprender los sufrimientos de los demás, incluso sin haberlo visto conscientemente. No necesitamos escuchar los detalles de su sufrimiento, ya que todo sufrimiento tiene la misma naturaleza, aunque pueda parecernos diferente.

Es reconfortante saber que contamos con mucha compañía: si imaginamos que estamos solos en nuestro sufrimiento, nos preocupamos con facilidad. Esto se debe a nuestro egoísmo. Nos lamentamos por estar solos y también sentimos mucha ira hacia nosotros mismos, algo que es completamente autodestructivo.

La compasión de los budas y de los *bodhisatvas* se desarrolla para asegurar que los seres no se vuelven contra ellos mismos. Reconocen que, cuando los seres ya no tienen un objeto externo contra el que volverse, muchas veces se vuelven contra ellos mismos.

Buda se sentó debajo del árbol *bodhi* para experimentar esta compasión tan conmovedora, que reconoce la inclinación de los seres a volverse contra ellos mismos cuando sus intentos por ayudar a los demás no producen los resultados esperados. Este tipo de compasión se conoce en el budismo como la "gran compasión". La grandeza de la compasión de Buda fue el resultado del entendimiento de que su propio sufrimiento individual podría revelar las causas del sufrimiento en la mente de todos y cada uno de los seres. Con independencia de su esfuerzo por mostrar un rostro valiente, con independencia de si vivían en un universo diferente, en un suburbio o de si vivían en condiciones distintas, todos ellos tenían algo en común: no eran conscientes de las causas de su propio sufrimiento y estaban creando inconscientemente esas mismas causas. Buda fue capaz de ver que los demás desean alcanzar la felicidad, pero crean las causas que ponen en peligro su felicidad. La mayor parte del tiempo nuestra mente es incapaz de discernir que causamos nuestro propio sufrimiento. Cuando hemos entendido nuestro propio sufrimiento, nos invade una sensación sorprendente de empatía hacia el sufrimiento de los demás. Cuando alguien comienza a crearnos dificultades, podemos verlo como si estuviéramos metidos dentro de otro cuerpo. Hay menos probabilidades de sentirnos decepcionados con su comportamiento cuando sabemos que, en realidad, es un objeto válido de nuestra compasión. Sabemos exactamente de dónde proceden los demás y comprendemos por lo que están pasando. Sabemos que con independencia de la angustia o de la dificultad por la que están pasando, no son conscientes de sus causas. Aunque tenemos un asomo de entendimiento de la causa de su angustia, no nos va resultar sencillo decirles que su sufrimiento es por culpa suya, porque eso les haría todavía más daño.

Pero, ¿cómo podemos ayudarles si no se lo decimos? Muchas veces reaccionamos negativamente a su comportamiento, algo que no será beneficioso para ellos ni para nosotros. Por otra parte, cuando tratamos de no reaccionar, nos sentimos fatigados. Tratamos de ser bondadosos hoy, y también mañana. Pero, después de intentar unas cuantas veces ser bondadosos, nos sentimos cansados. Estamos hartos de ser bondadosos. Algunas veces nos sentimos liberados cuando finalmente nos mostramos groseros, permitiéndonos ser lo que verdaderamente somos: ¿por qué deberíamos ser bondadosos cuando odiamos tener que hacerlo? Como consecuencia de ello, acabamos por ser víctimas de nuevo de la agresión.

Por tanto, el segundo modelo de compasión, la más sincera compasión del barquero, es muy humilde, porque ya no nos sentimos como si las dificultades por las que estamos pasando sean algo a lo que sólo nosotros estamos sujetos. Nuestra mente se vuelve más amplia y desarrollamos empatía al comenzar a pensar en los demás y no sólo en nosotros mismos. De este modo, nuestro propio sufrimiento se puede convertir en un poderoso catalizador para desarrollar preocupación por los demás. Nuestro corazón y nuestra mente se amplían cuando pensamos en los sufrimientos de los demás y así nuestros propios sufrimientos son más fáciles de olvidar.

El secreto para olvidar nuestro propio sufrimiento es pensar en el sufrimiento de los demás. En cuanto ajustamos la mente para pensar en el sufrimiento de los demás, nuestro propio sufrimiento se convierte en un magnífico recordatorio de todo lo que podemos hacer para aliviar la situación, de cómo podemos convertir una situación difícil en algo muy positivo. Nuestro propio sufrimiento es tan poderoso que podemos llegar a sentir los sufrimientos de los demás con mayor compasión de la que ellos pueden llegar a crear. En lugar de fatigarnos, nuestro propio sufrimiento nos infunde el valor necesario para soportar nuestras propias dificultades. En medio de nuestras dificultades nos damos cuenta de cuál es el propósito de nuestro propio sufrimiento: soportar nuestras dificultades y permitirnos ayudar a las personas que también están sufriendo, entendiendo el verdadero significado del sufrimiento. Pero la mayor parte del tiempo nuestra mente no es capaz de alcanzar este nivel de entendimiento y no somos capaces de sacar provecho de nuestras dificultades, ya que estamos intentando evitarlas.

Queremos que las cosas sean sencillas, pero cuando lo son, nos volvemos perezosos, sin darnos cuenta de que cuando estamos en medio de nuestras dificultades gozamos de una excelente oportunidad para convertir la pereza en esfuerzo.

Existe una estrecha línea entre la dificultad que es la causa de nuestros logros y la dificultad que es la causa de nuestro desánimo. La fatiga comienza a manifestarse cuando la dificultad nos desanima. Pero cuando la dificultad nos recuerda cuál es nuestro propósito, puede hacer que seamos más flexibles, reduciendo las probabilidades de que nos asusten las dificultades y aumentando las probabilidades de que las veamos como una fuente de desarrollo personal. Cuando olvidamos este propósito, nuestras dificultades nos superan y se convierten en objeto de resentimiento. En lugar de poder concentrarnos en el propósito positivo que tienen nuestras dificultades, nos sentimos completamente controlados por ellas, quedándonos con el aspecto negativo del sufrimiento. Cuando nos aferramos a nuestras dificultades, en seguida caemos en la desesperación y en la depresión. Nos volvemos tan obsesionados con nuestros propios problemas que somos incapaces de reflexionar en el hecho de que los demás están pasando por mayores dificultades que nosotros.

Por esta razón, conviene recordar que todos estamos en el mismo barco. Algunas veces hay una parte negativa de nosotros que no aceptará esto, diciendo: "Los demás también pueden estar sufriendo, pero no están pasando por lo que estoy pasando yo. Pobre de mí". Nos convertimos en expertos del arte de destacar nuestras propias dificultades, olvidando los esfuerzos que hemos hecho para sentir compasión. Si recordamos todo lo que hemos hecho para llegar hasta donde ahora estamos, podemos recuperar la motivación necesaria que nos permita continuar con nuestro intento de cambio. De igual manera, cuando alguien se siente desdichado porque las cosas no han salido como había planeado, es importante que les demos el valor que tienen, reflexionando sobre lo que han conseguido hasta ahora, en lugar de destacar lo que no han hecho bien.

Si no somos capaces de haber animado a las personas que se sentían infelices, es probable que nos sintamos también desanimados cuando afrontemos las dificultades. Por esa razón, una vez que tenemos un entendimiento claro de nuestro sufrimiento, es importante experimentar las dificultades por las que pasan los demás, de tal modo que podamos asumir el papel de líderes en nuestro intento por animar a los demás. Si hemos animado muchas veces a los demás siguiendo este sistema, entonces cuando nos sintamos mal sabremos que deberíamos practicar el consejo que hemos dado a los demás. Al instante sabemos que éste no es el momento de venirse abajo, de desanimarse ni de rendirse. Sin duda, no deberíamos exigirnos tanto hasta el punto de sentirnos completamente agotados; pero no habrá peligro de sentirnos fatigados si dedicamos todos nuestros esfuerzos.

Algunas veces podríamos tener el coraje y la humildad de pedir ayuda, sin pensar que los demás tienen más cualidades que nosotros, o que no tenemos remedio. Debemos tener la humildad necesaria para pedir ayuda, antes de sentirnos completamente fatigados y exhaustos. Sería conveniente darnos cuenta de que todos nos necesitamos, ya que pensar que podemos hacer todo por nosotros mismos puede causarnos problemas. Cuando practicamos la compasión del barquero tenemos la humildad suficiente para pedir ayuda antes de que sea demasiado tarde.

*Pedir ayuda*

Todos necesitamos a los que nos rodean, en particular cuando nos sentimos abatidos. Algunas veces, las personas que al principio no se encuentran en disposición de ayudarnos podrán hacerlo más adelante. Si tenemos la humildad necesaria para pedir ayuda a los demás, éstos pueden ponernos en contacto con otra persona si carecen de los recursos adecuados para ayudarnos en ese momento. Puede resultarnos difícil pedir ayuda. Tal vez sentimos que deberíamos ser capaces de cuidar de nosotros mismos, creyendo que nadie debería saber las dificultades por las que estamos pasando. Podemos pensar que no deberían saber esto porque probablemente tienen sus propios problemas. La idea de que tenemos que ser perfectos es una invitación al desastre. Sin embargo, si nos permitimos ser humildes y pedir ayuda, volveremos a entrar en contacto con los demás. Pueden descubrir que son capaces de hacer cosas por nosotros que pensaban que eran imposibles. Creer que tenemos que ser perfectos, haciendo todo por nosotros mismos y sin pedir la ayuda a los demás, es algo verdaderamente peligroso. Muchas veces las personas que han intentado llevar su propia vida no han pedido ayuda cuando más la necesitaban. Cuando los demás están sufriendo, la bondad es el mejor recurso para poder ayudarles.

Por esta razón, en el budismo tomamos refugio en la Sangha, en la comunidad de practicantes. Una comunidad de la Sangha debe tener al menos cuatro miembros. Si sólo hubiera dos o tres, podrían caer en la charlatanería. Cuando hay un cuarto, es más probable que se convierta en una comunidad que sirva verdaderamente de ayuda. Podemos estar alejados de esa comunidad sin sentir que hemos desertado, ya que sabemos que seguirán cuidando de nosotros. De vez en cuando, sería conveniente olvidarnos de nosotros mismos, recordar que formamos parte de una comunidad humanitaria más amplia.

Hay más probabilidades de sufrir como consecuencia de la fatiga de compasión cuando queremos ser un gran triunfador, manteniéndonos por encima de los demás. Deberíamos tener en cuenta que, con independencia de lo afortunada que haya sido nuestra contribución, sólo ha sido posible porque hemos contado con la ayuda de los demás; que cualquier cosa que hemos sido capaces de hacer ha sido posible gracias a la generosidad, bondad y al liderazgo de los demás. Nuestros esfuerzos, junto con los resultados que hayamos conseguido, han sido apoyados por las ideas, el tiempo y los recursos que nos han ofrecido los demás. Cuando somos capaces de pensar así, la alegría que proporciona es algo que podemos dedicar en ese momento. Igualmente, cada vez que lo recordamos, nos inspira a continuar siendo desprendidos. La realización del "altruismo", que es lo opuesto al "egoísmo", es el objetivo final de un *bodhisatva*.

Cuando pensamos en nosotros mismos como parte de una comunidad, hay menos probabilidades de que destaquemos nuestros esfuerzos individuales. Si nos vemos como parte de algo más grande, ya no nos consideramos a nosotros mismos como algo especial cuyos esfuerzos no pueden ser igualados por nadie más. Ya no ansiamos ser el número uno, el poseedor de un récord, que es en sí mismo una invitación al sufrimiento, por culpa de los celos, la competitividad, la envidia y la arrogancia. Las cinco causas principales de la aparición del sufrimiento entrarán en juego si sólo nos concentramos en la importancia de nuestros propios esfuerzos.

Cuando somos capaces de pensar en "nosotros", hay más probabilidades de que comprendamos la compasión del barquero. Cuando olvidamos que estamos en el mismo barco que los demás, podemos preguntarnos qué es lo que hicimos para merecer nuestro sufrimiento. Podemos sentirnos cono si todos los demás estuvieran llegando a alguna orilla más lejana y que nosotros nos hemos quedado atrás, sin que nadie nos ayude. Podemos tener la sensación de haber sido abandonados, o de no ser dignos de recibir ayuda, pero debemos tener en cuenta que nuestro sufrimiento sólo existe en comparación con el sufrimiento de los demás. De hecho, comparado con el sufrimiento de los demás, el nuestro ni siquiera debería ser considerado sufrimiento. Muchas veces no somos capaces de darnos cuenta de esto. En cambio, pensamos: "Mirad lo desgraciado que soy". Pero si nos fijamos en los demás, veremos que hay muchas personas que están pasando por un terrible sufrimiento.

La extraordinaria humildad que experimentamos cuando hemos puesto nuestro sufrimiento individual en un contexto más amplio es la razón de que la compasión del barquero sea muy poderosa. En lugar de hacer comparaciones negativas entre nosotros y los demás, solemos hacer comparaciones positivas. En lugar de concentrarnos exclusivamente en nuestros fracasos, comenzamos a ver todas las cosas positivas que tenemos. Comenzamos a juzgar nuestra vida desde un contexto amplio y a apreciar el camino que hemos tomado. Si somos capaces de recordar esto en el momento preciso, puede convertirse en un "remedio de rescate" de gran utilidad. No tenemos más que recordar las cosas adecuadas en el momento que más lo necesitemos. Si utilizamos técnicas distintas que nos hayan funcionado en el pasado, como las oraciones, los mantras, los objetos o símbolos positivos, las personas, los ideales, las promesas y los propósitos que podamos recordar cuando más los necesitemos, podemos cambiar inmediatamente nuestros pensamientos, pasando del autosabotaje a la compasión y al cuidado de uno mismo.

Cuando comenzamos a enfadarnos con nosotros mismos, aparecen todos los ingredientes de la fatiga de compasión. Por otro lado, cuando somos bondadosos con nosotros mismos, también podemos ser bondadosos con los demás. No hay un enfoque exclusivo en nosotros mismos, ya que los demás son seres dignos de bondad. De hecho, son tan dignos de ser un objeto de nuestra bondad como nosotros mismos.

### La compasión del pastor

El tercero y último nivel de compasión es la compasión del pastor. La compasión del pastor significa tener en cuenta primero el beneficio de las masas, de tal modo que coloquemos primero a los demás y pongamos al final el "yo". Nuestro papel, nuestra responsabilidad y nuestro deber es cuidar del bien de las masas antes del nuestro propio. Para aquellas personas que tratan de desarrollar su compasión, probablemente esto es una tentación, sin siquiera tratar de practicar los dos primeros tipos de compasión. Muchos tratamos de ser generosos, ofreciéndonos a solucionar los problemas de los demás. Podemos sentir compasión y buena voluntad como parte de nuestra motivación, pero carecemos de la sabiduría madura de un *bodhisatva* que determina, "Haré todo lo que pueda para aliviar el sufrimiento de los demás", sin pensar en una recompensa. Si tuviéramos esta sabiduría madura, nunca sufriríamos fatiga de compasión, ya que existe una sorprendente disposición y sentido de la alegría allí donde esta sabiduría está presente.

Cuando todavía no hemos cultivado esta sabiduría madura, podemos sentirnos obsesionados por lo que queremos hacer, porque queremos que nos vean como una persona que lleva a cabo acciones compasivas. Una persona que aparentemente se entrega tanto para beneficiar a los demás, se considera que es la mejor persona para hacer el trabajo en lugar de dejarlo en manos ajenas. No puede aceptar que otro asuma su papel: el trabajo tiene que ser suyo. Hay una sutil forma de ego encerrada en este pensamiento. Este tercer nivel de compasión tradicionalmente se describe como el modelo de compasión ideal, pero todavía no se ha puesto lo suficientemente en relieve el peligro que encierra esta forma de compasión no virtuosa del tipo "Yo lo haré todo".

Cuando no tenemos la humildad necesaria para ser compasivos altruistamente, somos presa de un orgullo sutil e inconsciente. Podemos sentirnos muy dotados para hacer cosas que los demás no pueden, pero nuestro orgullo sutil puede volvernos muy arrogantes y hacer que carezcamos de aprecio hacia lo que los demás hacen y hacia cómo lo hacen. Una persona compasiva da a los demás la oportunidad de actuar, situándose en un segundo plano y regocijándose con la actuación de los demás. Esta persona sabe apreciar cómo los demás aportan su talento para seguir haciendo las mismas cosas, por mucho que las hagan de manera distinta. Aunque, desde su propio punto de vista, los demás no están procediendo bien, son felices con el modo en el que actúan. El orgullo sutil que nos invade cuando pensamos que nuestro modo de proceder es el adecuado se debe a nuestra predisposición a imponer nuestros propios criterios sobre cómo se deberían hacer las cosas y a nuestra falta de consideración hacia los demás. Cuando sentimos esa inclinación hacia nuestros puntos de vista, pensamos que los demás tienen que estar subordinados y controlados. Este sentido de control hacia los demás puede llevarnos a mostrar una falta de respeto hacia nuestras diferencias.

Cuando queremos ser los únicos que se encargan de todo, esperamos que los demás se limiten a escuchar y a estar de acuerdo con nosotros. Muchos líderes caen en esta trampa: quieren que los demás vean lo que consiguen en lugar de mostrar un verdadero liderazgo. Los líderes más destacados reconocen que el trabajo que hacen sólo es posible porque tienen un rebaño al que liderar. Sin ese rebaño, no puede haber un líder. Cuando nos damos cuenta de que sólo podemos ser un pastor si tenemos un rebaño, comenzamos a comprender la naturaleza dependiente de todas nuestras acciones y habilidades. Podemos tener el deseo de hacer todo por los demás a través de la compasión, pero sólo lo podremos conseguir si contamos con la ayuda de ellos. Puede que no obtengamos el resultado en particular que deseamos, pero no quedará sin recompensa a largo plazo, ya que el karma es muy poderoso. Todo lo que hacemos acabará por recibir su recompensa, tal vez no en el lugar ni en las circunstancias en las que buscamos el resultado. Pero si no estamos tan aferrados a lo que hacemos, sin duda seremos recompensados más adelante, muchas veces en el momento y en el lugar más inesperados.

Otro momento en el que puede aparecer la fatiga de compasión es cuando somos tan testarudos con la manera en la que deberían hacerse las cosas que creemos que sólo hay una forma de hacerlas. Queremos controlar la manera de hacer las cosas para asegurarnos de que se hacen tal y como nosotros queremos. Cuando nos entregamos con esta actitud, nuestra generosidad se convierte en un mecanismo de control y los demás no reciben lo que les hemos dado como un regalo humanitario, porque se sienten como si estuvieran siendo controlados. Un *bodhisatva* que satisface valerosamente las necesidades de los demás necesita hacer una pausa de vez en cuando para desconectarse del grupo al que se supone que está ayudando. Es conveniente pararse a reflexionar antes de llegar demasiado lejos, para así no perder de vista nuestro objetivo original.

Muchas veces parece que practicamos la compasión cuando sentimos que nos encontramos en una posición mejor que la de los demás, pero la fatiga de compasión emerge cuando consideramos que las personas a las que estamos ayudando son inferiores a nosotros. Podemos afrontar este problema y evitar la fatiga de compasión si entendemos que los demás son igual que nosotros. Podemos pensar: "De igual modo que yo he sufrido en el pasado, ellos están sufriendo en el presente, así que estoy perfectamente preparado para ayudarlos".

Si hemos aceptado humildemente nuestras experiencias pasadas, seremos capaces de ayudar a los demás sin ser presuntuosos ni asumiendo una "misión de rescate", imaginando que los salvaremos de sus dificultades porque sabemos exactamente por lo que están pasando. Por el contrario, podemos tener un intenso sentido de la humildad y del respeto por la influencia del karma. Podemos reconocer que, aunque lo que hemos hecho no parece haber ayudado a alguien en el presente, con el tiempo la buena semilla kármica que hemos plantado germinará.

Sería conveniente pensar que nuestra compasión por los demás no es un "apaño": nuestra compasión no es un medio de rescatar a los demás, sino un medio de comprender su sufrimiento. Si bien no siempre tenemos claro qué es lo que podemos y lo que no podemos hacer, nuestro entendimiento del sufrimiento hace que nuestra posición sea más fiable y ya no titubeemos por estar expuestos a los sufrimientos de los demás. Igualmente, nuestra exposición al sufrimiento de los demás nos permite desarrollar estados de relajación, plena conciencia y espaciosidad.

Cuando comprendemos el sufrimiento, toda nuestra consciencia cambia. Descubrimos que cuando somos compasivos, nuestra propia miseria tiene la capacidad de animarnos. Eliminamos nuestro propio sufrimiento porque estamos en contacto con el objeto de nuestra compasión. Estamos expuestos al sufrimiento de los demás, lo cual nos hace ser humildes, y sentimos que nuestro propio sufrimiento es algo casi intranscendente. De hecho, gracias a nuestra exposición al sufrimiento de los demás, comenzamos a advertir que nuestro propio sufrimiento es completamente tolerable. Debido a esto, nuestra mente se vuelve lo bastante espaciosa como para aceptar, comprender y interactuar con nuestro sufrimiento de una manera mucho más inteligente de lo que lo hacíamos antes, cuando tratábamos de rechazar nuestro sufrimiento.

Cuando nuestro estado de ánimo se ha beneficiado de este tipo de práctica, con el tiempo nos acostumbramos a ella, siendo la precursora del desarrollo del ideal *bodhisatva*. Podemos abrazar este ideal a través de nuestra disposición a practicarlo o podemos adoptarlo en forma de voto, lo cual nos lleva a desarrollar un intenso y estable entendimiento del sufrimiento en todas sus formas.

Al igual que sucede en todas las principales tradiciones religiosas, las enseñanzas del budismo hacen hincapié en la compasión. Sin embargo, también hacen el mismo hincapié en la necesidad de reconocer el sufrimiento y la naturaleza del mismo. Si no somos capaces de comprender el sufrimiento, no podemos cultivar la compasión, que es una virtud que no sólo posee Dios o Buda, sino que la posee cualquier persona que tenga el conocimiento necesario para comprender la naturaleza y la causa del sufrimiento. Con este entendimiento nos sentimos animados, ya que entendemos que se puede eliminar tanto nuestro sufrimiento como el de los demás. Esto nos infunde una necesidad de producir un gran beneficio para los demás, y nunca más aceptaremos de nosotros mismos otra cosa que no sea desear firmemente hacerlo.

Llegados a este punto, merece la pena reflexionar sobre la diferencia que existe entre los "méritos" y las "acciones virtuosas". Las acciones virtuosas son las cosas beneficiosas que tratamos de hacer por los demás, pero estas acciones pueden ser dominadas por la negatividad, como la ira o el resentimiento. Sin embargo, las acciones virtuosas dedicadas se convierten en "méritos" y no se pueden extinguir por la aparición repentina del resentimiento ni de ningún otro estado de ánimo negativo.

Dedicar significa desprenderse de lo que hemos hecho para el bienestar de los demás. Cada vez que hacemos algo, deberíamos pensar en las personas que son menos privilegiadas que nosotros y desear que estén bien y sean felices. Por esta razón, en la tradición budista tibetana es tan popular colgar banderas de oración. Algunas veces sólo se cuelgan cuando se celebra una festividad religiosa, como los días de luna llena o de luna nueva, o en el aniversario de algún destacado maestro budista. Se considera que estos días son propicios para colgarlas. Otro buen momento para colgar banderas de oración es cuando estamos pasando por dificultades. ¿Por qué deberíamos colgar banderas de oración cuando estamos en esa situación? Podemos ofrecer esas oraciones para que las dificultades por las que estamos pasando agoten todo el karma negativo que las han creado. También podemos rezar para que todos los seres sintientes que están pasando por un sufrimiento parecido puedan iluminar su sufrimiento. Si estamos empezando un nuevo proyecto con el fin de beneficiar a los demás en el futuro, ésta también es una buena ocasión para colgar banderas de oración con el fin de generar la motivación adecuada que nos permita alcanzar nuestros propósitos. Al colocar las banderas de oración y dejar que revoloteen con la brisa, estamos "purificando el aire kármico" con la esperanza de que cualquier persona que respire el viento tocado por esas banderas de oración disfrute de sus beneficios. Es como enviar buena voluntad a todos los seres sintientes, como verse arrastrado hacia ellos por el viento.

Incluso cuando las cosas marchan bien, tenemos que entrar en contacto con los demás, porque sin ellos no podríamos haber llegado hasta donde ahora estamos. Cuando entramos en contacto con los demás, nos resulta mucho más sencillo aceptar las dificultades. Merece la pena pasar por algunas dificultades. Cuando la causa es justa y podemos recordar cuál es nuestro propósito, el proceso por el que pasamos es tolerable. Cuando no somos capaces de recordar nuestro propósito, entonces cualquier proceso se convierte en algo demasiado difícil de soportar. Cuando recordamos que un cirujano va a hacer una operación para eliminar la causa de nuestra enfermedad, esperamos con alegría a que se produzca la intervención quirúrgica que va a llevarnos al resultado que esperamos. Nos mostramos muy tolerantes en esa situación. Si sabemos que la cirugía va a curar nuestra enfermedad, no nos importa demasiado soportar la operación, o el dolor y el aturdimiento que sentimos después. Si recordamos que la operación sirve para curarnos, enseguida mostraremos muchísima tolerancia. Así también afrontamos las dificultades. Si somos capaces de recordar que tenemos un propósito y recordamos ese propósito con total claridad, cualquier situación se vuelve tolerable. En el budismo, cuando nuestro propósito altruista es para el beneficio de los demás, lo llamamos *bodhichita*. Los *bodhisatvas* reflexionarán del siguiente modo:

> En este preciso momento de la vida, si tengo que soportar el calor, el frío, el hambre, la sed o cualquier otra dificultad por la que tenga que pasar, que así sea. Todos ellos darán sentido a mi propósito de beneficiar a los demás.

De esta manera, las dificultades que experimentan los *bodhisatvas* se hacen tolerables y no son causa de agotamiento ni de desánimo, ni les hacen sentir descorazonados. Olvidar nuestro principal propósito es lo que nos hace sentirnos agotados y fatigados.

Muchos niños de las escuelas australianas se someten a una hambruna de veinticuatro horas para recaudar dinero con fines benéficos. Independientemente del poco dinero que sean capaces de recaudar en nombre de esta causa, no comen durante veinticuatro horas. Mientras que, por lo general, cuando los niños tienen hambre ni siquiera pueden esperar una hora para la comida, éstos están dispuestos a mantener su ayuno porque están recaudando dinero para las personas que pasan hambre y sed. Se les seca la boca y pasan por otras penalidades, pero cuanta más hambre sienten, más intentan acordarse de todas esas personas que pasan mucho más que veinticuatro horas sin comer. Ahora ya pueden solidarizarse con el sufrimiento de los demás y sentir qué significa ser compasivos, experimentando de primera mano lo que es el hambre.

Cuando agradecemos nuestras dificultades, aprendemos muchas cosas. Si nuestras dificultades no nos pusieran en una situación límite, ¿cómo íbamos a progresar? Éste es el tipo de ejemplo sobre el que deberíamos reflexionar en esos momentos en los que nos sentimos descorazonados.

Nos sentimos exhaustos cuando sólo somos capaces de recordar nuestro propio bienestar. Todos nuestros problemas son la consecuencia de pensar en nosotros mismos. Cuando pensamos en el beneficio de los demás, nuestros problemas se derriten lentamente; ya no parecen tan importantes. Esto se debe a que nuestro propósito es sentirnos en contacto con las dificultades por las que atraviesan los demás. En las enseñanzas del budismo Mahayana, el voto de la *bodhichita* consiste en permanecer en contacto con nuestra aspiración inicial. Cuando recordamos perfectamente nuestro propósito, nos damos cuenta de que no deberíamos caer en una mentalidad de "ayudar a toda costa". Tenemos que ir paso a paso, ya que cada uno de ellos se apoya en el anterior. Algunas veces deberíamos detenernos por miedo a dar el paso equivocado. Tener la humildad necesaria para hacer una pausa evita que suframos fatiga. Podemos tomar un descanso desde el punto de vista físico, pero desde el punto de vista mental y emocional todavía estamos trabajando. No perdemos el contacto con nuestro objetivo. De este modo, nuestro corazón se conecta todavía más con nuestro camino, para que cuando tengamos que pasar por dificultades, estemos en contacto con las personas que pasan por más dificultades que nosotros. Incluso cuando las cosas nos marchan bien, deberíamos hacer una pausa por un instante y volver a conectar con los demás. Eso nos permite empezar a sentir una sorprendente sensación de unión y ya no somos tan competitivos.

Cuando sentimos que existe una conexión con el sufrimiento de otra persona, todos los actos de compasión se convierten en el combustible que alimenta nuestra motivación para interactuar por los demás. El sufrimiento nos motiva para ser compasivos. Y si el sufrimiento es incesante ¿cómo podría agotarse la compasión? Y si el sufrimiento es el factor motivador para que desarrollemos compasión y no se toma un descanso ni se agota, ¿cómo podría nuestra compasión dar un paso atrás y sentir fatiga?

Nuestra compasión es voluntaria. Al igual que un bombero que siempre debe estar preparado para apagar un incendio, una persona compasiva tiene que estar preparada en todo momento para ayudar a los demás. Una persona compasiva no tiene sentido de la inconveniencia, ni una necesidad de autoconservación; simplemente está ahí cuando se la necesita.

La práctica de la compasión no es una ideología, sino una disposición básica a aliviar el sufrimiento y las causas que lo han producido. Por tanto, una persona compasiva está dispuesta a comprender la naturaleza del sufrimiento. Por esa razón, Buda dijo que el sufrimiento debe entenderse, se debe comprender su origen y se debe experimentar su cesación y para hacer esto debemos seguir un camino seguro. Ésta es la esencia de la enseñanza de las Cuatro Nobles Verdades y es una enseñanza fundamental para todos los que deseen desarrollar y mantener la compasión.

Sólo podemos acabar con el sufrimiento si conocemos su origen. La práctica de la compasión siempre debería estar dirigida hacia la eliminación de todo sufrimiento. Como mínimo, la compasión tiene la función de entender el sufrimiento; y el hecho de conseguir reducir o no el sufrimiento es algo secundario. La reducción del sufrimiento sólo es posible si conocemos la causa que lo produce. Hasta que no se entienda cuál es la causa del sufrimiento, no habrá forma de reducirlo. Mostrar un mero interés en la compasión no puede incrementar nuestra felicidad, porque nuestra compasión simplemente nos ayuda a afrontar el sufrimiento de manera más inteligente. Un corazón compasivo espera sinceramente tener que afrontar más o menos sufrimiento y no trata de evitarlo ni de rechazarlo.

Un estado de ánimo altruista nos ayudará a adquirir el valor necesario para invocar un sufrimiento todavía mayor que nos permita aumentar aún más nuestra compasión. Es como armar nuestra mente para que ya no sintamos aversión al sufrimiento, sino para estar todavía más deseosos de aceptarlo. No deseamos sentir aversión hacia el sufrimiento, porque reconocemos que nuestra aversión sólo aumenta nuestro sufrimiento. La compasión ayuda a nuestra mente a penetrar a través del velo del sufrimiento para conocer cuál es la causa principal que lo ha producido. Por tanto, ya no nos podemos permitir sentir aversión por el sufrimiento y apego hacia el confort mental. Eso no es compasión. La compasión significa tratar valerosamente de comprender el sufrimiento, no de atacarlo, ya que sólo es un síntoma. Tener compasión significa tratar de comprender la composición o los ingredientes del sufrimiento. Hasta que no nos demos cuenta de esto, no podremos alcanzar la Iluminación.

Todos los *bodhisatvas* se adiestran en una materia: en la compasión, en la gran compasión. Se llama la "gran compasión" porque es una compasión que se dirige hacia el sufrimiento de todos los seres y hacia un entendimiento de la composición del mismo. Hasta que no seamos capaces de alcanzar una gran compasión, la compasión que tengamos sólo se podrá practicar cuando nos encontremos en la disposición de ánimo adecuada. La necesidad de sentir compasión probablemente vendrá en un momento difícil, cuando estemos inmersos en plenas dificultades. Esta dificultad puede cambiar repentinamente y convertirse en un catalizador que dé lugar a la compasión.

Por tanto, la compasión es un descubrimiento que muchas veces se realiza en medio de un gran sufrimiento. Para que nos sirva de inspiración, podemos fijarnos en la vida de la Madre Teresa (1910-1997), la monja cristiana que fue considerada una santa en vida y que recibió el Premio Nobel de la Paz en 1979 por su obra con los más pobres. La compasión de la Madre Teresa le llevó a trabajar por los pobres de Calcuta, en la India, ya que le pareció que sería un lugar más adecuado para practicarla. Para la Madre Teresa, los pobres de Calcuta proporcionaban un continuo trabajo a su corazón compasivo, y su obra ha continuado hasta hoy en la orden y en las misiones que había creado. A través de su legado, ha beneficiado a las personas más desfavorecidas en más de un centenar de países en todo el mundo.

El profesor Fred Hollows (1929-1993), el oftalmólogo de fama mundial, fue otra persona cuyo altruismo bajo las circunstancias más difíciles benefició a muchas personas y cuyo legado continúa hoy en día. En la década de los setenta, comenzó su obra impulsando el tratamiento del tracoma y de otras enfermedades oculares que estaban muy extendidas entre los aborígenes australianos. También trabajó para la reducción del coste del cuidado y del tratamiento de la vista en los países en vías de desarrollo. Es recordado por su obra en el pueblo eritreo de África y en el pueblo nepalí. En la actualidad, más de un millón de personas, cuya vista corría en peligro, se han beneficiado de su legado.

Ni la Madre Teresa ni el profesor Fred Hollows se contentaron con vivir cómodamente, preocupándose sólo de ellos mismos. En cambio, ambos dejaron de lado sus comodidades para beneficiar a los necesitados. No es fácil encontrar una demostración de altruismo iluminado en lugares de confort. Normalmente lo encontramos allá donde impera la necesidad.

Cuando ya no nos sentimos fatigados ni desanimados por las dificultades, nuestra mente experimenta un cambio positivo. Pero no podremos realizar este cambio a menos que cometamos muchos errores. Debemos aprender a ser bondadosos con nuestros errores. No deberíamos pensar que es malo cometerlos, ya que pueden servirnos como extraordinarios maestros cuando tenemos el recto entendimiento acerca de las causas de nuestro sufrimiento. Cuando comprendemos qué es lo que nos ha llevado a cometer esas equivocaciones, podemos empezar a dar un nuevo significado a este sufrimiento. Debemos reconocer que la acción y la persona que actúa son dos cosas distintas: nosotros no somos nuestros errores. Tenemos la posibilidad de corregir nuestras equivocaciones, pero sólo lo podemos hacer si primero somos capaces de comprenderlas.

En lugar de hacer que nosotros mismos o los demás nos sintamos mal por nuestros errores, deberíamos darnos cuenta de que todo es interdependiente. Si somos capaces de comprender que no podemos cometer errores solos, también debemos tener la humildad suficiente para aceptar una parte de culpa de nuestros fallos y no limitarnos a inculpar a los demás. Si comprendemos esto, podemos superar nuestros propios errores y los cometidos por los demás. El mismo objeto que antes nos producía resentimiento, como síntoma de nuestra fatiga de compasión, ahora hace que sintamos lástima por él; sentimos compasión hacia él. Ésas son las mismas personas de las que hemos dependido y, sin embargo, en el pasado les hemos dado la espalda. De repente, podemos sentir lástima por ellos, por nosotros mismos y por nuestras relaciones, lo cual nos ayuda a conectar con ellas de nuevo. Cuando conectamos otra vez con ellas, ya no nos sentimos perturbados por nuestra propia conducta equivocada en la cual rechazábamos a los demás por sus errores.

Es importante que seamos bondadosos hacia nosotros mismos y hacia los demás para poder evitar la fatiga de compasión. Con independencia de lo elevadas que sean nuestras expectativas hacia los demás, cuando vemos que cometen un error debemos aprender a ser bondadosos con ellos, para que así puedan ganar algo con la experiencia. Si idealizamos a los demás, solemos esperar de ellos que sean perfectos. Eso es algo muy presuntuoso por nuestra parte, y puede minar la salud de nuestras relaciones.

Cuando comprendemos las debilidades de los demás, tendemos a perdonarlos. De igual modo, cuando comprendemos nuestras propias debilidades somos capaces de perdonarnos a nosotros mismos. Si alguien no nos ha perdonado, nos sentimos abatidos. Sin embargo, muchas veces nos resulta difícil perdonarnos a nosotros mismos. Si no se nos da bien perdonarnos, ¿cómo podemos esperar que los demás nos perdonen? Es importante que tomemos la iniciativa y rompamos el ciclo de culpa y ausencia de perdón que ha imperado desde hace tanto tiempo.

Cuando comprendemos verdaderamente el sufrimiento, podemos observar los cinco engaños principales que nos llevan a sufrir: el apego, la aversión, la ignorancia, los celos y el orgullo. Cuando reconocemos que los cinco engaños principales son la causa de nuestro sufrimiento, al instante buscamos la raíz de esos engaños en nuestra mente en cuanto aparece el sufrimiento. Aunque somos conscientes de ellos como la causa principal de nuestro sufrimiento, cuando los buscamos no están allí: no de un modo intrínseco o inherente. Una vez que nuestra mente es plenamente consciente de que esos engaños son la causa de nuestro sufrimiento, ya no nos dejamos llevar más por él. Anteriormente, nuestro desconocimiento era el engaño principal del cual emergían todos los demás. Pero cuando somos conscientes de que los engaños principales son la causa de nuestro sufrimiento, podemos estar seguros de no volver a generarlos. Practicamos la meditación para agudizar nuestra consciencia de tal modo que no seamos víctimas de esos cinco engaños principales. En un estado meditativo podemos ser conscientes de que nuestra mente se vuelve clara como el cristal y demuestra una consciencia prístina. Cuando hemos reconocido que la raíz de los cinco engaños es nuestra ausencia de conocimiento, también podemos comprender que ésta es la causa de nuestra fatiga y de nuestro sufrimiento, tanto si están relacionados con la compasión como si no.

## LA DEDICACIÓN

Si hemos leído este libro con la intención de equiparnos de un mayor grado de conciencia, necesitaremos practicar la compasión de manera más inteligente, paso a paso, sin forzarnos a nosotros mismos más allá de nuestras limitaciones. Con esa motivación podemos dedicar nuestros esfuerzos:

> Que tenga la sabiduría y la compasión para dedicar todas las acciones virtuosas que hago, de manera inmediata, sin convertirme en un custodio de todo lo bueno que he hecho. Ofrezco todas mis acciones y mis esfuerzos de tal modo que puedan unirse a las acciones virtuosas de los demás.

Cuanto más frecuentemente dediquemos nuestras acciones, menos fatiga sentiremos. No seguiremos aferrándonos a nada, ya que todos los sufrimientos proceden de nuestro apego por las cosas. Cuando llevamos a cabo el acto de dedicar nuestras acciones virtuosas no nos guardamos nada, ya que es un acto en el que nos desprendemos de todo lo que hemos hecho. Por esta razón, dedicamos todo lo que hemos aprendido en este libro: no se ha escrito con la intención de conseguir un logro personal, sino para ayudarnos a comprender con total claridad en qué consiste verdaderamente la compasión —en entender el sufrimiento y las causas que lo producen. Hasta que no comprendamos el sufrimiento y sus causas, pagaremos un precio muy alto por nuestra ignorancia.

Podemos dedicar nuestra recién descubierta conciencia no sólo a nosotros mismos, sino también a todos aquéllos seres vivos cuya vida no es tan afortunada como la nuestra. Cuando nos levantamos cada mañana, podemos alegrarnos agradecidos de haber tenido la fortuna de vivir otro día más en un país libre, con unas condiciones tan buenas que los demás no tienen. Otros no pueden disfrutar de esa libertad ni de esa felicidad por causa de sus circunstancias y del sufrimiento que crean para ellos mismos. Deberíamos pensar bondadosamente en ellos y tener en cuenta qué oportunidades podemos encontrar para ayudarlos, tanto directa como indirectamente. Deberíamos sentir gratitud por tener el honor de hacer todo lo que podamos por ellos, sin sentirnos como si estuviéramos haciéndoles un gran favor.

La mejor manera de vivir libres de fatiga de compasión es incrementando nuestra energía para afrontar el sufrimiento con valor. Esa es la forma de vida del *bodhisatva*. Podemos comenzar desarrollando la agudeza necesaria para aprender cuál es la composición del sufrimiento. Más adelante sabremos si seremos capaces de eliminarlo o no, pero primero al menos podemos comprender la tragedia de la vida y sus dificultades. Si somos capaces de conseguirlo, dejaremos de ser tan críticos, tanto hacia nuestro rendimiento como hacia nuestros fracasos o hacia los fracasos de los demás. Podemos reflexionar sobre la manera de abrir los ojos ante el sufrimiento y nuestro corazón ante la compasión inagotable utilizando la siguiente dedicatoria:

Que la compasión me dé ojos que puedan mirar con bondad y compasión a los demás sin juzgarlos. Que esos ojos recién abiertos se despojen de las lágrimas producidas por la angustia de los demás, pero que también esté dispuesto a continuar trabajando en beneficio de todos ellos Hay muchos trabajadores incansables en nuestra comunidad: dedicaré estos pensamientos a su bienestar y al bienestar de todos aquéllos para los que trabajan. Que estos mensajes de compasión hagan madurar cuanto antes la semilla de la sabiduría que con paciencia espera en su interior.

# APÉNDICES

## REFLEXIONES SOBRE LA MEDITACIÓN PARA EL DESARROLLO DE LA PERMANENCIA APACIBLE

Mi mente ha estado mucho tiempo buscando la felicidad,
sin saber que todas las cosas son transitorias.
Observando las insatisfacciones que produce la vida real,
no dejaré que mi mente siga vagando ahí fuera.

Dando un giro a las fuerzas de las habituales inclinaciones
Dañinas y aferrándome con firmeza a la paz y a la
tranquilidad interior,
me regocijo en la conservación de la alegría que he descu-
bierto
en la felicidad de observar la tranquilidad intrínseca.

Que esta naturaleza mental clara y luminosa
no se vea ensombrecida por mis tendencias habituales.
Desarrollando la tranquilidad natural de la mente
que yo pueda ver todas las percepciones simplemente
como reflejos.

Sin aferrarme ni rechazar ninguna percepción sensorial,
las veré como ondas y olas adventicias
del mar que habita en mi mente en profunda meditación
y las absorberé en el océano de la mente clara.

Mientras concentro mi mente para sentarme en la postura
correcta de meditación que el yo físico exprese su
profundo anhelo para experimentar la calma, la quietud y

la espaciosa naturaleza de la mente y trascender así los
problemas que tengo con este cuerpo.

La respiración al entrar traer consigo todo lo positivo
que hay fuera de mí y atraviesa todo el sistema nervioso
de mi cuerpo, como los rayos del sol de la mañana que
disipan la oscuridad.
Así también alivia el dolor y la turbación temporal.

Mientras contengo la respiración, sostengo
la energía vital que proporciona despertar y estar atento
permitiéndome despojarme y perdonar el pasado
y disfrutar de la fresca manifestación de este momento
revelador.

Mi respiración al salir elimina todos los sentimientos
de tensión, ira, estrés, ansiedad y preocupación.
Al igual que las masas de nubes negras que
repentinamente se disipan
que las circunstancias adventicias pasen para dar lugar
a un nuevo inicio.

Respirando y observando la mera desnudez de la
consciencia sin asumir en qué se va a convertir,
que viva cada momento con consciencia prístina,
sin esperar a un futuro imprevisto para cultivarla.

Siguiendo a los sabios con respeto a sus palabras de
sabiduría recordaré las formas virtuosas de aplicarlas
en todo lo que hago, digo y pienso, para que mi
conducta no dañe a los demás y no me convierta en una
víctima de lo que hago, digo y pienso.

Mientras contemplo el flujo constante de pensamientos
sin discernir entre los que son buenos y los que son malos,
no me deleitaré con mi meditación
ni me deprimiré por mi falta de concentración.

Experimentar una retirada de los sentidos
es sólo la relajación del yo consciente, pero no es la
meditación.
No sentiré excitación por las ligeras virtudes de la
concentración que acabo de experimentar.

Sosteniendo la cuerda de la atención plena y el gancho
 de la vigilancia que me decida a domar esta mente,
que es como un elefante salvaje.
Concentrando firmemente la mente con una moderada
aplicación de antídotos, que descubra qué es lo que causa
su inquietud y agitación.

Cuando no encuentro objetos sensoriales que no sean mi
propio reflejo todas las visiones y experiencias son
circunferencias de mi propio ser.
Al igual que los árboles, las montañas y la tierra,
mi existencia consiste en dar y en compartir todo lo
que tengo con los demás.

¿Cómo puedo aferrarme y adherirme a lo que he obtenido
de los demás?
En cuanto me desprendo de algo, creo espacio y
experimento alegría;
En cuanto me desprendo de las cosas, encuentro una
alegría que no encontraba al retenerlas.
Aprender a apreciar a los demás me proporcionará una
felicidad duradera.

# APÉNDICE B

## ORACIÓN PARA LA CONFESIÓN BUDISTA

## El Sutra de la Confesión/El Montón de Postraciones

Yo, y todos los seres sintientes, me refugio para siempre en los Gurus. Me refugio en los Budas. Me refugio en el Dharma. Me refugio en la Sangha.

Ante el bendecido, el Tathagata, el Arhat, el Perfectamente Iluminado, Sakyamuni Buda, me inclino con reverencia.

Ante la esencia del Vajra de Perfecta Destrucción, me inclino con reverencia.

Ante la Joya Preciosa que irradia luz, me inclino con reverencia. Ante el Rey con poder sobre los Nagas, me inclino con reverencia.

Ante el Líder de los Héroes Espirituales, me inclino con reverencia.

Ante el Héroe Bienaventurado, me inclino con reverencia.

Ante el Precioso Fuego, me inclino con reverencia.

Ante la Preciosa Luz de Luna, me inclino con reverencia.

Ante la Visión que trae Realizaciones, me inclino con reverencia.

Ante la Preciosa Luna, me inclino con reverencia.

Ante el Inmaculado, me inclino con reverencia.

Ante el Donante de Valentía, me inclino con reverencia.

Ante el Puro, me inclino con reverencia.

Ante el que Concede la Pureza, me inclino con reverencia.

Ante las Aguas Celestiales me inclino con reverencia.

Ante la Deidad de las Aguas Celestiales, me inclino con reverencia.

Ante el Bien Glorioso, me inclino con reverencia.

Ante la Gloriosa Madera de Sándalo, me inclino con reverencia.

Ante el de Esplendor Ilimitado, me inclino con reverencia.

Ante la Luz gloriosa, me inclino con reverencia.

Ante la Venerable y Libre de Aflicción, me inclino con reverencia.

Ante el Hijo del Impasible, me inclino con reverencia.

Ante la Flor Sagrada, me inclino con reverencia.

Ante el Tathagata, el Omnisciente que disfruta de la luz radiante de la pureza, me inclino con reverencia.

Ante el Tathagata, el Omnisciente que goza de la luz radiante del loto, me inclino con reverencia.

Ante la Abundancia Gloriosa, me inclino con reverencia.

Ante la Atención Vigilante, me inclino con reverencia.

Ante el Glorioso y cuyo nombre es insigne universalmente, me inclino con reverencia.

Ante el Rey que sostiene el estandarte de la victoria sobre los sentidos, me inclino con reverencia.

Ante el Glorioso vencedor absoluto de todas las cosas, me inclino con reverencia.

Ante el Vencedor en todas las batallas, me inclino con reverencia.

Ante el Glorioso que ha trascendido el autocontrol perfecto, me inclino con reverencia.

Ante el Glorioso que lo realza todo e ilumina completamente, me inclino con reverencia.

Ante el Que lo ha Trascendido Todo, Joya de loto que lo domina todo, me inclino con reverencia.

Ante el Tathagata, el Arhat, el Plenamente Iluminado, el Rey de las Montañas, que siempre permanece en la joya y en el loto, me inclino con reverencia.

Vosotros, y muchos otros tathagatas, arhats, Budas perfectamente y plenamente iluminados que os mantenéis en las diez direcciones de este mundo; vosotros todos, Budas, por favor, prestadme atención.

# El montón de confesiones de las acciones no virtuosas

Confieso ante vosotros las ofensas que he cometido en esta vida y en todas mis vidas sin principio o fin a lo largo de todo el ciclo del samsara: he sido causa de que otros las cometan y me he alegrado de que así lo hicieran; malversando las ofrendas hechas a la caridad, malversando las ofrendas de la Sangha y las ofrendas de las Sangha en las diez direcciones, y he animado a otros a robar, y me he alegrado de que así lo hicieran; he cometido las cinco acciones no virtuosas y he animado a otros a que las cometieran y me he alegrado de que así lo hicieran; y he seguido el camino de cometer las diez acciones no virtuosas y he animado a otros a cometerlas y me he alegrado de que así lo hicieran. Cegado por la oscuridad del karma de todas las acciones que cometí, he creado la causa para mí y para otros seres sintientes de renacer en los infiernos, como animales, entre fantasmas hambrientos, en fronteras de países bárbaros o como dioses que disfrutan de una vida larga, o con sentidos imperfectos, o con ideas pervertidas o he creado cualquier otro karma negativo que desagrada la llegada de los Budas.

Confieso todas esas acciones no virtuosas ante todos los Budas benditos, que con su conocimiento trascendental, son testigo y poseen la visión justa de sus mentes omniscientes y no voy a ocultar tales acciones no virtuosas ni las voy a mantener en secreto. Y, de ahora en adelante, me abstendré de cometerlas.

# El montón de la dedicación de los méritos

Budas benditos, por favor, prestadme atención. Mientras viva sin rumbo por los reinos de samsara, cualquier raíz de virtud que haya creado en esta vida y en todas las demás, incluso con los más insignificantes actos de generosidad, como el dar un poco de comida a un ser nacido animal; cualquier raíz de virtud que haya creado manteniendo una conducta moral; cualquier raíz de virtud que haya creado manteniendo una conducta pura; cualquier raíz de virtud que haya creado haciendo madurar completamente las mentes de los seres sintientes; cualquier raíz de virtud que haya creado al despertar la excelente Bodhichita y cualquier raíz de virtud que exista en la suprema consciencia trascendental.

Quiero unir y ensamblar todos estos méritos hasta que sean uno solo, y dedicarlos a lo supremo de lo supremo, a lo que está incluso por encima de lo supremo, a lo más alto de lo alto. Por tanto, yo dedico completamente estos méritos a la Suprema y Perfecta Iluminación.

Tal y como los dedicaron los benditos Budas del pasado, tal y como los dedicarán los benditos Budas del futuro y tal y como los dedican los benditos Budas que habitan en el presente, así también ahora los dedico yo completamente.

Confieso todas y cada una de mis ofensas y me regocijo de todas mis virtudes. Imploro y suplico a todos los Budas. Permitidme poder alcanzar la más grande sabiduría trascendental, suprema y sublime.

Con las manos suplicantes, tomo refugio en todos los supremos y victoriosos seres humanos, en los Budas que viven ahora, en los del pasado y en los que todavía han de venir, cuyos extraordinarios atributos son tan grandes como el océano infinito.

Esos bodhisatvas que están dotados de la fuerza que otorga la compasión, que se comportan heroicamente, que benefician y protegen a todos los seres sintientes, les pido que me protejan, pues soy un pecador que está desprovisto de protección. Del mismo modo, tomo refugio en esos bodhisatvas.

## Breve oración de confesión

Confieso todas y cada una de las diez acciones no virtuosas que he cometido, ya sean las tres físicas, las cuatro verbales o las tres mentales.

Confieso todas y cada una de las acciones no virtuosas que he perpetuado a través de mi cuerpo, de mi voz y de mi mente, así como a través de la influencia del deseo, del odio y de la ignorancia.

Confieso todas y cada una de las acciones no virtuosas que he cometido desde el principio de los tiempos hasta ahora, como las diez acciones no virtuosas y los cinco crímenes horrendos, que son fruto de una mente dominada por la influencia de los engaños.

Cualquier pequeña virtud que haya acumulado, tanto si ha sido realizando una postración, ofreciendo una limosna o realizando una confesión, o a través del regocijo, de la súplica o de los ruegos, la dedico en este momento para poder hallar la iluminación.

# GLOSARIO

**Arhat**: es una persona que ha alcanzado el objetivo final, la Iluminación según la escuela de budismo Theravada. Está más allá del renacimiento, pero no llega a la Budeidad. Un *arhat* ha renunciado al karma y a los engaños y se ha liberado de las oscuridades ordinarias, pero todavía tiene que liberarse de la oscuridad que impide el conocimiento total

**Bodhichita**: "Mente que desea la Iluminación". Es el adiestramiento singular de una persona bondadosa que trabaja por el bien de todos los seres sintientes. La *bodhichita* relativa se refiere al deseo solemne que se ha convertido en un voto para esforzarse en beneficio de los demás seres y para realizar activamente la práctica de la generosidad, la disciplina ética, la tolerancia, la diligencia y la meditación. En un nivel superior, *bodhichita* se refiere a la sabiduría que comprende directamente la ausencia de existencia inherente en todas las cosas. (Véase *bodhisatva*).

**Bodhisatva**: es un ser que tiene un corazón valeroso, que ha decidido esforzarse en beneficio de todos los seres sintientes; es un *bodhisatva* que se adiestra; ha tomado los votos del *bodhisatva* y está practicando las seis perfecciones. Es un ser que ha alcanzado el estado supremo que está por encima de la primera etapa de Iluminación en el sendero del budismo Mahayana. Un *bodhisatva* también puede ser una persona que haya alcanzado la décima etapa en el sendero a la Iluminación.

**Buda**: es un ser despertado que ha renunciado a todos los fallos del karma y a todos los engaños y que ha adquirido todas las cualidades de compasión, sabiduría y poder espiritual. (Véase también *Tres joyas*).

**Camino medio**: el Camino Medio o el Sendero Medio es un término común para denominar el Dharma, las enseñanzas de Buda. También es un término que se utiliza para describir la más elevada de las escuelas filosóficas budistas, la tradición Madhyamaka. Se utiliza para denotar el foco primario de las enseñanzas de Buda: evitar todos los extremos, como la creencia en la permanencia (eternalismo) o en la no existencia (nihilismo).

**Cuatro Nobles Verdades**: las Cuatro Nobles Verdades tradicionalmente se refieren al primer sermón que dio Buda después de su Iluminación en el Parque del Ciervo en Sarnath, cerca de Benarés, en el norte de la India. Aunque las Cuatro Nobles Verdades se explicarán por primera vez en el primer sermón, eso no significa que sean sólo una enseñanza elemental. Las Cuatro Nobles Verdades son la base que se debe aplicar a las enseñanzas completas de Buda. La única diferencia que existe entre las escuelas y las tradiciones budistas es en el modo en el que aplican la Cuarta Noble Verdad: el Noble Óctuplo Sendero.

La Primera Noble Verdad es la verdad del sufrimiento. Se dice que el sufrimiento debería ser entendido, ya que no se puede eliminar con sólo rechazarlo. No comprender el sufrimiento y las causas que lo producen impide que podamos superar el sufrimiento.

La Segunda Noble Verdad es la verdad del origen del sufrimiento. El origen y la causa del sufrimiento son la ignorancia y el ansia y todos los engaños que están asociados a ellos. Hasta que no seamos capaces de poner freno a nuestra propia ansia e ignorancia, no habrá libertad del sufrimiento.

La Tercera Noble Verdad es la cesación del sufrimiento. Para alcanzar la cesación del sufrimiento, deberíamos seguir la Cuarta Noble Verdad, el Noble Óctuplo Sendero. (Véase el *Noble Óctuplo Sendero*).

**Cuatro poderes**: son éstos: 1) el poder de confiar en un objeto que sea digno de esa confianza (por ejemplo, en Buda); 2) el poder de arrepentirse de los errores cometidos en el pasado; 3) el poder de decidir no cometer más acciones no virtuosas en el futuro; y 4) el poder de recuperar todas las cualidades positivas a través de la práctica de la confesión.

**Dharma**: verdad, realidad y fenómeno. El *Dharma* se refiere a las enseñanzas de Buda que, cuando se practican, puede conducirnos a alcanzar el Dharma de las "realizaciones espirituales". También se refiere al sendero o forma de vida hacia la que nos dirige la enseñanza. (Véase también *Tres joyas*).

**Engaños. Emociones aflictivas**: hay cinco engaños principales (o cinco venenos) de la mente. A saber: el apego, la aversión, la ignorancia, los celos y el orgullo. Cualquier cosa que hagamos, pensemos o digamos bajo la influencia de cualquiera de estos engaños se convierte en una acción negativa.

**Iluminación**: es un estado de ánimo desprovisto de cualquier oscuridad y de los obstáculos producidos por el karma y la aflicción mental y que está en un estado inexpresable y permanente. Es el objetivo supremo de todo y es lo único que se alcanza a través de una entrega completa e incondicional en beneficio de todos los seres sintientes sin hacer ningún tipo de discriminación.

**Karma**: literalmente significa "acción", ya que deriva de las palabras "crear" o "hacer". Toda experiencia que hayamos tenido es el efecto de una causa que hemos creado en un momento pasado. Toda acción, ya sea física, mental o verbal, tendrá unas consecuencias para nosotros en el futuro próximo. Las acciones virtuosas que emanan de la bondad y del afecto darán lugar a la felicidad, pero las acciones no virtuosas que emanan de la ira y de la ignorancia producirán resultados no deseados.

**Lojong**: es una palabra tibetana que literalmente significa "adiestramiento de la mente". El adiestramiento de la mente nos permite renunciar a los fallos del egoísmo y a cultivar las virtudes del altruismo. Es un principio *bodhisátvico* propagado por los primeros maestros Kadampa del budismo tibetano.

**Mahayana**: en sánscrito significa literalmente "El Gran Vehículo". No es una escuela, tal y como algunos han sugerido. Es el mejor ámbito de trabajo para hacer del beneficiar a los demás el factor motivador para seguir el camino en lugar de concentrarse en nuestro propio beneficio, que podría considerarse como un ámbito limitado y egoísta. Normalmente se dice que Mahayana es una tradición que se encuentra en China, Japón y Tíbet, pero es difícil pensar que no haya nadie en Sri Lanka o Tailandia que abrace el generoso acto de interactuar en beneficio de los demás. Igualmente, es difícil pensar que todos los habitantes de los países budistas del norte sean altruistas, independientemente de cuáles puedan ser sus ideales.

**Mantra**: en sánscrito, "protección mental". Un mantra consiste en una serie de palabras sagradas que tienen el poder de engendrar varias cualidades positivas cuando uno lo recita adecuadamente con la concentración correcta. Puede solventar y purificar nuestras percepciones impuras y evocar un estado de ánimo elevado. El mantra se puede utilizar como una forma eficaz de meditación sobre ciertas deidades y para generar sus cualidades.

**Meditación**: es el proceso y la práctica de tranquilizar la mente y de darnos cuenta de cuál es nuestra verdadera naturaleza, que se encuentra más allá del dominio de las emociones aflictivas. Hay dos tipos principales de meditación: la meditación de emplazamiento (la meditación de la permanencia apacible) para calmar la mente y reducir los pensamientos prolijos; y la meditación analítica (como la meditación de la sabiduría) para realizar cuál es la verdadera naturaleza y el potencial de la mente.

**Meditación para el desarrollo de la permanencia apacible**: conocida como *shamatha* en sánscrito, la meditación para el desarrollo de la permanencia apacible es la práctica de concentración más importante de la tradición budista. Nos ayuda a desarrollar la quietud mental, un estado en el cual somos capaces de descansar concentrándonos en un solo punto con un estado de ánimo relajado, claro y estable. Superando los cinco obstáculos por medio de los ocho antídotos, poco a poco se alcanzan nueve estados de meditación para el desarrollo de la tranquilidad, que finalmente culmina en una meditación de sabiduría especial. (Véase *meditación*).

**Noble Óctuplo Sendero**: hay ocho formas fundamentales de ser. Si las seguimos podemos alcanzar la libertad del sufrimiento y sus causas hasta el punto de que el Noble Óctuplo Sendero ennoblece a todo aquél que lo sigue. El sendero consta del recto entendimiento, el recto pensamiento, la recta acción, el recto lenguaje, los rectos medios de vida, la recta atención, el recto esfuerzo y la recta concentración.

**Renuncia**: en el budismo, la renuncia es un proceso de sacrificar los placeres mundanos o terrenales para alcanzar unos fines más espirituales, como el estudio espiritual, la contemplación y la meditación.

**Samsara**: también conocida como existencia cíclica, que es la morada de los seres sintientes. En el *samsara* hay principalmente tres planos de existencia. El primero es el reino del deseo:

dependiendo de su maduración kármica, los seres que viven en el reino del deseo nacen en el reino del infierno (a través de las acciones conducidas por la ira y la aversión); el reino de los espíritus hambrientos (a través de las acciones llevadas a cabo por el deseo y el apego); el reino animal (a través de las acciones generadas a causa de la ignorancia de la verdadera naturaleza del fenómeno); el reino humano (a través de acciones menos pesadas kármicamente dirigidas por las cinco emociones aflictivas); el reino del semidiós, o el *asura*, (a través de las acciones impulsadas por los celos y la envidia). El reino de los dioses o *devas* (a través de acciones conducidas por el orgullo y la arrogancia). Los tres primeros reinos del deseo se conocen como los reinos inferiores (poblados por seres que predominantemente han acumulado karmas negativos más pesados) y los tres últimos son los reinos superiores (poblados por seres que tienen un karma mixto, pero cuyo karma positivo compensa su karma negativo). Los otros dos reinos samsáricos son los reinos de la forma y de la ausencia de forma, que están habitados por seres que, a través de varios niveles de "absorciones" meditativas, han alcanzado cualquiera de los cuerpos sutiles de energía (reino de la forma) o "cuerpos mentales" (reino de la ausencia de forma).

**Seres sintientes**: son todos los seres que habitan en los seis reinos de existencia samsárica. (Véase también *samsara*).

**Sakyamuni Buda**: es el Buda histórico más reciente. (Sakyamuni significa en sánscrito "sabio del clan Sakya"). Sakyamuni Buda nació en Lumbini, en el norte de la India (ahora forma parte del sur de Nepal) hace unos 2.600 años con el nombre del príncipe Sidharta Gautama. A la edad de treinta y cinco años, alcanzó la Iluminación bajo el árbol *bodhi* en Bodhgaya, en el norte de la India. Después de enseñar el Dharma por toda la India durante cuarenta y cinco años, Shakyamuni Buda entró en el parinirvana en Kushinagar, en el norte de la India, rodeado de muchos de sus devotos discípulos.

**Sangha**: es la comunidad de practicantes que siguen el camino del Dharma. Se dice que una Sangha convencional requiere al menos cuatro miembros: un hombre lego, una mujer lega, un monje y una monja. Los miembros individuales no forman una comunidad, sino que sólo son miembros de la Sangha. Los miembros convencionales de la Sangha son simbólicos en lugar de ser objetos de refugio. El tercer objeto de refugio en el budismo es la Sangha, pero se refiere a aquéllos que han llegado a ser *arhat* o que han llegado a ser *bodhisatva*. (Véase también *Tres Joyas*).

**Sufrimiento**: es la naturaleza de existencia en los seis reinos del *samsara*. Hay tres tipos de sufrimiento: el "sufrimiento del sufrimiento", que es el dolor, la turbación y el tormento mental; el "sufrimiento del cambio", que es la pérdida, la separación, etc.; y el "sufrimiento de la existencia condicionada", que es el ciclo constante de nacimiento, vejez, muerte y renacimiento en el *samsara*. (Véase también las *Cuatro Nobles Verdades* y el *samsara*).

**Sutra de la Confesión**: es una práctica de confesión Mahayana formal, que también se conoce como el *Sutra de los Tres Montones*. El *Sutra de la Confesión* se practica en todos los monasterios buditas tibetanos y, en ocasiones señaladas, también lo practican muchos seguidores laicos del budismo Mahayana, especialmente en los días de luna nueva y de luna llena de cada mes.

**Treinta y cinco Budas de la Confesión**: estos Budas son los objetos de confianza para la práctica del *Sutra de la Confesión*.

**Tres Joyas**: las Tres Joyas, o la Triple Gema, del budismo son: Buda, el maestro supremo; el Dharma, que son las enseñanzas supremas de Buda; y la Sangha, que son los seguidores iluminados de las enseñanzas. Los budistas toman refugio en las Tres Joyas como el supremo refugio, que los protege del sufrimiento existente y les impide llevar a cabo acciones no virtuosas que puedan conducir a un sufrimiento futuro.

**Tres mentes venenosas**: son la raíz de los engaños, o de las emociones aflictivas: el apego, la aversión y la ignorancia.

**Tres vehículos**: son las tres principales tradiciones de la práctica budista. El primero de los tres es el vehículo de los ancianos, "Theravadas". Los otros dos vehículos son los seguidores del gran vehículo, "Mahayanas". El primero de ellos es el Vehículo de la Perfección, "Paramitayana". El segundo es el Vehículo del Diamante "Vajrayana". (Véase también *Mahayana* y *Vajrayana*).

**Triple Gema**: (Véase las *Tres Joyas*).

**Tres venenos**: (Véase *tres mentes venenosas*).

**Vacuidad**: es la ausencia de existencia inherente del ser y de los fenómenos. La naturaleza de todas las cosas está vacía de cualquier cosa que exista por su propio lado. Las cosas sólo existen porque dependen de causas y condiciones. El vacío no es la negación de la existencia relativa de las cosas debido a causas y a condiciones, sino que niega una existencia independiente del ser o de los fenómenos.

**Vajrayana**: la tradición Vajrayana también conocida como Vehículo del Diamante y el Mantrayana o Vehículo del Mantra. La práctica Vajrayana combina las prácticas devocionales, la visualización creativa, la recitación del mantra y la meditación y se considera que son un medio rápido de purificar la mente.

**Votos del *bodhisatva***: cuando una persona entra en el sendero del Mahayana, recibe los votos del *bodhisatva* siguiendo una ceremonia basada en uno de los linajes vivos. Los votos consisten en dieciocho votos principales y cuarenta y seis votos secundarios que están relacionados con los preceptos de las seis perfecciones.

# NOTAS


1. Véase Nyanaponika, Thera y Hecker, Hellmurh, *Great Disciples of the Buddha*, Wisdom Publications, Boston, 1997, pp. 319-33.
2. van Dam, Eva, *The Magic Life of Milarepa: Tibet's Great Yogi*, Shambhala Publications, Boston, 1991, p.11.
3. Beresford, Brian c., *Mahayana Purification*, Library of Tibetan Works and Archives, Dharamsala, 1980, p. 28.

# BIBLIOGRAFÍA

Bhikkhu Nanamoli (trad.), Badantacariya Buddhaghosa, *The Path of Purification: Visuddhimagga*, Volumen Uno, Shambhala Publications, Boston, 1976.

Beresford, Brian C., *Mahayana Purification*, Library of Tibetan Works and Archives, Dharamsala, 1980.

Van Dam, Eva, *The Magic Life of Milarepa: Tibet's Great Yogi*, Shambhala Publications, Boston, 1991.

Taylor, McComas y Yuthok, Lama Choedak, (trad.) Sakyapa Sonam Gyaltsen, *The Clear Mirror: A Traditional Account of Tibet's Golden Age*, Snow Lion Publications, Ithaca, 1996.

Nyanaponika, Thera y Hecker, Hellmuth, *Great Disciples of the Buddha*, Wisdom Publications, Boston, 1997.

Wallace, Alan y Wallace, Vesna A., *A Guide to the Bodhisatva Way of Life: A translation from the Sanskrit and Tibetan of Shantideva's Bodhicaryavatara*, Snow Lion Publications, Ithaca, 1997.

El Dalai Lama, Geshe Thupten Jinpa (trad.), *Healing Anger: The Power of Patience from a Buddhist Perspective*, Snow Lion Publications, Ithaca, 1997.

Chogye Trichen Rimpoché, Parting *from the Four Attachments*, Snow Lion Publications, Ithaca, 2003.

# LAMA CHOEDAK YUTHOK

Nacido en Tibet en 1954, Lama Choedak Yuthok lleva viviendo en Australia desde 1985. Este antiguo monje es traductor, autor y un reconocido maestro budista tanto en Australia como en Nueva Zelanda, donde es la cabeza espiritual de muchos centros budistas.

Antes de ir a Australia, fue uno de los primeros tibetanos en el exilio que llevaron a cabo un tradicional retiro espiritual en solitario durante tres años y medio, que fue auspiciado por Su Santidad el Decimocuarto Dalai Lama. También ha estudiado durante muchos años con Su Eminencia Choyge Trichen Rimpoché tanto en Nepal como en el norte de la India.

Además de su formación monástica tradicional, Lama Choedak Yuthok estudió en la Universidad Nacional Australiana de Canberra, donde realizó una licenciatura en Estudios Asiáticos y más tarde llevó a cabo una tesis doctoral sobre el Tantra Hevajra.

Es fundador del Sakya Losal Choe Dzong, la Escuela de Formación Budista Rongton y el Centro de Retiro Virupa. Todos ellos están bajo el auspicio de la Sociedad Budista Tibetana de Canberra y de otros centros budistas repartidos a lo largo de toda Australia y de Nueva Zelanda. En 2001, como reconocimiento a su valerosa contribución sobre las actividades de Dharma, fue galardonado con el prestigioso título de "Tsarpa Lochen Lama Thubten Choedak Rimpoché" por Su Eminencia Chogye Trichen Rimpoché.

Lama Choedak Yuthok ha demostrado un especial interés en hacer que las enseñanzas budistas tradicionales sean accesibles para Occidente. Es un popular portavoz público y uno de los maestros budistas más importantes de Australia y Nueva Zelanda. Está casado, tiene tres hijos y vive en Canberra con su familia.

www.ingramcontent.com/pod-product-compliance
Lightning Source LLC
Chambersburg PA
CBHW051817150726
47998CB00001B/184